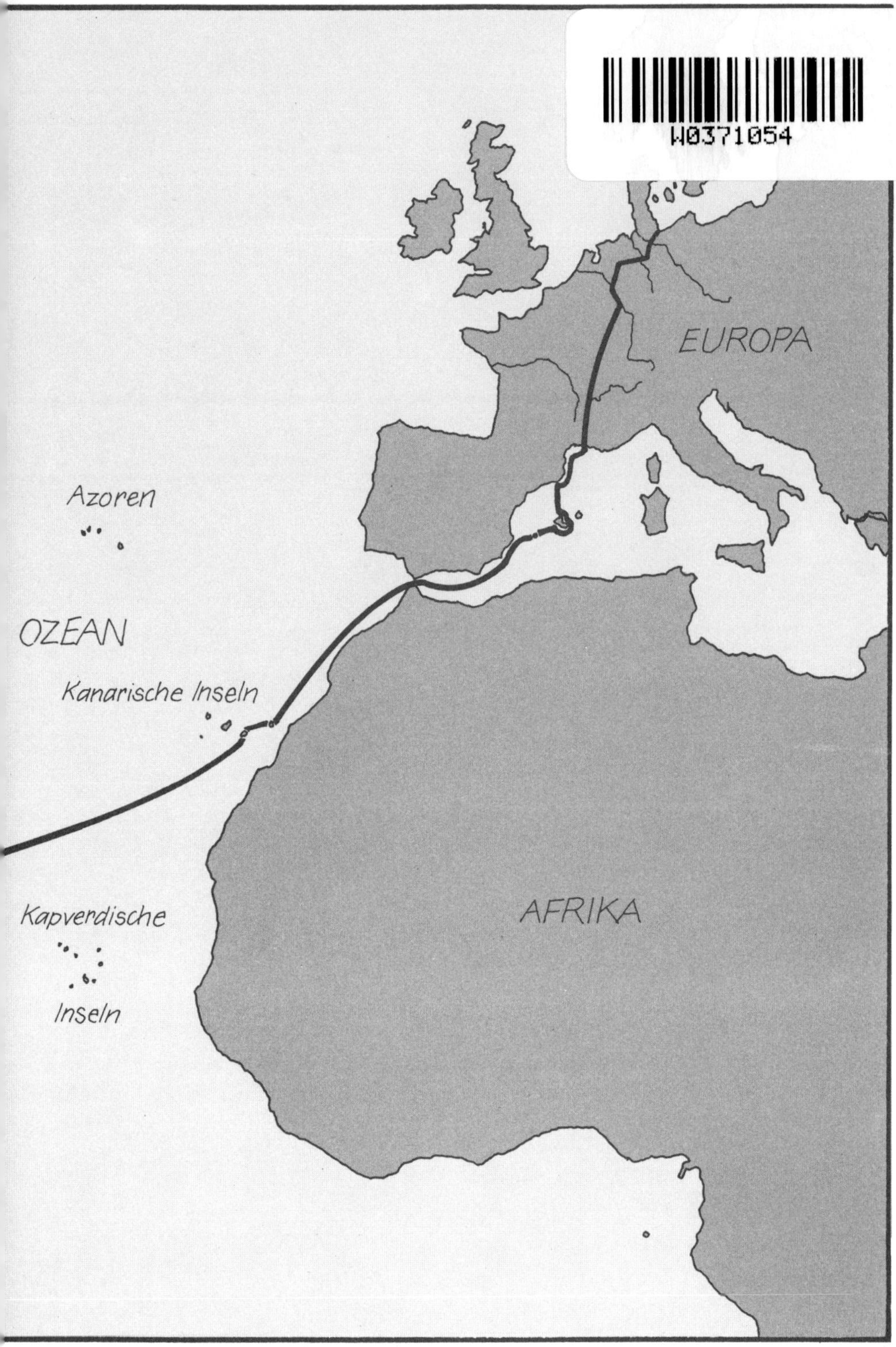
EUROPA
Azoren
OZEAN
Kanarische Inseln
Kapverdische
Inseln
AFRIKA

Scheurer

Wir schenken uns ein Stückchen Zeit

Gaby Scheurer

Wir schenken uns ein Stückchen Zeit

Mit Kindern und Klabautermann in die Karibik

Delius Klasing Verlag

ISBN 3–7688–0554–9

Fotos: Gaby Scheurer
Printed in Germany 1986
Gesamtherstellung: Auer, Donauwörth

Inhalt

DER REISE LETZTER TEIL

DER REISE ERSTER TEIL

Von Großenbrode bis Port-Saint-Louis

Eine Menge Träume und ein paar Bedenken

Ich möchte uns kurz vorstellen; denn wir sind keine Berühmtheiten – keine Kochs, keine „Walkabouts“, keine Weltumsegler, keine Rekordhalter ... Wir sind einfach nur die Crew der ATLANTA:

Werner Scheurer	– Skipper; hat das Kommando an Bord (zur Zeit der Reise 32jährig, im Alltagsleben Steuerberater und Wirtschaftsprüfer).
Gaby Scheurer	– Bordfrau; gibt ihren „Senf“ dazu (29jährig, Hausfrau mit Lehrerexamen).
Tim	– Schiffsjunge und Beibootkapitän (sechs Jahre jung)
Benjamin	– „Moses“ und Entertainer der Familie (vier Jahre jung)
ATLANTA	– unser schwimmendes Zuhause, eine slupgetakelte Stahlknickspantyacht

Wir sind eigentlich eine ganz „normale“ deutsche Familie, bei der sich das Leben bisher in sehr geregelten Bahnen abspulte. Doch ein Virus schlummerte schon einige Jahre in uns: die Faszination des Seesegelns – verbunden mit einer hohen Dosis Fernweh. Fast schon vom Kinderwagenalter an wuchs Werner mit der Segelei auf. In seiner Familie wurde ein „Gustaf-ähnliches“ Leben geführt. Ja, und ich? Entweder liebt eine Frau auch diese Leidenschaft ihres Mannes, oder sie löst klugerweise die Verbindung auf . . . Ich ließ mich infizieren. Von Stund' an floß das Wasser auch aus unseren Bücherregalen. Jeder Törnbericht gab Anlaß zum Träumen: „Ach, wär' das schön, wenn auch wir einmal für längere Zeit lossegeln könnten, ferne Länder sehen, andere Lebensweisen kennenlernen und viel mehr Zeit miteinander und füreinander hätten . . ."

Solche oder ähnliche Gedanken spuken sicher in den Köpfen vieler Segler. Doch gleichzeitig funken eine Menge „Wenn" und „Aber" dazwischen. So hatten wir zwar jede abzwackbare Mark für ein seetüchtiges Schiff und eine Reisekasse gespart, waren inzwischen aber eine Familie mit zwei munteren „Leichtmatrosen" geworden.

Doch unsere Träume ließen sich dadurch nicht verdrängen. Nur schien alles, was wir in den Büchern von Weltumseglern lasen, für uns nicht realisierbar zu sein. Wir suchten nach einem Weg, wie sich Wünsche und Möglichkeiten vereinbaren ließen. Eine Weltumsegelung wäre für uns eine Nummer zu groß gewesen. Das Verantwortungsbewußtsein für die beiden Söhne sowie finanzielle und berufliche Aspekte führten uns zu diesem Kompromiß: ein Jahr lang segeln – ein Jahr lang in fremde Länder reisen – ein Jahr lang „Familie total". Als Tim und Benjamin drei und fünf Jahre alt waren und ATLANTA schon seit vier Jahren zu uns gehörte, setzten wir unsere Pläne in die Tat um. Wir wurden „Aussteiger auf Zeit". Ich benutze diese Formulierung, weil sie die Grundidee unserer Reise bündig zum Ausdruck bringt. Ohne einen Schuß Aussteigermentalität wird man wohl kaum auskommen; denn man muß bereit sein, die gewohnte Umgebung zu verlassen, den Beruf vorübergehend an den Nagel zu hängen, eine unkonventionelle Lebensweise zu erproben und in großem Maße Selbstversorger zu werden. Der Mut zum Ungewöhnlichen sollte eine starke Antriebskraft sein. Obwohl er bei uns grundsätzlich vorhanden war, gab es ein paar Bedenken. Darum planten wir von vornherein eine zeitliche Begrenzung unseres Unternehmens auf etwa ein Jahr. Zum einen setzte Werners Beruf (wollte er ihn nach der Reise wieder ausüben) ein zeitliches Limit, was übrigens nichts damit zu tun hatte, daß er seine Arbeitsstelle aufgeben mußte. Manche Berufe lassen halt keine längere Pause zu, wenn man nicht völlig *out* sein möchte. Zum anderen waren die Ersparnisse für unsere Reisekasse gerade so bemessen, daß wir etwa eineinhalb Jahre finanzieren konnten, ohne zwischendurch arbeiten zu müssen. Es waren dabei auch viele Landausflüge, höhere Lebensmittelpreise, einige schöne Andenken und außergewöhnliche bzw. unvorhergesehene Kosten für das Schiff mit eingeplant.

Schließlich mußten wir auch die Erziehung unserer Kinder bedenken. Zum Zeitpunkt unseres Absprungs waren Tim und Ben noch nicht schulpflichtig, also noch richtig frei. Doch ihre Freiheit beschränkte sich auf den von uns vorgesehenen Zeitraum. Viele würden zwar den Standpunkt vertreten, daß man Kinder auch an Bord unterrichten kann und daß meine Einwände überflüssig seien; wie aber soll man ihnen zum Beispiel das soziale Umfeld, insbesondere den Umgang mit Gleichaltrigen, ersetzen? Den Unterrichtsstoff hätte ich meinen Kindern ja vermitteln können, aber die Verantwortung für fehlende zwischenmenschliche Lernprozesse – die für eine ausgeglichene, selbstbewußte, handlungsfähige Persönlichkeit von großer Bedeutung sind – konnte ich nicht auf Dauer übernehmen. Wir wollten die Zukunft unserer Söhne nicht in eine unüberschaubare Richtung lenken. Sie sollten nach der Reise – auch durch eine geregelte Schulausbildung – die Chance haben, über ihren Lebensweg selbst zu entscheiden. Meiner Meinung nach nimmt man Kindern einen Teil ihrer Möglichkeiten, wenn man zum Aussteiger für immer wird.

Als all diese Überlegungen abgeschlossen waren, ging es mit vereinten Kräften an die Törnplanung und -vorbereitung: Welche Ziele können wir uns stecken? Welche Länder möchten wir gerne kennenlernen? Welche Route sollen wir wählen, damit wir zu einer guten Crew zusammenwachsen können, ohne gleich überfordert zu sein? Diese und ähnliche Fragen boten abendfüllenden Diskussionsstoff.

Schließlich brüteten wir folgende Törnmöglichkeiten aus: Start in Großenbrode (Ostsee) – ab Travemünde Fahrt durch Flüsse und Kanäle Deutschlands und Frankreichs bis Port-Saint-Louis bei Marseille am Mittelmeer – südfranzösische Küste – Balearen – südspanische Küste – Gibraltar – Kanarische Inseln – Karibik – Bahamas – Bermudas – Azoren – England – und wieder nach Hause.

Ungefähr ein Jahr lang bereiteten wir unser Reiseabenteuer vor. ATLANTA stand im Mittelpunkt des Geschehens, denn erst einige Veränderungen und eine zusätzliche Ausrüstung machten sie tauglich für unser Vorhaben. Die Selbststeueranlage, das Schlepplog, ein schwerer Ankerbeschlag für den CQR-Anker, Maststufen, Einbau eines Zusatz-Wassertanks, des Erste-Hilfe-Containers und einiges mehr waren die Puzzleteile, aus denen ein atlantiktaugliches Schiff entstand. Die Liste wollte kein Ende nehmen; denn verändern und verbessern kann man sein Schiff unaufhörlich. Nachdem die wichtigsten Teile schon ein gut erkennbares Bild ergaben, beherzigten wir einen Tip von Weltumsegler Friedel Klee: „Erledigt bis zur letzten

Minute alles gewissenhaft, was in euren Kräften steht. Doch vergeßt vor lauter Arbeit und Verbesserungsideen das Losfahren nicht!"

Neben den handfesten praktischen Vorbereitungen beschäftigten uns fast allabendlich Gespräche und Übungen zur Theorie. Navigation wiederholten wir intensiv, wobei der Astronavigation unser besonderes Interesse galt. Das Buch „Astronavigation ohne Formeln – praxisnah" von Bobby Schenk half uns (insbesondere mir), einen anderswo sehr kompliziert dargestellten Sachverhalt autodidaktisch zu erarbeiten und zu begreifen.

Ab und zu, wenn wir das umfangreiche Land- und Seekartenmaterial sichteten, gesellten sich Tim und Ben zu uns. „Papi, so viele Seekarten haben wir in den letzten Urlaub aber nicht mitgenommen!" lautete Tims Kommentar. Das zeigte deutlich die Einstellung unserer Kinder vor der Abreise. Sie empfanden offenbar keinen Unterschied zu dem alljährlichen Segeltörn und freuten sich darauf, im bevorstehenden Urlaub die Eltern ständig um sich zu haben. Ihre Hauptsorge galt den Spielsachen und Kuscheltieren, die sie gerne mitnehmen wollten. Dabei war eine sorgfältige Auswahl erforderlich, die mein ganzes diplomatisches Geschick verlangte; denn der Platz an Bord mußte gut eingeteilt werden.

Ebenfalls zur Vorbereitung gehörte ein Intensivkurs in Erster Hilfe, den ich einmal pro Woche beim Roten Kreuz besuchte. Damit ich für Notfälle gewappnet war, gab mir unser Hausarzt zusätzlich viele nützliche Ratschläge und stellte uns eine umfangreiche Bordapotheke zusammen. Auch einige Impfungen empfahl man uns: gegen Tetanus, Typhus und Gelbfieber. Brav ließen wir alles über uns ergehen. Da sich die Notwendigkeit für die verschiedenen Impfungen von Zeit zu Zeit ändert, sollte man auf jeden Fall den Rat der Tropeninstitute oder Gesundheitsämter einholen. Sinnvoll ist auch eine vorsorgliche Vitamin-B-Kur gegen Moskitos.

Mit aufreibendem Papierkrieg befreiten wir uns schließlich aus den Verflechtungen unseres bürgerlichen Lebens, ohne gleich alle Zelte abzubrechen. Werner löste sein Arbeitsverhältnis mit der Aussicht, bei unserer Rückkehr schnell eine andere Stelle zu finden. Die Wohnung in Hannover wurde ebenfalls gekündigt. Zwei Wochen vor dem Start in Großenbrode lagerten wir den gesamten Hausstand bei den Eltern ein. Dann endlich waren wir aufbruchsbereit und fühlten uns herrlich frei – frei, um einen Teil unserer Träume zu realisieren!

Auf geht's: Mast gelegt und Fender raus – die Schleusen kommen!

Kinderarbeit ist im allgemeinen verboten, doch Tim und Benjamin lassen sich da nicht reinreden. Eifrig holen sie die Fender ein und schießen Festmacherleinen auf, als wir uns am Sonntag, dem 20. Juni 1982, mit ATLANTA von Großenbrode verabschieden. Zu einem zünftigen: „Backbord – Steuerbord – mittschiffs – Proooost!" klingen vier Gläser zusammen. Wir machen Neptun, Rasmus und Petrus unsere Aufwartung. Mit dem ersten Trankopfer außenbords wollen wir nach altem Seemannsbrauch die Geister wohlgesonnen stimmen. Benni steht mit suchendem Blick über die Reling gebeugt und fragt mißtrauisch: „Hat Neptun meinen Schluck auch gefunden?" Selbst wenn es Aberglaube ist, trägt es immerhin zur Einstimmung ins Bordleben bei.

Mit Unterstützung unserer Leichtmatrosen setzen wir Segel. Dann kramt Werner die Quetschkommode aus der Hundekoje und legt gleich mit einem Shantykonzert los. Begeistert spielt die Mannschaft mit: Kochlöffel, Topfdeckel und andere Krachmacher treten in Aktion. Aus Leibeskräften singen die Jungs: „... *On the banks of Sacramento* ..."

ATLANTA boostert bei leichtem Ostwind Travemünde entgegen. Wir genießen den gemütlichen ersten Schlag und finden abends einen Liegeplatz direkt gegenüber der PASSAT. Das gewaltige Rigg des altehrwürdigen Rahseglers strahlt hell beleuchtet über die Trave. Gedankenvoll und einbezogen in die friedliche Stimmung schreibe ich in mein Tagebuch: „Heute hat unser Törn begonnen! Irgendwo ist es mir im Augenblick noch nicht recht faßbar. Wir sind nun lange Zeit zusammen, ganz anders, als es sonst mit Arbeit, Kindergarten und Haushalt war. Ich freue mich darauf und hoffe, daß wir zu einer guten Gemeinschaft zusammenwachsen, daß uns viele schöne gemeinsame Erlebnisse bevorstehen!"

Mit den Erlebnissen geht es denn auch gleich los. Kapitän Jarchow aus Lübeck kommt am nächsten Tag an Bord, um ATLANTA wieder die rechte Richtung zu weisen; denn seit geraumer Zeit scheint der Klabautermann mit der Kompaßnadel zu spielen. Der Kapitän bringt alles wieder ins Lot und kompensiert Sir Sestrel Moore. Eine geänderte Deviationstabelle reicht da nicht aus, zwei neue Kompensationsmagnete müssen plaziert werden. Zur Belustigung unserer Brut fährt ATLANTA dann am Deviationsdalben Karussell, damit eine neue Tabelle aufgestellt werden kann. Anschließend verholen wir uns in den Passat-Hafen direkt unter den Kran. Dort verabreden wir mit dem Hafenmeister einen Termin zum Mastlegen.

Gut vorbereitet geht es am kommenden Morgen frisch ans Werk. Passendes Werkzeug liegt parat, die Wantenspanner sind gelöst, der Krank funktioniert ... Dann hebt er sachte den Mast an. Einige Zentimeter schwebt er schon über Deck und ist zum Legen bereit. Aber ganz so einfach soll uns die Sache nun doch nicht gemacht werden. Durch einen erbärmlichen Aufschrei unseres Jüngsten wird unsere Konzentration jäh gestört. Benni hat an Land einen derart unglücklichen Sturz gedreht, daß er mit blutverschmiertem Gesicht heulend angelaufen kommt. Erste Hilfe ist nötig. Also: „Kommando zurück! Mast wieder absetzen!" Ich trage den kleinen Pechvogel in die Kajüte und verarzte seine aufgeplatzte Lippe. Tim engagiere ich als Tröster, weil oben bereits nach mir gerufen wird. Beim zweiten Anlauf können wir den Mast ohne Zwischenfälle legen. Solche Situationen sind mit kleinen Kindern bestimmt nicht ungewöhnlich. Man muß sie akzeptieren und kann daraus ein wenig Gelassenheit lernen.

Für die lange Kanal- und Flußfahrt verpacken wir Mast und Rigg sehr sorgfältig. Er ruht jetzt auf zwei selbstgezimmerten Böcken und dem abgepolsterten Bugkorb. Nachdenklich betrachtet unser Skipper die seltsam verschnürte und mit Reifenfendern bestückte ATLANTA. „So sieht sie eher nach Winterschlaf als nach Reiselust aus", brummt er in den schon sprießenden Bart. Ihm scheint der Gedanke unbehaglich zu sein, vorerst nicht segeln zu können und zahlreiche Schleusen durchfahren zu müssen.

Doch bereits nach dem ersten Fahrttag lassen seine Beklemmungen nach. In Werners Tagebuch ist dazu folgendes festgehalten: „Der erste Tag im Kanal! Es lief alles ganz prima. Morgens ablegen in Travemünde, mit Filmaufnahmen aus verschiedenen Perspektiven: im elften Stock des Aparthotels ‚Maritim' surrte Paps' Kamera, und vom Steg aus filmte Mutti. Ihr standen die Tränen in den Augen, als wir ablegten. *Farewell* ... In Münster sehen wir uns zu einem großen Familientreffen ja noch mal wieder. Dann ging's die Trave aufwärts, gegen SW bis W 5, die grauen, abweisenden DDR-Wachtürme zur Linken. Zum Greifen nahe erleben wir betreten die politische Realität unserer Zeit. Ein eiskalter Schauer läuft mir über den Rücken, als ich Grenzsoldaten mit Maschinengewehren patrouillieren sehe. In Lübeck trauen wir uns zunächst nicht, unter einer Hubbrücke hindurchzufahren, die der Brückenmeister unseretwegen nicht unbedingt in Bewegung setzen will. Nach längerem Peilen wagen wir es aber doch. Höchstens zwanzig Zentimeter Platz nach oben hat ATLANTA. Dann die erste Schleuse von fast zweihundert! Erwartungsvolle Spannung erfüllt uns. Aber alles läuft reibungslos, fast gemütlich ab. Bei einer Hubhöhe von nur 1,5 Meter ist Schleuse Büssau auch eine zum Eingewöhnen.

Fünf Schleusen waren es heute insgesamt, als letzte die ‚Donnerschleuse' mit immerhin schon 4,18 Meter Hubhöhe. Da merkten wir auch, daß wir noch mehr Fender brauchen. An der Barre einer kleinen Flußmündung hatten wir erstmals Grundberührung. Aber mit fünf bis sechs Knoten Fahrt rutschten wir schnell über den Schietbuckel hinüber."

In Mölln finden wir an der Pier eines alten Getreidesilos nach dem ersten abwechslungsreichen Fahrttag einen guten Liegeplatz und genießen im nachhinein noch einmal die idyllische Wald- und Wiesenlandschaft auf den ersten Kilometern: Schilfbewachsene Ufer, hochbetagte Bäume und fast ebenso alte Bauernhöfe versetzten uns in frühere, geruhsamere Zeiten. Für die Kinder gab es so viel zu beobachten, daß an Spielen gar nicht zu denken war.

Gerade nehmen wir die stille, sonnendurchflutete Abendstimmung in uns auf, als es laut an die Bordwand hämmert. Tim und Benni sausen an Deck. Eindringlich klopft es weiter. „Ein Schwan! Mutti, komm! Bring Brot mit! Ein Schwan klopft bei uns an. Der will mit uns Abendbrot essen!" kreischen unsere beiden aufgeregt. Tatsächlich scheint uns dieser Schwan schnabelklopfend auf seinen hungrigen Magen aufmerksam machen zu wollen. Er hämmert einige Male an die Bordwand, schaut mit keckem Blick zu uns hoch und klopft abermals. Gierig schnappt er nach den ersten Brotbröckchen und fordert klopfend Nachschub. Das Verhalten des Tieres wirkt andressiert, zirkusreif. Erst nach der dritten Scheibe Brot verschwindet der Schwan zufrieden im Schilf.

Dann beobachten wir zahlreiche Schwalben, die auf der Suche nach Mücken ihre Kreise ziehen. Auch ein paar Greifvögel spähen nach Beute aus. Vogelgezwitscher und Kuckucksrufe erfüllen die Luft. Wir fühlen uns in die Natur einbezogen.

Mit einem lautstarken „Tack-tack-tack" wird die Mannschaft am nächsten Morgen aus der Koje gepurrt. Unglaublich – unser Schwan gibt sich erneut die Ehre. Wir freuen uns über den Besuch und reichen ihm ein üppiges Frühstück.

ATLANTAs Weg führt weiter durch den Elbe-Lübeck-Kanal bis Lauenburg, das die Elbe breit und gemächlich umfließt. Ihre langen weißen Ufer werden bald durch die Eintönigkeit auf dem ersten Teil des Elbe-Seitenkanals abgelöst. Hier verwehren zu beiden Seiten hohe Dämme jede Sicht in die Landschaft. Doch schon bald wird der Blick wieder frei. Vor uns erhebt sich imposant das Schiffshebewerk Lüneburg. In respektvollem Abstand warten wir auf Einlaß in die Hubkammer, die uns 38 Meter in die Höhe befördern soll. Als sich ihr Tor öffnet, fährt ein Schubverband ein, der fast die gesamte Kammer ausfüllt. Da soll ATLANTA noch hineinpassen? Unser Zögern scheint dem Hebewerksmeister unverständlich zu sein. Energisch winkt er uns zu und ruft ATLANTA zur Einfahrt auf: „Beeilt euch! Worauf wartet ihr?" Werner befolgt die lautsprecherverstärkte Aufforderung. So schnell wie möglich manövriert er unser Boot in die Hubkammer. Obwohl wir noch nicht richtig festgemacht haben, beginnt sich das mächtige Tor ohne Vorankündigung zu schließen. Dabei verkürzt ein armdickes Drahtseil, das plötzlich über ATLANTAs Mast heruntergleitet, die Hubkammer um mindestens drei Meter. „Halt! Mensch, halt dein Tor an!" schreit plötzlich der Binnenschiffer zum Aufseher hinauf. Dann hechtet er uns zu Hilfe und zieht ATLANTA dicht an sein Heck heran. Erst im letzten Moment wird das drohende Seil angehalten. Sonst hätte es uns den nach achtern überstehenden Mast glatt abrasiert.

Noch mit Schrecken in den Gliedern danken wir unserem Helfer, da wird die Hubkammer auch schon in Bewegung gesetzt. Langsam ziehen uns gigantische Kräfte in die Höhe. Ich fahre verstört zusammen. „Benni!" stammle ich. „Wo ist der lütte Moses? Eben stand er doch noch an Deck!" Er wird doch nicht ... Hektische Blicke suchen die Wasserfläche ab. Nichts zu sehen ...

„Mutti, hier bin ich", antwortet endlich eine klägliche Stimme, und der kleine Blondschopf lugt vorsichtig aus dem Niedergang.

„Gott sei Dank!" Wir atmen erleichtert auf. Benni klettert ins Cockpit, umarmt mich heftig und schluchzt: „Ich denke, das Tor kracht uns kaputt ..." Tröstende Worte von allen Seiten beruhigen ihn.

Mir wird bewußt, wie beängstigend eine heikle Situation auf Kinder wirken kann, und ich frage mich, ob das Geschehen als solches ihre Angst auslöst oder ob die Reaktion der Erwachsenen entscheidend ist.

Immer noch ächzen die Zugseile der Hubkammer, gebannt erleben wir eine „Himmelfahrt". ATLANTA wird ein Blick aus der Vogelperspektive zuteil.

Hoch oben verlassen wir erleichtert das Schiffshebewerk. Zu beiden Seiten des Kanals breiten sich Laub- und Nadelwälder über die hügelige Landschaft. In den Fahrtpausen durchstreifen wir zu viert die Wälder, sammeln kleine Holzstücke zum Schnitzen, finden Beeren oder beobachten verschiedene Waldbewohner wie Hasen, Rehe, Eichhörnchen, Mäuse, selten gewordene Vögel und Käfer. Unsere Jungs blühen richtig auf. Sie erleben, begreifen und lernen vieles, was ihnen sonst verschlossen geblieben wäre. Und wir sehen, daß unser Deutschland nicht nur Schattenseiten hat, wie von vielen behauptet wird. Die heimische Natur gibt es noch, wir müssen sie nur bewußt erleben, um sie auch schützen und erhalten zu lernen.

Am Samstag, dem 26. Juni 1982, soll die Schleuse Uelzen bewältigt werden. Sie ist mit einem Hub von 26 Metern die größte Schleuse Europas. Beeindruckt nähern wir uns dem riesigen Bauwerk. Als die Schleusenlichter auf Grün umspringen, ertönt eine Stimme über Lautsprecher: „Sportboot, ihr könnt beim nächsten Hochschleusen noch nicht dabei sein. Wir müssen auf ein Tankschiff warten. Am besten, ihr macht erst mal Mittag!" Gesagt – getan. Eigentlich kommt uns die unfreiwillige Wartezeit gerade recht. Nachdem ich etwas Stärkendes gebrutzelt habe, starten wir einen Erkundungsgang rund um das Schleusenbauwerk. Ein Angestellter bringt uns Informationsmaterial über „seine" Schleuse und entschuldigt sich sogar, daß man uns nicht sofort einlassen konnte. Aber die Berufsschiffahrt geht vor, und Tanker dürfen grundsätzlich nur allein geschleust werden. Eifrig hält er einen kleinen Vortrag und weist uns auf einige imposante Details der Schleusenkonstruktion hin.

„Papi, komm Fußball spielen!" drängeln die Jungs schließlich, denn große Wiesenflächen warten einladend. Wir rennen, toben, stürmen, hechten nach dem Ball und schießen Tore. Das Spiel endet gerade mit einem glücklichen 2:2, als die Schleuse um 14.00 Uhr zum Einlaufen freigegeben wird. Verblüfft schauen wir uns an. Kein anderes Boot, kein Motorschiff ist weit und breit zu sehen. Na, denn! ATLANTA tuckert in die 186 Meter lange und 12 Meter breite Riesenschleuse hinein. Aus 26 Meter Höhe erhalten wir Anweisungen des Schleusenmeisters und kommen uns dabei recht winzig vor. Doch Schwimmpoller vereinfachen den Schleusengang erheblich. Von Bug und Heck werden Festmacher zur Schiffsmitte geführt, wo sie um den Poller belegt werden. So hängt ATLANTA an dem Poller fest, der mit dem einströmenden Wasser automatisch aufschwimmt. Diesmal verläuft alles einfacher als befürchtet.

Mit dem Hub erreichen wir ein Niveau, das uns seltsam anmutet. Stellenweise überbrückt der Kanal hoch über Land sogar einige Täler. ATLANTA folgt seinem Lauf, und wir lassen die ungewohnte Perspektive auf uns wirken. Auf Benni macht der Weitblick wohl besonderen Eindruck, denn er hüpft und tanzt auf der Cockpitbank herum, zieht plötzlich mit einem Schwung sein T-Shirt über den Kopf und juchzt: „Sooo weit oben sind wir jetzt!" In großem Bogen schwingt er das Hemd und läßt es fliegen. Es landet natürlich im Bach. Dafür ein Mann-über-Bord-Manöver zu fahren, lohnt nicht.

Bei Kilometer 9,7 des Elbe-Seitenkanals finden wir am Spätnachmittag ein wunderschön gelegenes Plätzchen zum Übernachten. Vorher wird noch ausgelassen durch Wald und Feld getobt. Besonders unseren beiden Rackern verschafft das wieder einen wirkungsvollen Ausgleich zum engen Lebensraum an Bord. Es scheint sich als richtig zu erweisen, daß wir den Törn „binnen" anfangen. So können wir zu Beginn auf den Bewegungsdrang der Kinder eingehen und sie allmählich ans Bordleben gewöhnen. Wir haben Zeit, uns zusammenzuraufen, zu einer gut aufeinander eingespielten Crew zu werden. Für die spätere Reise unter Segeln ist das eine wichtige Voraussetzung.

Als wir nach den ersten vier Motorfahrttagen in Hannover – unserem bisherigen Wohnort – vor der Schleuse Anderten anlegen, wird uns das neue Reisegefühl bewußt, das wir bereits akzeptiert haben. In zwei Stunden spurteten wir bisher mit dem Auto von Hannover nach Großenbrode, während ATLANTA jetzt vier Tage unterwegs war. Geschwindigkeit und Zeit erhalten eine andere Dimension. Alles wird langsamer, dafür aber ruhiger und beschaulicher. Wir sehen unser Land nicht nur wie die Szenen eines Films, sondern *erleben* es auch.

Freunde aus Hannover besuchen uns zum Abschied mit Geschenken. Weitere sechs Reifenfender bringen sie mit, so daß ATLANTA nun, ringsum gut gepolstert, für viele Schleusengänge gerüstet ist. Nur der Tiefgang sackt durch das Gewicht der Reifen auf 1,75 Meter. Im Canal de l'Est sind 1,80 Meter Tiefgang erlaubt. Das wird knapp!

Die Fahrt auf dem Mittellandkanal führt uns durch die Hindenburgschleuse wieder 15 Meter talwärts. Bei einem Hagelschauer benutze ich die kirschgroßen Eiskörner für einen Drink on the rocks. Doch kurz hinter Minden setzt sich die Sonne wieder durch. Wo sich Mittellandkanal und Weser treffen, grüßt von ferne das Hermannsdenkmal. Weitere 134 Kilometer im Dortmund-Ems-Kanal sind schleusenlos und erlauben gutes Vorwärtskommen. Dafür hat es am zwölften Reisetag die Schleuse in Münster doppelt in sich. Der Schleusenmeister beordert ATLANTA in die Sportbootschleuse, über deren Tiefe wir Skepsis anmelden. Aber er versichert, daß der Wasserstand mindestens 1,80 Meter betrage. Eigentlich ganz prima, mal so 'ne kleine Schleuse (12 m lang, 3,5 m breit, 6,5 m Hub), denken wir, bevor es losgeht. Dann aber wird es unerwartet turbulent. Viel zu schnell strömen die Wassermassen in die kleine Schleusenkammer, und wir haben nur mittschiffs eine reichlich altertümliche Pollerreihe als Halt nach oben. Strudel drücken abwechselnd Bug oder Heck von der Mauer weg, so daß schließlich das ganze Schiff in Bewegung gerät. Die Wirbel werden so stark, daß Werner und ich unsere ATLANTA kaum noch über die Leinen an den Pollern halten können. Der Abstand zur linken Schleusenkammer vergrößert sich bedenklich. Gleich kann auch Werner den nächsthöheren Poller nicht mehr erreichen. „Verdammt!" Ich fauche einige Flüche in mich hinein. Obwohl der Schleusenmeister merkt, daß mir vor Anstrengung die Knie zittern, zuckt er nur mitleidig lächelnd mit den Schultern. Wütend zische ich ihn an: „Mensch, mach doch langsamer! Das muß doch zu steuern sein! Ich kann's nicht mehr halten, gleich fahren wir Karussell!" Teilnahmslos wendet er sich ab. Mit letzter Kraft kann Werner die gut sechs Tonnen schwere ATLANTA näher an die Mauer zerren. Zwei blitzschnelle Lassowürfe um den letzten Haken retten die brenzlige Situation. Der Druck des Wassers läßt nach, gleich sind wir oben. Geschafft! Bei unserem erleichterten Ausruf stecken Tim und Benni die Köpfe durchs Luk: „Lebt ATLANTA noch?" Ihr Freudentanz an Deck begleitet unsere Ausfahrt.

Vor einem Motorschiff machen wir bei Kanalkilometer 68 fest. Eine Ruhepause mit Kaffee und Kuchen haben wir uns reichlich verdient. Parkähnliche Anlagen säumen das Ufer zu beiden Seiten. Spaziergänger, Jogger, Radfahrer und Rollschuhläufer geben sich ein Stelldichein, peilen neugierig zu uns herüber. Offensichtlich bietet hier eine Fahrtenyacht mit gelegtem Mast einen ungewöhnlichen Anblick. Oft bleiben Leute stehen und fragen uns nach dem Woher und Wohin. Auch mit den Berufsschiffern ergeben sich Kontakte. Und von manch einem müssen wir uns anhören, daß unser Vorhaben, den Rhein aufwärts zu fahren, sehr riskant sei. Das augenblicklich herrschende Hochwasser soll die Strömungsgeschwindigkeit um mindestens zwei Kilometer pro Stunde auf etwa 10 km/h beschleunigt haben. Mit unserem 23-PS-Jockel hätten wir da kaum eine Chance.

Diese Überlegungen lassen wir jedoch vorläufig nicht an uns heran; denn erstens dauert es bis zum Rhein noch ein Weilchen, und zweitens steht in Münster erst einmal das große Familienabschiedsfest auf dem

Programm. Als erster begrüßt uns Rolf, Werners Bruder, am Morgen des 2. Juli mit frischen Brötchen zum Frühstück. Tatkräftig hilft er dann bei Arbeiten am Schiff. Denn Werner bleibt ein Tauchgang in dem dunklen Kanalwasser nicht erspart. Er muß den Propeller des Logs untersuchen, das seit einigen Tagen seinen Dienst versagt. Das Wasser ist kalt und schmutzig, und auch mit Werners Tauchtechnik ist noch kein Staat zu machen. Die Mannschaft hockt an Land und kichert über die ernsthaften Bemühungen des Skippers. Er kommt hoch, schnappt nach Luft und hört die Anfeuerungsrufe seiner beiden Sprößlinge. „Gefällt euch die Vorstellung?" wundert er sich. „Und wie, Papi! Du bist Spitze! Du kannst das wie eine Ente ... Nur daß dein Po mit untertaucht ..." jubeln sie begeistert. „Respektlose Rasselbande!" lacht der Vater und verschwindet paddelnd unterm Bootsrumpf.

In der Zwischenzeit entdecken die Jungs ein paar Jugendliche, die auf der nahegelegenen Kanalbrücke Mutproben veranstalten. Mit offenem Mund beobachten sie die waghalsigen Sprünge. Lauernd hocken die Todeskandidaten am Geländer der Brücke, lassen sich weit überhängen und warten, bis von beiden Seiten Frachtschiffe näherkommen; dann stürzen sie sich kurz vor einer Bugwelle in die Fluten und tauchen irgendwo am Rumpf wieder auf. Alsdann klettern sie an Bord des fahrenden Ungetüms, was manchmal eine wilde Verfolgungsjagd der verärgerten Skipper auslöst. Doch die Springer scheinen sich keiner Gefahr bewußt zu sein. Sie hüpfen flink wieder ins Wasser zurück.

Ergebnislos beendet Werner die Untersuchung des Logpropellers: keine Beschädigung, kein Bewuchs. Erst später stellt er bei weiteren Nachforschungen unter Deck fest, daß die Logwelle gebrochen ist. Eine Reparatur muß aber verschoben werden, weil wir keine Ersatzwelle auftreiben können. Bei der Navigation soll ohnehin das Schlepplog (Walker) eingesetzt werden. Auch die Maschine wird gewartet, das gehört inzwischen zu den vertrauten Arbeiten an Bord und wird ebenfalls vor unserem Abschiedsfest erledigt. „Wat mutt, mutt", heißt die Devise.

Kuchen, Kaffee und andere Schleckereien sind bereitgestellt, als am Samstag, dem 3. Juli, alle in der Nähe wohnenden Verwandten zum Abschiednehmen eintrudeln. Einer nach dem anderen klettert an Bord, sogar die Uroma schwingt sich über die Reling, und alle wundern sich, daß ATLANTA noch schwimmt. Werner gibt ein Akkordeonständchen zum besten, wobei die Sektkorken knallen. Doch die Gläser klingen nicht gerade heiter zusammen. Besonders die Eltern und Geschwister umarmen uns beim „A-tschüs" recht bedrückt. Warum eigentlich? denke ich. Wir sehen uns doch in einem Jahr wieder – und was ist schon ein Jahr? Aber es kommt wohl auf die Perspektive an. „Paßt gut auf euch auf! – Denkt an die Kinder! – Mutet euch nicht zuviel zu! – Seid auf der Hut, daß euch kein Schurke überfällt! – Ihr müßt doch nicht unbedingt über den Atlantik segeln, bis zum Mittelmeer reicht's doch auch!“ Und die Segler wünschen Mast- und Schotbruch. Von allen Seiten hören wir gutgemeinte Ratschläge und liebe Abschiedsworte. Wir versprechen, uns schriftlich zu melden oder telefonische Lebenszeichen zu geben, und winken einem Hupkonzert hinterher. Etwas wehmütig nimmt der Skipper auch von seinem Akkordeon Abschied. Es kann aus Platzgründen nicht an Bord bleiben.

Am Sonntag geht die Fahrt bei kühlem, aber trockenem Wetter durch den Dortmund-Ems-Kanal weiter. In ganz kleinen Etappen zukkeln wir südwärts. Nachmittags tauchen die ersten Konturen des Ruhrgebiets auf. Die Luft riecht nach „Kohlenpott“. Im Motorbootclub Castrop-Rauxel begrüßt man uns außerordentlich freundlich und bietet uns einen guten Liegeplatz an. Kaum daß wir festgemacht haben, verschaffen sich Tim und Benni an Land Bewegung und wühlen geschäftig in einem Haufen alter Bretter und Trossen. Sie bauen eine Hütte und schichten Holz für ein Lagerfeuer auf. Als Indianer tanzen sie dann mit wildem Geheul um das Feuer und rauchen mit uns Bleichgesichtern die Friedenspfeife. Ob Ruhrgebiet oder Rocky Mountains – die Phantasie kennt keine Grenzen und läßt die Spielzeugkiste an Bord in Vergessenheit geraten. Der Begriff Langeweile scheint für unsere Kinder nur ein Fremdwort zu sein, und Werner und mir geht es ebenso. Neben vielen anderen Aktivitäten füllt die Arbeit am Schiff unseren Tag aus. So nutzt Werner, kaum daß er am Steg eine Steckdose erspäht hat, den Strom, um schnell das Walker-Log auf dem Achterdeck zu befestigen. Aber „schnell“ funktioniert eben nicht. Die Löcher für die Halterung lassen sich nur sehr mühsam in den harten Stahl bohren, und die mitgelieferten Schraubbolzen passen nicht. Wieder dauert eine „Kleinigkeit“ doppelt so lange wie gedacht. Wir lernen es, uns zu gedulden, eine der ersten Lektionen der Reise, die sich durch ständige Wiederholung gut einprägen.

Auf dem Rhein-Herne-Kanal bleiben allerdings unsere guten Vorsätze auf der Strecke. Es wird ein „blauer Montag“. „Grundsätzlich *nur* für die Berufsschiffahrt“, warnt das Handbuch. An der Schleuse Herne-Ost erhalten wir für ATLANTA jedoch eine Ausnahmegenehmigung, gültig für 24 Stunden. Länger hält es uns hier gewiß nicht. Während der sechsstündigen Fahrt stockt uns bei den Kohlenpottdüften häufig der Atem. Zu beiden Seiten des Kanals türmen sich riesige Kohlenhalden, mächtige Fördertürme und Industrieanlagen prägen das Bild. Aber trotz Ruß, Staub und Gestank hocken am Ufer unverdrossen zahlreiche Angler und warten geduldig darauf, daß etwas anbeißt. Wollen sie die Fische tatsächlich essen, die sie *hier* fangen? überlege ich. Oder betrachten sie die Angelei eher als Zeitvertreib?

Fünf problemlose Schleusen führen uns talwärts. Dabei müssen wir die Berufsschiffe stets zuerst einfahren lassen und uns an den übrigbleibenden Platz hinter ihrem Heck verholen. Beim Ausfahren der dicken Pötte hießt es dann: „Aufgepaßt!" Noch relativ unerfahren, halten wir die Vor- und Achterleine, die über je einem Poller liegen, per Hand. Auf diese Weise kostet es enorm viel Kraft, das Schiff im Schraubenwasser der Lastkähne festzuhalten. Der Druck der Turbulenzen preßt ATLANTA jedes Mal gewaltig nach achtern. Doch die meisten Schiffer achten darauf, die Schleusenkammer möglichst langsam zu verlassen.

Werner freut sich schon, daß wir das Schleusenpensum für heute fast geschafft haben und den düsteren Rhein-Herne-Kanal hinter uns lassen können. Vor der Schleuse Duisburg-Meiderich wird uns aber ein sehr ungünstiger Warteplatz zugewiesen, damit wir die Berufsschifffahrt nicht behindern. Die Sportschiffer werden eben oft sehr geringschätzig behandelt.

Als der Schlamassel beginnt, erfassen wilde Strudel unser Boot und ziehen es unvermutet von den Dalben weg. Da öffnet sich auch schon das Schleusentor, und der erste Binnenkahn dampft auf uns zu. Um Haaresbreite schaffen wir es, ihm den Weg freizumachen. Ein mulmiges Gefühl begleitet uns bei Grün in die Schleuse. Ein Dickschiff und ein Motorboot werden mit uns bergab geschleust. Das neue Niveau ist bald erreicht, und die Tore geben die Ausfahrt frei. Aber auf der MS GERMANIA vor uns rührt sich nichts, und den Motorbootfahrer neben uns packt die Ungeduld. Lauthals pöbelt er den Kapitän der GERMANIA an, und der kontert verärgert: „Na warte, deinen Dampf kannst du haben!" Doch der Konterschlag trifft nicht den Beteiligten, sondern uns. Die Maschine des Riesen donnert los. In hohem Schwall wirbelt sein Schraubenwasser auf und drückt ATLANTAs Bug zur Kammermitte. In Sekundenschnelle dreht ihr Heck auf die Schleusenmauer zu. Die Mastspitze berührt schon die Wand – gleich geht was zu Bruch! Es knirscht, der Verklicker knickt ab, und der Mast ... Der Druck hebt ihn mitsamt dem festgezurrten Gestell ein wenig an. Mir bleibt jeder Laut im Halse stecken. Im nächsten Augenblick liegt der Mast wieder an Ort und Stelle, das Wasser hat sich beruhigt. Glück gehabt ...

Werner springt mit einem Satz ins Cockpit, startet den Motor und verfolgt mit voller Kraft die MS GERMANIA. Ich winke und gestikuliere, als ATLANTA fast längsseits liegt. Widerwillig verläßt der Kapitän die Brücke. Er hat gesehen, was passiert ist, aber der Schaden läßt ihn gleichgültig. „Laßt mich in Ruhe! Seht zu, daß ihr weiterkommt! Dummes Seglervolk!“ schnauzt er herüber und tippt sich an die Stirn. Ungläubig schauen wir ihn an, haben aber keine Zeit, mit ihm zu diskutieren, denn reger Schiffsverkehr fordert unsere ganze Aufmerksamkeit.

Schon reißt uns auch die Strömung des Rheins mit sich, und wir ahnen, was uns in den nächsten Tagen erwartet. In wenigen Minuten rauscht ATLANTA rheinabwärts auf die Abzweigung zum Yachthafen Duisburg-Ruhrort zu. Ein gutes Stück vorher dreht Werner den Bug gegen die Strömung, um rechtzeitig den Einschlupf in die schützende Stille zu bewerkstelligen. Endlich ist es geschafft! Wir freuen uns auf einen ruhigen Liegeplatz, aufs Ausatmen. Zur Belohnung für den anstrengenden Tag spendiert unser Käptn ein Dinner. In einem urgemütlichen Restaurant schmausen wir nach Herzenslust und vergessen die Ärgernisse der vergangenen Stunden. Die Söhne schwelgen in Eisgenüssen und bekunden überzeugt ihre Meinung: „Na, das haben wir uns aber dicke verdient!“

Der Wink mit dem Tampen

Zwiespältige Empfindungen und viele sachlichen Informationen oder Ratschläge geistern uns durch den Kopf. Wir wollen uns auf den Rhein wagen, und zwar bergauf, also gegen die momentan verstärkte Hochwasserströmung. Es lockt ein vielversprechendes Landschaftserlebnis – 200 Kilometer des gewaltigen Rheintals mit seinen eingegrabenen Flußwindungen, steilen Hängen und stolzen Burgen. Doch plagen uns einige Probleme: Hat der Jockel mit seinen 23 PS beim Kampf gegen die Rheinströmung eine Chance? Wird die Flußnavigation mit Hilfe des Kartenmaterials klappen? Gelingt es uns, einen Schlepper zu finden? Ach was! Wir geben uns einen Ruck, machen ATLANTA startklar und laufen aus. Gespannt wie ein Flitzebogen hält Werner die Pinne. Ich stehe mit einer säuberlich aufgeschossenen Wurfleine an Deck, bereit, einen Schlepper anzupreisen. Das soll angeblich eine einfache, schnelle Angelegenheit sein.

Guten Mutes winke ich mit freundlicher Gestik und Mimik dem ersten, langsam von achtern aufkommenden Frachter. Der Tampen der Wurfleine wippt suggestiv. „Kannst du ATLANTA ein Stückchen mitnehmen?" signalisiere ich und komme mir vor wie eine Anhalterin auf belebter Fernstraße. Nein? Ein energisches Kopfschütteln des Rudergängers antwortet genügend deutlich. „Warum denn nicht?" möchte ich wissen und versuche, das in Körpersprache zu übersetzen. Aus der Flüstertüte tönt es zu uns herüber: „Ich kann euch nicht schleppen, ich hab's eilig!" Ach so! Na, dann gute Fahrt! Enttäuscht, aber noch nicht entmutigt, lege ich die Wurfleine in Bereitschaft und turne zum Cockpit. Meine Mannen sprudeln los: „So ein Blödmann! Der fuhr doch gar nicht so schnell, Mutti. Nimmt uns jetzt keiner mehr mit, Papi? . . . Ach was, wir versuchen es beim nächsten. Vielleicht hat der bessere Laune."

Diesmal tauschen wir die Rollen, Werner versucht sein Glück. Wir beobachten die Lastkähne, taxieren Größe und Geschwindigkeit. Da! Dort hinten taucht einer auf, der uns relativ langsam einholt. Der hätte genau die richtige Schleppgeschwindigkeit. Der Kahn dampft näher. Ich schere an ihn heran. Wie eine Klette klebt ATLANTA längsseits. „Hallo, MS SPREEWALD! Könnt ihr uns auf den Haken nehmen?" ruft Werner unter Aufbietung aller Freundlichkeit hinüber.

Der Schiffer übergibt das Ruder und kommt aus seinem „Häuschen". Mensch, ob der uns . . .? Die Kinder zappeln aufgeregt im Cockpit herum. Konzentriert steuere ich unser Boot so, daß es auf gleicher Höhe mit dem Dickschiff bleibt und ihm trotzdem nicht zu nahe auf die Pelle rückt. Das ist anstrengender, als ich dachte.

„ATLANTA, ich würde euch ja gern mitnehmen, aber das kostet zuviel Sprit. Darum ist das Schleppen von meiner Reederei verboten worden", erklärt der nette Mensch und verschwindet wieder im Ruderhaus. Na, dann also nicht! Und ich hatte schon zu hoffen gewagt, aber Hoffnung ist ein Schiff mit einem Mast aus Stroh.

Werner übernimmt wortlos die Pinne und gibt ATLANTA einen Ruck nach Steuerbord, um von dem Frachter loszukommen. Noch zehnmal bemühen wir uns nach demselben Rezept um Erfolg: winken, freundliche Miene aufsetzen, Charme spielen lassen, Bitte-bitte-machen. Vergebens!

Enttäuscht stellen wir jeden weiteren Versuch ein. Die Bettelei zermürbt, läßt auch die Söhne kribbelig werden und bringt doch nichts ein. Tapfer schiebt sich ATLANTA auch ohne fremde Hilfe gegen die starke Strömung. Die Maschine hämmert im „Dreiviertelkraft-Takt", laut schmatzend brodelt das Wasser am Rumpf entlang, und trotzdem überholt uns an Land jeder Jogger oder flotte Fußgänger. Mancher bleibt tatsächlich stehen, um sich über das kleine rote Boot zu amüsieren. Sechs Knoten bietet der schwer arbeitende Motor gegen die Rheinströmung auf; aber nur zwei davon können wir bei einer Strömungsgeschwindigkeit von acht Stundenkilometern zu unseren Gunsten verbuchen. Nur knappe vier Kilometer des Ufers wandern in einer Stunde an uns vorbei: eine traurige Bilanz!

Der krasse Widerspruch zwischen reißendem Gegenstrom und dröhnendem Motor und unserem mühseligen Vorwärtskommen verwirrt mich anfangs sehr. Offenbar übertrage ich meine nervöse Spannung auf Tim und Benni; denn sie quengeln und maunzen. Besonders Bennis ängstlicher Gesichtsausdruck gibt mir zu denken. Kurzentschlossen schnappe ich mir meine beiden Querulanten und lenke uns durch Spiele und genaues Betrachten der Landschaft ab. „Ich sehe was, was du nicht siehst, und das ist grün ... dick ... rund ..." Das macht Spaß und unterdrückt die Verdrießlichkeit.

Unser Käptn steuert ATLANTA wachsam an den Innenkanten der Flußbiegungen entlang. Die Flußnavigation birgt für uns bislang unbekannte Schwierigkeiten. So muß man beispielsweise beim Fahrwasserwechsel gut aufpassen, denn auch die Berufsschiffahrt nutzt beim Bergauffahren die etwas geringere Stromgeschwindigkeit in den Innenkurven. An wandernde Untiefen muß man denken, weil sie in den Flußkarten nie ganz korrekt eingezeichnet sind. Folglich muß der Rudergänger pausenlos die Blicke schweifen lassen, um jede Veränderung des Strömungsbildes zu erkennen.

Um 17.45 Uhr – also fast acht Stunden und 30 Kilometer nach dem Ablegen – machen wir bei Stromkilometer 749 fest. Hier liegt idyllisch und ruhige der Paradieshafen von Düsseldorf, der seinem Namen alle Ehre macht. Rings um die Bucht erheben sich bewaldete Anhöhen und parkähnliche Anlagen. So finden wir Ruhe und fühlen uns geborgen vor dem ungebändigten, wild strömenden Rhein. Im Yachtclub „Graf Spee" heißen uns nette, aufgeschlossene Menschen willkommen und bieten uns eine erfrischende Dusche an. Herrlich! Nie hätten wir uns zu Hause träumen lassen, wie glücklich man über derartige Selbstverständlichkeiten sein kann, wenn sie nur selten zur Verfügung stehen. Ebenso schmeckt uns nach dem heißen Tag das Bier bei einem ausgiebigen Klönschnack. Erfahrene Rheinsegler beschreiben den bevorstehenden Flußabschnitt auf unterschiedlichste Art und spekulieren, wie eventuell ein Schlepp zu angeln wäre. „Ihr müßt den Leuten mit 'ner Pulle zuwinken!“ „Ich hab' gehört, daß dich die meisten auf den Haken nehmen, wenn du mit 'nem netten Scheinchen wedelst!“ Solche und ähnliche Theorien werden hin- und herdiskutiert. „Warum sprechen Sie nicht per UKW-Funk einen Schlepper an?“ meldet sich ein geschniegelter, sich abseits haltender Herr. Ja, wenn das so einfach wäre! Wir haben nämlich überhaupt keinen Funk an Bord. Werner erklärt dem verdutzt dreinschauenden Ratgeber, daß wir uns lieber auf die eigene Kraft verlassen. „Und wenn's nur im Schneckentempo vorwärts geht, so kommen wir doch ans Ziel. Also, ab in die Koje und ausgeruht! Morgen scheint wieder die Sonne!“

Tatsächlich, warme Sonnenstrahlen blinzeln durchs Luk und wecken ATLANTAs Mannschaft. Mit neuem Schwung beginnen wir den zweiten Tag auf dem Rhein. Es geht sogar schneller voran – ganze sechs Kilometer in einer Stunde! Bescheidenheit und Geduld heißen die Gesellen, mit denen man sich hier anfreunden muß. Erst dann kann man von einem kleinen Schiff aus die Schönheit der Umgebung auf dem Rhein wahrnehmen. Trotzdem beschäftigen uns fortwährend Gedanken wie diese: Wie nah kann ATLANTA ans Ufer ran, ohne auf Schiet zu geraten? Wie weit reicht die Untiefe in der Flußkrümmung? Stromkilometer 740, 735, 730 ... Koblenz rückt näher, aber sehr zögernd. Der Motor läuft 1900 Umdrehungen pro Minute, manchmal 2000. Das sind vier Fünftel der maximalen Belastbarkeit, ein mulmiges Gefühl.

Den ganzen Tag wird ATLANTA von Schiffen aller Art überholt, nur für einen Schlepp kommt bislang keines in Frage. Entweder sind es Riesentanker, viel zu schnelle, unbeladene Frachter oder mickrige Kähne, die selbst froh sind, von der Stelle zu kommen. Einmal passiert es sogar, daß ein Motorschiff mühsam an uns vorbeiächzt und nach weiteren hundert Metern plötzlich festhängt. Es hat sich zu nah ans Ufer gewagt und muß auf einer Untiefe dafür büßen.

Bis 15.00 Uhr hält unser Motor eisern durch. Da schiebt sich ein kleiner Tanker unter Schweizer Flagge an ATLANTA heran. Kurz entschlossen springe ich zur vorbereiteten Schlepptrosse und gestikuliere mit den Händen und Füßen. Und mein Tanz bewirkt bei den zwei Männern auf der Brücke tatsächlich eine positive Reaktion. Lächelnd nickt der eine und deutet mit dem Daumen aufwärts, während der andere zum Leinenmanöver an die Steuerbordseite wandert. Im fliegenden Wechsel übernehme ich das Ruder, und Werner rennt zum

Bug. Nun heißt es aufgepaßt! Die MS STEENBOK vermindert ihre Geschwindigkeit. Tim und Ben verschwinden aus eigenem Antrieb in die Kajüte, wo sie sich in kritischen Situationen immer behaglicher fühlen als an Deck. Hier oben weht jetzt in der Tat ein rauher Wind.

ATLANTA liegt parallel zum Tanker. Kann ich sie so halten, ohne einen Schlenker zu machen? Unberechenbar jagt die Strömung zwischen den Rümpfen dahin. Werner schnappt sich die Wurfleine, an der die Schlepptrosse befestigt ist. In hohem Bogen katapultiert er sie zum Schlepper hinüber. „Okay – hab' sie! Haltet euer Tempo noch einen Augenblick!" befiehlt der Fänger. Im Handumdrehen belegt er unsere Schleppleine am rechten Heckpoller. „Alles klar! Geht zurück!" Ganz sachte nehme ich etwas Kraft weg. Die Maschine atmet auf. ATLANTA sackt Meter um Meter von der STEENBOK weg. Schnell rauscht die Schlepptrosse aus. Gleich kommt Zug auf die Leine ... „Gib noch mal Dampf!" ruft Werner vom Bug her. „Der Kopfschlag zieht sich durch!"

Ach du liebe Güte, was für eine gewaltige Kraft muß daran reißen! Erneut rücke ich etwas an unseren Schlepper heran, was nur noch mühsam gelingt. „Beeil dich, der läßt seine Maschine wieder auf Touren kommen! Ich kann nicht mehr mithalten! *Caramba*!" Werner gelingt es gerade noch rechtzeitig, die Leine zusätzlich über die Ankerwinsch zu belegen.

Da, ein leichter Ruck geht durch unser Boot: Wir hängen im Schlepp. Jockel hat Ruhepause. Die MS STEENBOK stampft los und bietet ungefähr zehn Kilometer pro Stunde gegen den Strom auf. So wird ATLANTA mit 18 km/h durchs Wasser geschleift – also wesentlich schneller als ihre Rumpfgeschwindigkeit. Wir glauben unseren Augen und Ohren nicht trauen zu können: Mit hochgezogener Nase und tief in die Fluten gepreßtem Heck gleicht unser Boot eher einer Pflugschar. Es gräbt sich durch das entgegenschießende Wasser und läßt hinter sich erstaunliche Wellenberge entstehen, die sogar die außergewöhnlich hohe Achterkajüte überragen. Unfaßbar! Hoffentlich verkraften die Beschläge, die Winsch und die Trossen solch extreme Belastungen. Wachsamkeit wie bei einem Reaktionstest wird dem Rudergänger abverlangt. Bis in die Zehenspitzen angespannt, klebt Werner an der Pinne. Starr ist sein Blick auf das Heck des Schleppers und die Trosse gerichtet. Jeder kleinste Schlenker fordert ATLANTA zu einem wilden, temperamentvollen Tanz auf. Die ungestümen „Schritte" des Mr. Steenbok verlangen Bärenkräfte, um die lütte Deern in seinem Kielwasser zu halten.

Aus der Kajüte meldet Tim: „Papi, der Motor hört sich so komisch an – wie eine Eisenbahn!" Aber unsere Maschine läuft doch gar nicht? Ich steige vorsichtig wie auf heißen Kohlen eine Etage tiefer. Tatsächlich! Hier drin rattert es mit etlichen Phonstärken wie ein D-Zug. Der Tisch vibriert, der Kessel auf dem Kocher scheppert, und der Boden brummt zitternd. ATLANTA singt das Schlepperlied, kommt es mir in den Sinn, aber begeistern kann ich meine Jungs damit nicht. Lieber wollen sie draußen beobachten, was passiert. Und draußen hört man nur das Rauschen, des schäumenden Wassers. Ein unheimlicher und zugleich faszinierender Tanz. Doch Vergnügen bereitet uns höchstens das raschere Vorbeiwandern der Schilder, die den Rhein in Stromkilometer einteilen.

Bei Kilometer 704 nahe Hitdorf nimmt die Schleppfahrt ein vorzeitiges Ende. Der Schiffsjunge deutet auf die Trosse und schreit: „Schmeißt die Maschine an. Ihr sollt rankommen!"

Was ist nun schon wieder los? Gerade haben wir uns an den Ausnahmezustand gewöhnt, da wird er abrupt beendet. Hand über Hand holt der Junge die Schleppleine ein, während die MS STEENBOK ihre Fahrt rapide verlangsamt. Wir schleichen an das breite Heck heran.

„Wollt ihr 'nen Pott Kaffee mit uns trinken?"

„Na klar, gern!" antwortet Werner überrascht.

„Dann hol' ich euch an Backbord längs. Ihr habt ja genug Reifen am Bauch." Und eins, zwei, drei, hängt ATLANTA dreifach vertäut am Rumpf des Dickschiffs. Die Strömung quetscht sich unerbittlich dazwischen, aber die Leinen halten uns zusammen. Zwei freundliche Holländer heißen uns willkommen. Sie helfen den Kindern an Bord ihres Tankers, der nun vor Anker liegend mit den Strömungsschwingungen hin und her giert.

Oben im Ruderhaus erwartet uns aromatisch duftender Kaffee. Für unsere staunenden Jungs hat der Kapitän eine doppelte Limo eingeschenkt. Auch Kekse stehen bereit. Überwältigend, so eine Gastfreundschaft – und das mitten auf dem Rhein. Wir genießen den Kaffee und klönen mit den Gastgebern über ihr Schiff und ihr Leben als Flußschiffer. Dabei erfahren wir aus erster Hand Dinge über Schleppmanöver, die manche negative Reaktion bei den Berufsschiffern erklären. So sind beispielsweise etliche Boote schwer beschädigt worden, weil sie der hohen Schleppgeschwindigkeit nicht standhielten oder durch Unachtsamkeit des Rudergängers ausbrachen und von Überholern gerammt wurden. Dem einen ist das Risiko eben zu groß, der andere spekuliert mit Zeit und Geld. Viele Tanker und Frachter fahren für große Reedereien, die aus Kostengründen ein ausdrückliches

Schleppverbot verhängt haben; denn es geht etwa ein halber Knoten Fahrt verloren, der durch höheren Treibstoffverbrauch ausgeglichen werden muß. Über den Daumen gepeilt ergibt das pro Tag 50 bis 100 Mark Mehrkosten. Mit diesem Wissen verstehen wir nun auch den Rat: „Wink mal mit 'nem Braunen oder Blauen, dann nehmen sie euch garantiert mit!"

„Nun", druckst der Schiffer der STEENBOK bei einem Schluck Kaffee herum, „wir können leider nicht weiterfahren. Die Raffinerie in Karlsruhe hat gerade über Funk einen Schaden gemeldet. Wir haben Order, hier zu warten. Bis morgen mittag kommt Nachricht. Wenn der Defekt in der Raffinerie nicht repariert werden kann, wird das Löschen unserer Ladung unmöglich, und wir müssen umkehren nach Rotterdam. Tut uns leid für euch. Aber wenn die Sache in Ordnung kommt, nehmen wir euch gern wieder mit."

„Schade. Aber vielleicht doch bis morgen!" verabschieden wir uns.

Am nächsten Tag ist der Schaden offenbar noch nicht behoben, und wir fahren mit eigener Kraft weiter. Nach drei endlos erscheinenden Fahrtstunden legen wir um 21.00 Uhr im Yachthafen Rheinau an – beinahe zu Füßen des Kölner Doms. „Kinnings, ist das nicht 'ne würdige Kulisse für unser Bergfest auf dem Rhein?" fällt es unserem Käptn ein. „Nur noch knapp hundert Kilometer bis Koblenz . . ."

Hundert Kilometer wären mit dem Auto nur eine Stunde Fahrzeit – für ATLANTA aber können daraus gut drei Tage werden, wenn sich kein neuer Schlepp finden läßt. Die Dimensionen von Zeit und Geschwindigkeit verschieben sich auf dem Rhein wie nirgendwo anders. Man muß schon viel Geduld und gute Laune in den Backskisten gestaut haben, um nicht auf der Strecke zu bleiben.

Der Retter vom Rhein

Der 8. Juli, ein Donnerstag, begrüßt die Crew der „kleinen Roten" ausgesprochen freundlich. Kaiserwetter, ein gemütlicher Brunch und ausgezeichnete Einkaufsmöglichkeiten bei den Schiffsausrüstern rings um den Hafen treiben das Stimmungsbarometer in die Höhe. Gut gelaunt und zuversichtlich starten die Herausforderer des Rheins zur dritten Runde. Bereits um elf Uhr klettert das Thermometer auf 30°

Celsius. Eine Hitzewelle rollt über Deutschland. Nasse Handtücher verschaffen uns als kalte Umschläge ein wenig Kühlung. Ohne solche Hilfsmittel würde die Sonne besonders den Rudergänger schnell mit einem verbrannten Rücken strafen.

Hoffnungsvoll halten wir Ausschau, aber weit und breit ist keine Schleppmöglichkeit zu sichten . . . Ein Schubverband, ein Riesentanker – ein, zwei, drei und mehr zu forsch dampfende Lastkähne nehmen erst gar keine Notiz von uns. Manche quetschen sich sogar rücksichtslos an ATLANTA heran und drängen uns bedrohlich nahe an die Untiefen. Auch „Kribben", aus Stein oder Beton gebaute Molen, ragen manchmal gefährlich weit in den Fluß hinein. Doch das kümmert die meisten Berufsschiffer kaum. In ihren Augen sind wir die lästigen, dummen „Radfahrer", die sowieso nur den Verkehr behindern.

Standhaft schiebt der Volvo unsere sechs Tonnen gegen die immer stärker werdende Strömung. Als Bonn näherrückt, wächst in uns das Empfinden, daß nun tatsächlich eine Klettertour bevorsteht. Der mächtige Strom hat sich hier tief in das Rheinische Schiefergebirge eingegraben. Er trennt die Eifel zur Rechten und den Westerwald mit dem Siebengebirge zur Linken und gibt der Landschaft ein markantes Gesicht. Hier beginnt der romantische Rhein, der in aller Welt bekannt und beliebt ist.

Zwiespältig hingegen sind unsere Eindrücke. Einerseits bezaubern uns die steilen Rebhänge und alten Burgen auf den Höhen. Andererseits beängstigt die Gewalt des Flusses und dämpft die Freude erheblich. Meter um Meter kämpft fast jedes Schiff dagegen an, um die Enge an der Insel Nonnenwerth zu überwinden. Verunsichert beobachten wir, wie die Dickschiffe vor uns im Schneckentempo dahinkriechen. Warum werden die bloß so langsam? Vielleicht, um mit dem Gegenverkehr klarzukommen? Na, dann könnten sie uns doch wahrhaftig ein Stückchen mitnehmen. Ich winke hoffnungsvoll mit dem Tampen – leider ohne Erfolg. Nur mitleidvolle Blicke, energisches Kopfschütteln und einen Finger an die Stirn ernte ich.

Auf 2000 Umdrehungen pro Minute wirbelt der arme Jockel schon. Gleich kriegen wir den untersten Zipfel von Nonnenwerth zu fassen . . . Aber warum geht es nur so schleppend weiter? Stimmt mit der Maschine etwas nicht? Nein, daran liegt's nicht – die arbeitet auf Hochtouren, genau wie unsere Nerven. Zum Greifen nahe schleicht ein Baum nach dem anderen an uns vorbei, Blatt für Blatt, Zentimeter für Zentimeter. Ich habe Angst, daß wir gleich auf der Stelle stampfen und den Kampf gegen die Strömung verlieren. Aufgeben? Bloß jetzt nicht!

Über den Untiefen an Backbord bricht sich der Strom wie ein Wildwasserlauf. Starker Schiffsverkehr umzingelt ATLANTA, die mit der „Geschwindigkeit" von ungefähr einem Kilometer in der Stunde fast einen neuen Negativrekord aufstellt.

Ausdauernd zählen unsere Jungs die Bäume, was mich ans Schafezählen vor dem Einschlafen erinnert, aber nicht sonderlich beruhigend wirkt. „Papi, wir haben schon hundert Bäume geschafft! Toll! Da kommt 'ne Fähre ... Und da – kuck mal –, da ist das Wasser wieder ganz groß!" kommentiert Tim.

„Was ist denn das? Der Tourenzähler sackt zurück!" dröhnt Werner dazwischen.

„Was? Um Himmels willen! Wir sind doch gleich an der Insel vorbei!"

Aber die Maschine gibt keinen Pieps mehr von sich. Mitten in diesen ungestümen Stromschnellen läßt sie uns im Stich. Ende – aus – Schluß! Große Schrecksekunde.

Was tun? ATLANTA wird mit gut 10 km/h rückwärts geschoben. Von achtern kommen riesige Lastkähne auf, und an Backbord drohen die Untiefen. Leichenblaß klammere ich mich an die Pinne.

Blitzschnell springt unser Skipper zum Anker und macht ihn klar. Tim drückt mir das Nebelhorn in die Hand, und ich tröte dem herannahenden Kahn aus Leibeskräften das Notsignal entgegen. Aber dessen Rudergänger zeigt keine Reaktion! „So ein Mistkerl!" protestiere ich lauthals. „Sitzt der auf seinen Ohren? Sieht er nicht, daß wir treiben?" Völlig ungerührt stiert mich der Rudergänger an und manövriert seinen Pott hautnah an uns vorbei.

„Ich versuch's mit dem Anker! Vielleicht hält der uns einen Augenblick", ruft Werner, und schon platscht die schwere Pflugschar ins Wasser; vierzig Meter Kette rumpeln über die Winsch hinterher. Sekunden scheinen zu Minuten und Stunden zu werden – wir treiben langsamer rückwärts – noch langsamer ... Hält der Anker? Die Kette rattert auf der Ankerwinsch, der Bug erzittert. Die Bäume wandern immer noch voraus, haltlos schliddert der Anker über Grund ... Ach so, Schiefer! Herrje, wer denkt denn auch sofort *daran*? Das Schiefergebirge macht seinem Namen tatsächlich alle Ehre.

Was nun?

Schon rücken die Tonnen der Einfahrt zum Bootshafen des WSC Bad Honnef näher und damit die Untiefen ... Schnell! Der Anker muß wieder rein! Da, ein Motorboot voraus, in der Honnefer Einfahrt. Laut schreit unser Nebelhorn um Hilfe. Nur ein rettender Engel kann das drohende Unheil jetzt noch abwenden.

„Menschenskinners, er hat uns gehört! Der Motorbootfahrer dreht um! Er kommt ..." flüstere ich atemlos Tim und Ben zu, die wie erstarrt in einer Ecke des Cockpits kauern.

Werner kniet auf dem Vorschiff hinter der Ankerwinsch und versucht den Anker einzuholen. Prustend zerrt er die schwere Kette Stück für Stück durch die Klüse an Bord, wobei sie sich immer wieder verfängt. Schweißüberströmt dreht sich mein Käptn hilfesuchend zu mir um, verzweifelte Blicke treffen aufeinander. „Komm schnell! Du mußt mir helfen!"

„Tim, setz dich an die Pinne und versuch sie in der Mitte zu halten. Benni, faß auch mit an! Ich verlasse mich auf euch, muß Papi helfen." Ohne Zögern greifen beide Söhne nach dem Ruder und vergessen schlagartig Unsicherheit und Angst. Schließlich wird ihre Mithilfe dringend gebraucht. „Mutti, nun mach schon! Geh ruhig, wir schaffen das", sagt Tim mit verantwortungsbewußter Miene.

Nun, es wird auch allerhöchste Zeit! Der Motorbootfahrer dreht eine Runde um ATLANTA: „Ich übernehm eure Schleppleine, macht alles klar! Seht zu, daß euer Anker raufkommt!"

Das ist gut gesagt, aber nicht leicht getan. Schnell fliegt die Leine zum Motorboot hinüber, aber der Anker ... Es scheint, als wiege er Tonnen. „Paß auf, daß sich die Kette nicht verhakt!" ächzt Werner. „Hochziehen muß ich sie alleine." Durch den gelegten Mast ist der Platz auf dem Vorschiff stark eingeengt. Jeder Handgriff wird erheblich behindert. Werners Hände sind schon blutig zerschunden. Wo hat er bloß seine Arbeitshandschuhe? Zentimeterweise zieht der das Ungestüm gierende Gewicht herauf. Es geht fast über seine Kräfte. Ich führe die Kette weiter und lasse sie im Ankerkasten verschwinden.

Da! Auf ATLANTAS Heck rast eine Tonne zu. Wir treiben schneller. Der Anker taucht aus dem Wasser. Noch hängt die Schleppleine zum Motorboot lose durch. Im letzten Augenblick springe ich ins Cockpit und reiße die Pinne weit nach Backbord herum. Ob das noch hilft? Aber unser Schutzengel scheint heute Überstunden zu machen. Zumindest saust die Tonne um Haaresbreite an der Selbststeueranlage vorbei. Sie trifft mit einem dröhnenden Schlag nur die Seite des Hecks, wird unter Wasser katapultiert und taucht Steuerbord voraus wieder auf. Gut, daß ATLANTA ein dickes stählernes Fell hat!

Aber hinter der Tonne beginnen die Untiefen, und es sind nur wenige Meter bis dahin. Ein leiser Ruck geht durch ATLANTAs Bauch und fährt mir in die Glieder. Aber nein, wir sitzen nicht auf Schiet. Die steifkommende Schleppleine hat das Vibrato erzeugt. Wir werden geschleppt. Es geht *vorwärts*! Der Motor unseres Retters beweist seine Stärke. Sachte manövriert er seine erschöpfte Fracht durch das schmale Fahrwasser in den Bootshafen von Bad Honnef.

Völlig ausgelaugt und zerknirscht vertäuen Werner und ich ATLANTA am Steg. Wir haben Glück im Unglück gehabt und können unserem Nothelfer gar nicht genug danken. „Na, dann ruht euch erst mal aus“, meint er. „Morgen sieht die Welt schon wieder anders aus. Die Maschine kriegt ihr sicher bald in Gang.“ Mit diesen gutgemeinten, beruhigenden Worten und einigen hilfreichen Tips verabschiedet er sich.

Ja, der Motor. Sollte er überlastet sein? Eigentlich kaum denkbar, da er nicht ständig mit voller Kraft arbeiten mußte. Welche Ursache ...? „Papi, kriegen wir ein Eis? Da oben im Haus gibt's eins“, unterbricht Benni unser trübes Grübeln.

„Ach, Jungs – ihr habt ja recht. Für heute reicht's. Wir genehmigen uns eine Superportion Eis, die habt ihr dicke verdient!“ Werner ist mit seiner Mannschaft zufrieden.

Stolz marschieren Tim und Ben den Steg entlang und schlecken genußvoll an ihrer Belohnung. So kommen wir schrittweise – besonders dank der lebenslustigen Art unserer zwei Trabanten – wieder zur Besinnung.

Der Drachenfels reckt sich erhaben in den Abendhimmel, und der Rhein bezaubert uns mit seinem vollkommenen, landschaftlichen Charme. Nur fragen wir uns, ob der Preis für diese Idylle nicht zu hoch ist; ob wir sie tatsächlich, wie ursprünglich erhofft, wahrnehmen können. Bislang brachte uns jeder Kilometer mehr Anspannung und Aufregung als Ruhe und Beschaulichkeit. Voraussetzung für ein intensives Erleben dieser imposanten Rheinlandschaft wäre eine wesentlich stärkere Maschine. Der Gedanke an unsere mageren 23 PS beschäftigt uns vor dem Einschlafen und weckt uns am nächsten Morgen mit unguten Gefühlen. Noch vor dem Frühstück hält der Skipper Zwiesprache mit unserer „dritten Kraft“.

„Nicht zu fassen! Nun sieh dir das mal an!“ sagt er schließlich entgeistert und deutet auf die Treibstoffanzeige. „*Leer!* Kein Tropfen Diesel mehr. Geht das mit rechten Dingen zu?“

Offensichtlich lag der Treibstoffverbrauch bei der großen Belastung unerwartet hoch. Auf jeden Fall sind wir uns in dem Schwur einig: „Randvoll muß der Tank sein! Von nun an und für alle Zeiten!“

Nach dieser Feststellung schmeckt uns das Frühstück ausgezeichnet;

denn der Motor ist okay und muß nur noch entlüftet werden. Das geschieht dann auch sehr sorgfältig und wird uns mit heiterem Tuckern des Jockels gedankt. Vor Freude tanzen wir und sind froh, daß der Schreck des Vortages ohne großen Schaden überstanden ist.

Einstimmig beschließt die Crew einen Ruhetag, wozu das Wetter einen ausgezeichneten Beitrag leistet. Seit Tagen werden wir mit reichlich Sonnenschein gesegnet. Sogar das Sonnensegel erfüllt seine Funktion bei 32° Celsius – und das in Deutschland! Die Hitze staut sich zwischen den Berghängen und verlockt uns zu einem erfrischenden Bad bei Grafenwerth, im eher graubraunen als „goldenen" Rhein. Aber den Jungs macht es Spaß, und die Eltern lassen sich anstecken. Benni erfindet ein neues Spiel: „Hallo, Papi, Mutti! Mein Gummischuh ist weg ..." Einen Badeschuh im Schlamm suchen, das will gekonnt sein. Doch der Papi schafft's.

Von einem Boot der Strompolizei werden wir schließlich an Bord zurückgerufen. Ein Hüter des Gesetzes läßt sich Bootspapiere und Pässe zeigen und ermahnt uns zur Ordnung: „Sie haben keine ausreichende Kennzeichnung! Kennen Sie nicht die Vorschriften der Binnenschiffahrtsstraßenordnung? Bis morgen muß wenigstens ein Schild mit der Bootsnummer gut sichtbar angebracht sein; dann verzichte ich ausnahmsweise auf die Ordnungsstrafe von 20 Mark!" Freundlich-korrekt grüßt der Beamte und fährt mit seinem Dienstboot von dannen. Nun gut, Ordnung muß sein ...

Wie sollen wir nur so schnell ein Schild besorgen?

„Eigentlich können wir unser Fenderbrett mit ein paar wunderschönen Buchstaben und Zahlen verzieren", schlage ich vor.

„Ja, warum eigentlich nicht? Not macht erfinderisch", stimmt Werner schmunzelnd zu. Mit Pott, Pinsel und Stiften verzieren wir das Brett und „registrieren" ATLANTA für die Öffentlichkeit. Die Kinder hätten beim Malen nur zu gerne mitgewirkt und kritisieren deshalb unser Meisterwerk: „Ihr habt das aber nicht schön gemacht! Langweilig, nur eine Farbe – und nur Zahlen. Ich hätte noch eine Sonne gemalt ... Und ich einen dicken Walfisch ... Und ich ..."

„Eure Ideen finde ich prima, aber das soll ein amtliches Schild sein – wie eine Autonummer", versuche ich zu erklären.

Tim lacht schallend und singt: „Ein Auto – ha-ha –, ein Auto! ATLANTA ist ein Auto ..."

Phantasie und springlebendiges Temperament kolorieren so eine reichlich fade Begebenheit. Wir hoffen nur, daß später auch der Amtsschimmel über unsere Improvisation wiehern kann.

Samstag, 10. Juli 82
Schon um fünf Uhr kann ich nicht mehr schlafen und wälze mich unruhig in der Koje. „Warum bist du nur so kribbelig?" möchte Werner wissen und reckt sich gähnend.

„Ach, ich hab' gerade von einer Wildwasserfahrt geträumt. Wahrscheinlich ist es Bammel vor der Weiterfahrt durch die Stromschnellen – irgendein dunkles Gefühl läßt mir keine Ruhe."

„Nun gut, dann stehen wir am besten sofort auf und stürzen uns hinein ins Vergnügen", ulkt Werner, plötzlich hellwach.

Bei den Kindern rührt sich noch nichts. Grob werden sie erst vom Hämmern des Motors geweckt, als er kurz hinter der letzten Fahrwassertonne des Seitenarms mit voller Kraft gegen die Strömung andampft. Im Schneckentempo kriechen wir von neuem an der Insel Nonnenwerth vorbei. Diesmal schaffen wir es! Die gefährliche Enge wandert achteraus, und die Strömung wird schwächer. Doch weit kommen wir trotzdem nicht. Als neues Handikap leuchtet eine kleine rote Kontrollanzeige auf ... Verflixt und zugenäht! Welcher Teufel hat hier die Finger im Spiel? Der Temperaturanzeiger schwankt im roten Bereich und hüpft aufgeregt hin und her. Wird der Motor zu warm? Oder spinnt die Anzeige?

Unruhe breitet sich wie ein Virus aus. Werner flucht wie ein Kesselflicker. Meine Magennerven verkrampfen sich. Warum reißen die Aufregungen nicht ab?

Zum Glück ist der nächste Bootshafen nicht weit. Am rechten Rheinufer liegt Oberwinter, wo wir im Bonner Yachtclub direkt neben dem Klubhaus einen Liegeplatz zugewiesen bekommen. Mit großen „Hallo" und rheinländischer Herzlichkeit werden wir begrüßt: „Habt ihr Kummer? Wo drückt der Schuh? Seid herzlich willkommen. Wir helfen euch gern."

So lernen wir durch unser Malheur einen heiteren Menschenschlag kennen, dessen Lebensart uns bisher nur vom Hörensagen bekannt war.

Mit viel Schweiß und Mühe sucht Werner zunächst allein nach der Ursache des Maschinendefekts. Ohne Erfolg. Ihm stehen gleich ein paar Ratgeber zur Seite, entfachen heiße Diskussionen und löschen die Hitze wieder mit einem kühlen Bier und einem entscheidenden Tip: „Mensch, der Schmitt, der kennt sich aus mit Volvo! Prosit ..."

Werner macht sich im Eiltempo auf die Suche nach dem Mechaniker. Freudestrahlend kehrt er nach kurzer Zeit zurück und meldet der heiteren Runde, die gerade dabei ist, das Klubhaus für das Sommerfest herauszuputzen: „Euer Schmitt ist 'ne Wucht! De Schmitt ... he küt!"

Trotz des fortgeschrittenen Samstagnachmittags und der glühenden Hitze kommt der Mechaniker an Bord und findet rasch den Schaden. Der Thermostat ist so stark verrostet und verdreckt, daß er sich nicht mehr richtig öffnen kann. Der Monteur kriegt zwar alles wieder gängig, aber er meint, daß bei den vor uns liegenden, immer wärmer werdenden Gewässern die Maschine besser ohne einen solchen Regler auskäme. Ob der Jockel denn *nun* ohne Macken läuft? Es ist noch ein weiter Weg bis zum Mittelmeer ... Doch Schwierigkeiten sind wohl dazu da, aus dem Weg geräumt zu werden.

Schnell vergessen wir die erste und unangenehm vertane Tageshälfte und lassen uns vom rheinischen Frohsinn anstecken. Im Eiltempo riggen wir Pützchen, unser faltbares Beiboot, auf. „Hinein ins Vergnügen und Segel gesetzt!" kommandiert der Skipper. Unsere beiden Leichtmatrosen sind ganz aus dem Häuschen. Sie jubeln: „Hurra, wir können segeln, endlich wieder richtig segeln ... ATLANTA, kuck mal zu! Bald bist du auch wieder dran."

Eine leichte Brise schiebt Pützchen durch den Yachthafen. Der Hauch wird etwas handiger, und schon packt die Jungs das Regattafieber. „Papi, kuck! Da segeln zwei Optis. Die müssen wir pinnen!" Also los. Hoch an den Wind, die ganze Mannschaft nach Luv ... Und gib ihm! Es klappt nicht so, wie Tim es sich vorgestellt hat. Pützchen muß geleichtert werden, um eine Chance zu haben. Damit die Spannung noch höher klettert, steige ich aus und gehe auf Beobachtungsposten. Eifrig gibt Tim einen Schrick in die Schot, und Werner legt das Ruder auf Verfolgungskurs. Vor dem Wind rauscht das Bananaboot erstaunlicherweise bis an die Optimisten heran. Nur auf der Kreuz gewinnen, wie zu erwarten, schließlich doch die Optis. „Na ja, die sind auch allein gesegelt und wir zu dritt", kritisiert unsere Mannschaft. „Aber das hat toll gezischt bei uns", lobt der Jüngste.

„Pützchen muß sich nun ausruhen, und wir wollen kraxeln", kündigt Tim das nächste Vorhaben an. Ich bin dabei. In den späten Nachmittagsstunden können wir ohne Sonnenstichgefahr eine kleine Bergtour unternehmen und erklimmen einen Platz mit herrlichem Ausblick auf das Rheintal.

Nach einem herrlichen, absolut faulen Ruhesonntag in malerischer Umgebung und in Gesellschaft herzlicher Menschen geht es am Montag, dem 12. Juli, in die letzte Runde auf dem Rhein. Am Abend dieses denkwürdigen Tages halten wir die Eindrücke im Tagebuch fest:

„Es ist geschafft! Der Kampf um Koblenz, unser ganz persönlicher ‚Fight' mit dem mächtigen Rhein, ist gewonnen. Aber wie mühsam ist es gewesen! Nach den ersten zwanzig Kilometern unter eigener Maschine wurden wir am Hammersteiner Werth von MS ELSA aus Hamburg in Schlepp genommen. Aber auch das war ungeheuer anstrengend. Von der Landschaft blieben uns nur Spotlights im Gedächtnis, ihren Reiz nahmen wir nur aus den Augenwinkeln wahr, wegen des hypnotischen Blicks auf den Schlepper. Aber es ging weiter – mit einer Geschwindigkeit von acht bis neun Kilometer über Grund. ATLANTA bretterte wie ein schwerfälliger Wasserskiläufer durch die Stromengen bei Neuwied, Andernach und Urmitz. Sechs Kilometer vor Koblenz löste ELSA dann unsere Schleppverbindung, weil die Wasserschutzpolizei im Anmarsch war und wir keinen vorschriftsmäßigen Schleppkegel hatten.

Noch einmal wirbelte unser Jockel neunzig Minuten lang mit ganzer Kraft. Gegen 18.00 Uhr erreichten wir Koblenz und passierten schnell, problemlos, aber gebührenpflichtig die erste Moselschleuse. Glücklich und zufrieden mit uns und der Welt ließen wir die ereignisreichen Rheinepisoden bei einem köstlichen Moseltröpfchen noch einmal an uns vorbeiziehen. Der Weg nach Koblenz wurde uns – weiß Gott – nicht leicht gemacht. Jeder Kilometer kostete physische und psychische Kraft. Nur die ruhigen Stunden im Schutz eines Hafens entspannten die aufgeheizten Gemüter und erfüllten unsere Erwartungen ein wenig. Dort prägte sich uns das Bild einer märchenhaften, herb-bizarren Landschaft mit überwiegend fröhlichen Menschen ein. Zwiespältig sind die Empfindungen, die uns im Nachhinein bewegen. Sicher würden wir den Rhein nicht noch einmal mit einem schwach motorisierten Boot bergauf dampfen. Doch wir haben es geschafft . . . und freuen uns jetzt darauf, die Mosel erleben zu können!“

Wein- und Lachgeschichten – Die Moselfahrt

Kaum vorstellbar ist es für uns, wie das Flußtal ausgesehen hat, als die Mosel noch ein ungezähmtes Wildwasser war. Heute ist der Wasserstand durch ausgezeichnet in die Landschaft integrierte Staustufen ausgeglichen. Dies muß sicher auch mit einem kritischen Auge betrachtet werden; doch wir sehen die Mosel im Augenblick nur durch unsere persönliche Brille. Nach der aufreibenden Rheinfahrt erscheint uns der neue Reiseabschnitt regelrecht erholsam. Entspannt und erwartungsfroh beginnen wir am Dienstag, dem 13. Juli, diese Etappe.

Wunderschöne Mosel! Idyllisch, romantisch, fast keine Strömung, beschauliches Fahren, wenig Schiffsverkehr – und wir machen wieder Fahrt über Grund: acht bis zehn Kilometer in der Stunde. Zahlreiche Weinberge säumen den Fluß; Burgen, Schlösser und Kirchen grüßen von den Gipfeln und Hängen. In punkto Lieblichkeit macht die Mosel dem Vater Rhein Konkurrenz. Es ist eine Landschaft mit Profil. Sehr plastisch beschreibt der „Merian" diesen Eindruck und bringt ihn auf einen treffenden Nenner: „Mit den listigen Windungen einer Schlange überwindet die Mosel die Barriere des Schiefergebirges. Die Topographie der Moselschleifen ist so einzigartig wie eine Signatur."

Beschwingt trällern wir gemeinsam ein paar Lieder und lindern die sengende Hitze mit Flußwasser. Bei 34° Celsius verschaffen wir den Kindern mit einem vollen Eimer an Deck eine willkommene Abkühlung, abwechselnd tunken sie Beine, Po und Kopf ins Naß.

Dann kommt die Schleuse Lehmen in Sicht. Tims Gesicht wechselt die Farbe. Verängstigt schaut er zu mir: „Mutti, quetscht uns gleich wieder jemand den Mast an die Mauer?"

Werner und ich tauschen erstaunte Blicke. Diese unerwartete Reaktion beruht offenbar auf dem noch nicht verarbeiteten Erlebnis von Duisburg-Meiderich, denn der gestrige Schleusengang verlief völlig problemlos. Wir stellen fest, daß ein Kind mehr Zeit benötigt, um schwierige Situationen zu verdauen. Bereits neun Tage sind seit dem bösen Zwischenfall in der Meidericher Schleuse vergangen.

„Mach dir keine Sorgen. Wir passen schön auf, dann wird schon alles gutgehen", beruhige ich den Sohnemann.

Ein Dickschiff ist zur Zeit nicht da; also wird ATLANTA alleine geschleust. Der Schleusenmeister gibt grünes Licht und läßt uns für den Alleingang eine Gebühr entrichten. Denn für die kostenlosen kleinen Bootsschleusen hat unser Schiff mit 1,75 m zuviel Tiefgang – nur 1,50 m sind dort erlaubt.

Wegen des üblicherweise vorn oder mittig einströmenden Wassers wählen wir zum Festhalten den vorletzten Haken der Schleusenkammer. „Legt euch weiter in die Mitte", kommt die Anweisung von oben.

„Warum? Wir sind schon zum Hochschleusen klar. Der Platz ist doch gut", findet Werner. Aber der Meister zeigt sich gar nicht einverstanden. Energisch besteht er darauf, daß wir ATLANTA zur Schleusenmitte verholen. Nun gut. Um des lieben Friedens willen erkennen wir seine Autorität an. Alles steht in den Startlöchern. Es kann losgehen.

„Tim, was ist mit dir? Warum weinst du?“ Ich sehe unseren „Löwen“ ganz jämmerlich in der Plicht kauern. Von vorn strömen die Wassermassen in die Kammer und tragen unser Boot aufwärts. Es bleibt keine Zeit, sich um Tim zu kümmern. Schnell verändert sich der Wasserstand, und die Leinen müssen über den jeweils nächsthöheren Haken gelegt werden. Ein gewaltiger Schwall sprudelt zwischen Bordwand und Schleusenmauer hoch und preßt ATLANTA in die Tampen. Im hinteren Teil der Schleuse dagegen bleibt alles ruhig. Warum also sollten wir uns unbedingt zur Mitte verholen? Wir hatten zwar vom schlechten Ruf der Moselschleusenwärter gehört, die gegenüber Sportbootskippern oft ruppiges Verhalten an den Tag legen sollten; nur mit mutwillig inszenierten Schikanen hatten wir nicht gerechnet. Ein mulmiges Gefühl preßt mir die Magengegend zusammen. Tim schreit plötzlich auf: „Mutti, ich hab’ Angst! Das Wasser verschüttet uns!“ Dem kleinen Kerl scheint die Situation bedrohlicher, als sie ist. Bevor ich ihm gut zureden kann, versteckt er sich in der Kajüte.

Wenige Augenblicke später nimmt der Wasserdruck ab, und wir schwimmen auf dem neuen Niveau. Der Ärger über das anstrengende Manöver verraucht – die Sorge um den Sohn bleibt. Wie können wir seine Angst vor dem Schleusen beseitigen? Da muß eine Strategie, ein Bordrezept, gefunden werden. Denn bis zum Mittelmeer liegt eine lange Klettertour mit zahlreichen Schleusengängen vor uns, die nicht zum Streß ausarten soll.

Wir rufen Tim zu uns und halten Familienrat. „Kinder, paßt auf“, sagt Werner. „Ihr habt gemerkt, daß es manchmal nicht einfach ist, wenn ATLANTA in einer Schleuse nach oben klettern muß. Bisher mußten wir immer alles alleine machen. Wenn es aber sicherer und ohne Aufregung gehen soll, brauchen Mutti und ich dringend eure Hilfe. Ben müßte eine Hilfsleine halten. Tim brauche ich als Schleusensteuermann. Er übernimmt die Pinne und hält sie schön mittschiffs. Dann liegt unser Boot ganz sicher. Okay?“

In den Blicken unserer Jungs spiegelt sich plötzlich Zuversicht und Interesse für ihre neuen Aufgaben. „Wenn ich euch helfe, muß ich dann keine Angst mehr haben?“ möchte Tim sich vergewissern.

„Aber nein! Es ist wichtig, daß du deine Sache gut machst. Dann läuft alles wie geschmiert.“

Nach der Mittagspause in Brodenbach, einem typischen Moselörtchen, kühlen wir die Gemüter im erstaunlich klaren Flußwasser. Sogar

Fische und andere Flußbewohner können wir im seichten Seitenarm beobachten. Erfrischt und erheitert fahren wir dann auf die Bewährungsprobe, die Schleuse Müden, zu. Zwei große Frachtschiffe tasten sich vor uns in die Schleusenkammer, womit für ATLANTA kaum Platz bleibt. Trotzdem werden wir aufgerufen, uns an den Achtersteven des letzten Dicken zu klemmen. Fast berührt die Mastspitze das Schleusentor, und ATLANTAS Nase quetscht sich an das Heck des Frachtkahns.

Ob das gutgeht? Keine günstige Situation, um Tims Ängste abzubauen – oder gerade doch? Unsicher warte ich darauf, daß es aufwärts geht. Wie besprochen, nehmen die Jungs ihre Posten ein. Zentimeterweise drückt uns das einlaufende Wasser nach oben, und diesmal steht uns Fortuna bei. Hilfsbereit und freundlich faßt der Schleusenmeister sogar selbst mit an. Er hält ATLANTA von oben an einer zusätzlichen Leine und läßt den Wassereinlauf regulieren, so daß alles ganz sachte und ohne Komplikationen abgeht.

„Prima klappt das! Tim, du bist 'ne Wucht! Siehst du, wie toll das geht, wenn du uns hilfst? Benni und du, ihr werdet ab sofort zu Oberschleusentampenhaltern befördert." Werner und ich loben die Kinder in den höchsten Tönen, und ihre Angst scheint wie weggeblasen. Unser Großer strahlt, und Ben fordert gleich gelassen und selbstbewußt: „Krieg ich dann auch eine Belohnung für das Festgehalte?"

Lachend gibt der Skipper diesen geschäftstüchtigen Forderungen nach.

„Papi, darf ich ATLANTA aus der Schleuse auch rausfahren? Ich bin doch jetzt Steuermann", fragt Tim und wirft sich stolz in die Brust.

„Okay, ich stehe dir zur Seite und sage dem Jockel Bescheid, wie schnell er fahren soll", willigt der Käptn ein. Und so führen beide Männer gemeinsam das Boot aus der Schleuse. Das Experiment ist gelungen. Tims Schleusenkoller scheint geheilt zu sein, und mir fällt eine zentnerschwere Last vom Herzen.

„Hoihotoho!" Dieser überschwengliche Ruf kündigt in den Abendstunden eine turbulente Seeräuberszene an. Obwohl uns hier in Treis noch feste Landmassen umschließen, befinden sich die Söhne schon auf hoher See. Sie erleben in ihrer Phantasie Abenteuer, die sie zu bewundernswerten Helden machen. Die Grenzen zur Realität verschwimmen. So werden auch Werner und ich zu Piraten befördert. „Hey Blutswente und Messerjocke, ihr könnt ja ruhig schießen, aber so bekommt ihr niemals den Schatz!" schmettert Tim uns im Eifer des Gefechts entgegen. Benni stellt sich am Bug in Positur und singt aus voller Kehle und mit wilden Armbewegungen: „Ich bin die Pipi Langstrumpf, Pipilotta-Viktualia ... Und ich tu, was mir gefällt. Ich bin der Stärkste auf der Welt ... Hoi-hoto-hoi!"

Vorbeiflanierende Spaziergänger schmunzeln amüsiert über das Schauspiel, dessen Auslöser eine Kassette in der Vorschiffskoje der Kinder ist. Während der Fahrt gehören Tonbänder mit Märchen, lustigen und abenteuerlichen Geschichten sowie Liedern zur willkommenen Abwechslung. Sie bereichern die Beschäftigungsmöglichkeiten und fördern offensichtlich phantasiereiches Spiel. Tim und Ben spielen nicht nur Gehörtes nach, sondern gehen in ihrer Phantasiewelt vollkommen auf und erfinden jede Menge neue Geschichten, wobei der „Seeräuberpapi" besonders tatkräftig mitwirkt. Unliebsame Ereignisse des Tages werden bei der Gelegenheit dann aus vollen Rohren „beschossen". Ängste werden besiegt, das Selbstbewußtsein wird gestärkt, die Freude am Bordleben wächst.

Nur die schweißtreibende Kombüsenarbeit stimmt den Smutje bei stickigen Kajütentemperaturen von 40° Celsius nicht übermäßig froh. Warum nur fällt das Barometer täglich ein Stück in Richtung „Schietwetter", wenn es immer heißer und hochsommerlicher wird? Der Abendhimmel sieht auch wieder vielversprechend rotgefärbt aus. Ach, Kinnings – kein Wunder! Weder ist unser Baro defekt, noch ändert sich das Wettergeschehen so kraß. Aber wir klettern jeden Tag durch die Schleusen ein paar Meter bergauf und entfernen uns vom Meeresspiegel. Darum schwingt die Barometernadel ständig mit, während uns der Wettergott hold gesonnen bleibt.

So können wir denn unbeschwert in Traben-Trarbach mit dem Probieren einiger köstlicher Moseltröpfchen beginnen. Dazu lädt ein Schild an einem kleinen Anleger kurz vor der Brücke ein, welche beide Teile der Zwillingsstadt verbindet. Mit den Worten „Für Gäste der Stadt" bietet man hier für durchreisende Schiffe mit netter Geste einen Liegeplatz im Logenstil an. Gleich fühlen wir uns heimisch, putzen die Mannen heraus, erkunden die Umgebung und finden uns schließlich zu einem herrlichen Geschmause und einer ausgiebigen Weinprobe zusammen. Doch nicht die Weinseligen fallen anschließend vom Hocker, es trifft unseren Jüngsten. Er sackt plötzlich wie erschossen auf seinem Stuhl zusammen und schläft beim Klang der Gläser, bei Musik, Gesang und Geplauder den Schlaf der Gerechten. Am nächsten Morgen wundert Benni sich, daß er in seiner Koje aufwacht: „Ich will doch jetzt meinen Nachtisch essen. Warum sind wir nicht mehr in dem Lokal?" protestiert er. Tja, den Wein haben die Alten getrunken, und nicht zu knapp, aber die Folgen scheint der Moses zu tragen ...

Am 26. Tag unserer Reise erreichen wir Trier. Da es unterhalb der Schleuse Trier keinen Yachthafen – wie im Moselhandbuch eingetragen – gibt, sondern nur einen Ministeg für Ruderboote, jonglieren wir ATLANTA in den Sportboothafen des Postsportvereins. Es fehlt jede Tiefenangabe, und so tritt unsere Bambusstange in Aktion. Einem Segelkameraden, der die Kanal- und Flußstrecke zum Mittelmeer gut kannte, verdanken wir den zwar ungewöhnlichen, aber äußerst hilfreichen Trick mit der Stange. Unser Bambus fungiert als Ersatz für das Echolot, das bei moddrigem Grund jede brauchbare Anzeige verweigert. Ein rotes Gewebeband markiert unseren Tiefgang mit einer Zugabe von zehn Zentimetern, eine weitere Markierung sitzt bei zwei Metern am robusten Bambus. Ich packe die Lotstange wie ein Stabhochspringer und steche sie vom Bug aus ins Wasser. Tim steht mittschiffs und gibt die Messungen dem Skipper weiter. „Zwei Meter, zwei Meter, ein Meter achtzig, ein Meter sechzig – stop! Volle Kraft zurück! Hier geht's nicht weiter. Wir müssen versuchen, zu dem Steg am Kran zu kommen, da liegen ein paar größere Boote ..."

Vom Klubhaus her winkt uns ein vierschrötiger Mann ab: „Ihr paßt hier net rein!" Donner und Doria! Wir sind müde und brauchen dringend eine Dusche. Nahe der Hafeneinfahrt ist es mit knapp zwei Metern tief genug, und kurzerhand vertäuen wir ATLANTA an einem wackeligen Holzsteg. Dem Vierschrötigen scheint das gar nicht in den Kram zu passen.

„Dürfen wir nicht wenigstens eine Nacht hierbleiben? Es war ein langer, heißer Tag", versuchen wir, den palavernden „Hafenmeister" zu beschwichtigen.

„Aber nur auf eure Verantwortung. Ich helf' euch morgen nicht aus dem Dreck", grunzt er. „Vielleicht sinkt heute nacht der Wasserstand, und dann habt ihr den Salat."

Da er diese Behauptung aber nicht begründet, bleiben wir unbeirrt auf dem umstrittenen Platz. Unser ersehntes Duschbad und die Abendruhe bekommen wir zwar, doch die Quittung am anderen Morgen auch. Die Warnung vor dem fallenden Wasserpegel war berechtigt. ATLANTA steckt tatsächlich schon ein wenig im Modder, als wir erwachen.

Nach kurzer Zeit gelingt es uns gerade noch, die schwergewichtige Dame aus dem Schlick in eine ausreichend tiefe Wasserrinne zu bugsieren. Dabei wühlt die Schraube schon schwarzen Grund auf. Bevor wir alles klar haben, um den Sportboothafen endgültig verlassen zu können, gellt ein Hilfeschrei vom alten Holzsteg her. Tim muß beim

Spielen und Laufen vom Steg abgerutscht sein und alarmiert uns jetzt durch seinen Schrei: „Papi! Ich versumpfe!“

Papi hechtet blitzschnell zum Unglücksort, um den Sohn zu retten. Bis zum Bauch steht Tim im Wasser und erhöht mit stattlicher Tränenmenge den Pegel. „Du willst ATLANTA wohl auf deine Weise wieder aufschwimmen lassen, was?“ schmunzelt Werner und zieht den Unglücksraben zu sich hoch. Dunkel vor Matsch glänzen die kurzen Beinchen, und auf dem linken Oberschenkel schwillt ein Bluterguß. Aber die letzten Tränen versickern schon in erleichterten Lachfalten. „Ich wollte nicht schwimmen“, versichert der kleine Schlammtaucher. „Bestimmt nicht. Ich wollte nur einen Fisch zum Mittagessen angeln.«

Von delikatem Moselfisch schwärmt auch Käptn Hawkins, seines Zeichens Pächter und Smutie der URANUS TREVERORUM, eines ausgemusterten Minensuchboots, das jetzt als Klubschiff des Marinevereins Trier Dienst tut. Hier dürfen auch Gastschiffe liegen, während sich die Crews bei guter Bewirtung und einer Backe voll Seemannsgarn wohlfühlen. Käptn Hawkins fuhr einst zur See, träumt von der alten christlichen Seefahrt und erzählt fesselnd seine vielen Abenteuer. In gemütlicher Runde spinnt jeder bei einigen Schoppen Wein sein eigenes Garn dazu, während Tim und Ben die URANUS auskundschaften und auf Phantasieabenteuer ausgehen.

Weinselig begießen wir unsere neue Freundschaft mit dem Bremer Ehepaar Erika und Erich. Sie wollen den Ruhestand nicht allzu ruhig in häuslicher Umgebung, sondern zumindest teilweise im Mittelmeer auf ihrem Schiff verbringen. Wir beschließen, die Fahrt durchs Binnenland gemeinsam fortzusetzen, was bei den vielen Schleusengängen hilfreich sein kann.

Trier lernen wir mehr von seiner geschäftlichen als geschichtlichen Seite kennen. Während des Bummels durch die Stadt werden etliche Einkäufe erledigt, denn wir verlassen ja bald die heimatlichen Gefilde. Wer weiß, ob das eine oder andere anderswo so günstig zu erstehen sein wird?

Die Jungs himmeln ein kleines Schlauchboot an. Dieses weißrotblaue „Luftkissen mit Riemchen“ begutachten sie intensiver als die Sehenswürdigkeiten Triers. Die sind ihnen viel zu alt und ehrwürdig, während das Gummiboot neue Erlebnisse verspricht. Papi und Mutti werden aus vier großen Kulleraugen bittend angestrahlt – und ehe wir's uns versehen, traben wir auch noch mit einem Tender für Pützchen bepackt in Richtung Taxistand.

An Bord werden alle Schätze bis auf den Tender sorgsam verstaut;

ihm steht gleich die Jungfernfahrt bevor. Während die Mannschaft sich mit der neuen Errungenschaft vergnügt, schwitzt der Käptn bei der Motorwartung: Motoröl wechseln, Ölwechsel im Wendegetriebe, Nachfüllen der Fettpresse, Schrauben nach- und Stopfbuchse festziehen ... Regelmäßig erwartet der Jockel die ihm zustehende Gesundheitspflege, so wie wir auch von ihm die erforderliche Fitness benötigen, um das Mittelmeer zu erreichen.

Bonjour, Madame Moselle

Nun werden wir langsam international. Am Samstag, dem 17. Juli 1982, tuckert ATLANTA den ganzen Tag an der luxemburgischen Grenze entlang – an Backbord Deutschland, an Steuerbord Luxemburg. Zahlreiche Angler säumen das Ufer und scheinen es auf den von Käptn Hawkins gerühmten Moselfisch abgesehen zu haben. Es muß ihn wohl doch geben! Trotzdem bleibt unser Angelzeug vorerst in Warteposition.

In Schwebsange, fünf Kilometer vor der französischen Grenze, wird in einem Bootshafen Station gemacht, um die Zollfreiheit zu nutzen. Kilometerlange Autoschlangen entlang der Mosel verraten, daß auch andere Landsleute – neben dem Wochenendcamping – wohl denselben Zweck verfolgen. Wie gut, daß es (noch) keine Bootsschlangen gibt.

Die französische Grenze passieren wir in Sonntagslaune, schnell und unbürokratisch. Erika und ich machen uns schick, wackeln mit den Papieren unterm Arm zum Zollbüro, setzen ein charmantes Lächeln auf und brauchen zur Belohnung keine Formulare auszufüllen. Auch zu einer Bootsinspektion sind die Beamten nicht aufgelegt. Erika fallen gleich mehrere Kieselsteine vom Herzen, zumal sie die Herren nicht unnötig mit der Frage belästigen wollte, ob ihre vielen Flaschen deutschen Moselweins – gedacht für Bordweinproben – zu verzollen seien.

Gleich nach der Grenze bietet sich uns ein verändertes Dorfbild: hier noch sorgsam gepflegte Häuser und Gärten – da ein Ort mit südländischem Akzent; wildes Grün, überholungsbedürftige Häuser, teilweise zerfallen und trotzdem bewohnt, aber aktive, heitere Menschen. Überall wird geangelt und gegrillt, mit Kind und Kegel, Hund und Katze. Überall winkt man uns zu und grüßt freundlich. Kinder rufen: *„Bon* *voyage!"* Unsere beiden antworten mit: *„Bonjour"*. Wir lernen gemeinsam das Lied von Frère Jácques, dem Meister Jakob, und freuen uns darüber, ein wenig Französisch im Gepäck zu haben.

Auf dem Weg von Schwebsange nach Metz passieren wir sieben Schleusen – teils mit, teils ohne Aufregung. So bleiben von der einen Hautabschürfungen an des Skippers Schienbein zurück. In der nächsten sitzen drei Sportboote wie in einer Mausefalle, als sich völlig unerwartet von achtern noch ein großer Brummer in die Kammer drückt. Und zu guter Letzt müssen wir in der Bootsschleuse vor Metz an einer wackeligen Leiter aufwärtsklettern, weil der einsame Haken mit steigendem Pegel drei Meter unter Wasser verschwindet. Doch allmählich haben wir gelernt, mit Schleusenhandikaps zu leben und sind fast erstaunt, wenn alles mal ohne Tücken funktioniert.

Um zum Quai des Régates – einem Yachthafen nahe der Innenstadt von Metz – zu gelangen, schleichen wir in einen schmalen Seitenarm der Mosel. Es geht mitten durch einen Wald, bis das Wasser breiter wird und sich zu einem kleinen See ausweitet, an dessen Ende ein Klubhaus mit Steganlagen in üppig grüner Umgebung lockt. Nichts Böses ahnend, hält Werner auf das Ziel zu. Nur das will gar nicht näherkommen. Merkwürdig? Nein, absolut nicht! Rings um ATLANTA quellen braune Schlammwolken hoch. Bei vorsichtiger Fahrt hat sich der Kiel ganz sachte in den Schiet gebuddelt. Nun gut ... Im Rückwärtsgang holt der Jockel das Boot aus der Umklammerung.

Da winkt Erich von FALKE IV herüber. Er hat an anderer Stelle einen Buckel gerammt. Nun versuche ich, mit der Lotstange der Tiefe auf den Zahn zu fühlen. Gar nicht so einfach. Ständig stoßen wir auf neue Untiefen. Verirrt in dem unsichtbaren moddrigen Labyrinth, suchen wir einen Ausweg.

„Je viens! Soyez les bienvenus ... Rester la ... Je vous accompagne jusqu'au Quai des Régates!" Die Stimme des Franzosen, der armfuchtelnd mit einem motorisierten Schlauchboot auf ATLANTA und FALKE überschlägt sich fast. „Ich komme! Herzlich willkommen ... Bleibt da ... Ich bringe euch zum Klub!" Ein zweiter Mann übernimmt das Steuer des Bootes und fährt zur FALKE weiter, während Maurice mit einem Satz zu uns an Bord springt. Er stellt sich als das „Vereinsmädchen für alles" vor und sprudelt über vor Hilfsbereitschaft und Gastfreundschaft.

Da reichen meine Französischkenntnisse nicht aus. *„Maurice, lentement, s'il vous plaît"*, greift Werner mit seinem „Schleusenwortschatz" in den Monolog ein. Mit „bitte langsam" versucht er sonst immer, den

Schleusenwärtern klarzumachen, daß ein Regulieren des Wassereinlaufs uns das Hochschleusen vereinfacht, und damit bändigt er nun auch den Redeschwall unseres Lotsen.

Maurice nimmt mich in den Arm und säuselt sachte auf französisch: „Entschuldige, meine Liebe, ich vergaß, daß du nicht Französin bist. Ich – spreche – jetzt – wie – ein – Roboter. *Tout normale*. Ich freue mich über euern Besuch! Ich liebe nette Menschen und hübsche Frauen ..."

„Was hat er gesagt?" knurrt Werner mißtrauisch. „Das hörte sich so verdächtig nach Süßholz an."

Aber Maurice entpuppt sich nicht nur als typisch französischer Charmeur, sondern auch als patenter Kerl. Sicher lotst er uns durch das Untiefenlabyrinth in den Yachthafen, schleppt uns gleich zu seinen Freunden und stellt uns alle Einrichtungen des Klubs zur freien Verfügung. Gastfreundschaft scheint hier das oberste Gebot zu sein. Wir fühlen uns dementsprechend rundherum wohl.

An Backbord prunkt in ehrwürdigem Glanz die Sankt-Stefans-Kathedrale aus dem 15. Jahrhundert, und voraus verzaubern am Abend Licht- und Wasserspiele einen wunderschönen Park. Zweimal wöchentlich findet im Sommer dieses großartige Schauspiel statt. Zu klassischer Musik, zu Walzer, Marsch oder Beat, wirbeln und spritzen große und kleine Wasserfontänen, Dreh- und Richtfontänen. Verschiedenfarbige Scheinwerfer illuminieren die musikalischen Wassertänze und akrobatischen Pirouetten, die von einem phantastisch eingespielten Studententeam hinter einem versteckten Schaltpult dirigiert werden: eine einzigartige Kombination optischer und akustischer Eindrücke.

Metz ist eine Reise wert. Wir bleiben noch einen Tag, um die sommerlich sprühende Atmosphäre auszukosten. Ein französisches Frühstück mit *croissants* (Hörnchen aus Blätterteig) eröffnet den Tag. Ganz auf unser Gastland eingestimmt, probiere ich dann frisch und munter, meine französischen Vokabeln an den Mann zu bringen. Mit Erika im Schlepp geht der Kurs Richtung *Centre Ville* (ins Zentrum) zum Einkaufen. Doch ohne Geld kann man da bekanntlich nicht viel erreichen, deshalb geht zuerst die Suche nach einer Bank los. Normalerweise stolpert man nach fünfminütigem Fußweg am Ende des parc de l'Esplanade über einige Banken, nur heute nicht. Denn montags haben hier nicht wie bei uns nur die Friseure ihren freien Tag, sondern auch fast alle anderen Geschäfte und Geldinstitute. Ich gebe mich trotzdem nicht geschlagen und frage mich weiter durch; denn ein paar

Leute sind der Meinung, daß ich eigentlich auch am Montag meine Francs bekommen müßte. Nachdem mich eine Wegbeschreibung nicht zu einer Bank, sondern im Kreis fast zum Ausgangspunkt zurückgeführt hat, überlege ich ernsthaft, ob meine Sprachkenntnisse oder die Beschreibungen mangelhaft sind.

Ein letzter Versuch bei einem mittelalterlichen Herrn gibt mir wieder Auftrieb. Er spricht *lentement* und erklärt recht anschaulich, wie ich mein Ziel erreichen kann. Endlich: Nach einigen vergeblich zurückgelegten Kilometern haben Erika und ich zwar müde Füße, aber auch das nötige Kleingeld, um Nachschub für die Kombüse zu besorgen.

„Kann ich Ihnen behilflich sein, meine Damen?“ erkundigt sich ein anderer Herr, der uns mit vollgepackten Taschen unsicher in alle Richtungen blicken sieht.

„Oh, Monsieur, Sie schickt uns der Himmel! Wir haben wieder mal die Orientierung verloren. Kennen Sie den Weg zum Quai des Régates?“

„Aber ja, kommen Sie. Ich habe gerade Mittagspause und bringe Sie gerne hin. Mittags mache ich sowieso immer einen Spaziergang.“

Sind mir zu Hause derartig zuvorkommende, charmante Menschen nie begegnet – oder gibt es hier in Frankreich eine besondere Spezies? Wir kommen darüber ins Gespräch, und unser Begleiter schmunzelt amüsiert.

Meine Mannschaft war inzwischen mit Beiboot und Schlauchboot unterwegs. Hauptsächlich der Skipper verspürt wachsende Unruhe, wenn ihm ein Hauch Wind um die Nase weht. Dann muß sich wenigstens das kleine Taschentuch vom Pützchen blähen und Vorfreude aufs Segeln verheißen. Arbeiten am Schiff – wie zum Beispiel das Einpassen der Schwerwetterschotten – werden so ab und zu auf angenehme Weise unterbrochen.

Ebenso abwechslungsreich verläuft am Nachmittag ein Stadtbummel mit der ganzen Familie. Buntes Treiben bestimmt die Szenerie: Geschäfte jeglicher Art, Schwarzafrikaner an jeder Ecke, die Lederwaren und Ketten anbieten, Bistros, Pâtisserien und Straßencafés, *clochards* auf Parkbänken, elegante Damen beim Shopping, Ein-Mann-Unterhalter und Musiker laden zum Zuhören, -sehen und Mittanzen ein ... Eis schleckend, schlendern wir gemütlich durch die Straßen und Gassen und beobachten die Menschen um uns herum.

„Da ist ein Zoogeschäft! Erika sucht doch verzweifelt nach Mauserhilfe für ihren Piepmatz. Vielleicht gibt es hier so was“, fällt mir plötzlich ein.

Tim und Benni mustern aufmerksam die lebende Ausstellungsware der Tierhandlung. „Mutti, können wir nicht auch einen Vogel oder ein Meerschweinchen oder nur einen klitzekleinen Hund mitnehmen?" drängeln die Jungs. Nur widerwillig lassen sie sich von diesem Gedanken ablenken. „Wir wollen erst mal die Mauserhilfe besorgen, dann sehen wir weiter", beende ich die Diskussion und schiebe Tim vor mir her in den Laden. Doch vergeblich suche ich in der Ecke beim Vogelfutter nach weiteren Pflegeartikeln für Vögel. Mauserhilfe ist vielleicht woanders versteckt, weil es sich um eine Art Medikament handeln muß. Aber ich weiß die französische Vokabel für dieses seltene Wort nicht. Und mein Wörterbuch habe ich nicht mitgenommen. Also hole ich ein wenig aus und versuche, einer Verkäuferin das begehrte Mittel und seinen Verwendungszweck zu beschreiben. Gespannt hört Madame mir zu, aber um was es geht, versteht sie leider nicht. Ich bin enttäuscht und grübele, wie ich mich verständlich machen könnte. Da kramt Werner einen Zettel aus der Tasche und malt darauf einen Vogel, ein paar umherfliegende Federn und kommentiert sein Meisterwerk: „Da Vogel – Federn fliegen hui – Vogel braucht Hilfe ... *Compris*?"

Madame lacht lauthals und zeigt das „Gemälde" ihrer Kollegin. Belustigt öffnet diese eine Schublade und stellt ein Kästchen auf die Theke. *„Voila!"*

„Bei den Damen der Schöpfung kommt dein Französisch wohl besser an", necke ich Werner.

„Egal, auf jeden Fall werden wir Erika damit beglücken." Wir bezahlen die Kostbarkeit und halten auf den Ausgang zu. „Kommt, Kinnings, jetzt genehmigen wir uns in einem Café 'ne kleine Erfrischung", schlägt Werner vor.

„Papi, aber Benni ist nicht mehr da!" meldet Tim plötzlich.

„Was? Wieso, eben stand er noch bei den Aquarien am Schaufenster! Er kann doch nicht einfach weg sein!" rufe ich aufgeregt.

Im Zoogeschäft ist der lütte Moses tatsächlich in keinem Winkel zu entdecken und vor den Schaufenstern ebenfalls nicht. Alle Verkäuferinnen laufen zusammen und diskutieren, ob und wo sie einen kleinen, knapp vierjährigen Blondschopf gesehen haben. Sie untersuchen auch das Lager – ohne Erfolg. Bereitwillig lassen sie im Laden alles stehen und liegen, flitzen mit uns auf die Straße und halten Ausschau nach dem Ausreißer. Werner wühlt sich an etwa hundert Marktständen unter einem Säulengang vorbei. „Benjamin! Benni!" rufen Tim und ich und stolpern hastig in die entgegengesetzte Richtung. Konfus drehe ich mich in der Menschenmenge um, halte Tim fest an der Hand und sehe nur noch Autos und Menschen ... In diesem Gewühl sollen wir Benni wiederfinden? So ähnlich stelle ich mir ein Mann-über-Bord-Manöver bei hohem Seegang vor – man sucht eine Stecknadel im Heuhaufen. Mein Mund ist völlig ausgetrocknet, der Puls jagt schneller, wirre Gedanken sausen mir durch den Kopf. Wieder und wieder frage ich Leute und rufe: „Benni!“ Mir ist zum Heulen zumute. Warum habe ich bloß nicht besser auf ihn geachtet?

Die Verkäuferinnen kehren zum Geschäft zurück und beraten, was man in dieser vertrackten Situation unternehmen könnte. „Hallo, he, ich hab ihn! Es ist alles in Ordnung!“ erklingt in dem Augenblick Werners Stimme und erlöst mich aus meiner Verzweiflung. Er schiebt sich mit unserem weinenden Sohnemann auf dem Arm an den Neugierigen vorbei.

„Gott sei Dank!“ Wir umarmen alle den unglücklich schniefenden Kleinen und knutschen ihm die Tränen vom Gesicht. „ich – weißte – gar nicht – wo ihr seid“, schluchzt er und klammert sich am rettenden Papi fest.

„Ich hab' den vorwitzigen Krümel ein paar hundert Meter weiter gefunden. Besorgte Frauen standen schon um ihn herum“, erzählt Werner. „Sie wollten ihn trösten, aber Benni wußte wohl gar nicht, wie ihm geschah. Hätt' ich auch nicht gewußt, wenn keiner ein deutsches Wort von sich gibt.“

„Mensch, Meier, bin ich froh!“ Ich atme erleichtert auf, denn ich hatte uns schon auf einer Gendarmeriestation gesehen.

Von Stund' an krallt Benjamin sich stets an einem von uns fest, während wir den Stadtbummel mit dem kulturellen Teil fortsetzen. Die Kathedrale imponiert sogar den Kindern. Ehrfürchtig betreten sie das mächtige Gebäude und fragen uns Löcher in den Bauch über alles Sichtbare und Unsichtbare. Metz bietet uns so viel zu sehen, daß ich gern länger bleiben möchte, und darüber entbrennt eine kleine Diskussion. Eine Frage beschäftigt uns zum wiederholten Male, die wir uns sicher noch öfter stellen werden: Wie lange bleiben wir? Es gibt so viele schöne Orte, die zum Verweilen einladen, aber unsere Zeit ist nicht unbegrenzt. Das eine sehen und erleben, heißt auf etwas anderes verzichten. Wir müssen versuchen, den goldenen Mittelweg zu finden.

Darum setzen wir die Fahrt erst in der zweiten Tageshälfte des 20. Juli fort. Im Schlepp einer Peniche, eines französischen Frachtschiffes von rund 30 m Länge, passieren wir mühelos einige Schleusen und erreichen vor Toul mit Bambuslotungen eine einsame Bucht – es könnte Abrahams Schoß sein.

„Habt ihr 'nen Moment Zeit?“ flüstert Erich, der FALKE-Skipper, neben dem wir ankern. „Hier kann man so schön die Sterne begucken ... Und wer zuerst einen Sputnik sieht, schmeißt 'ne Runde. Klar?“

„Aye, aye, Sir, schon unterwegs!“ Tim und Ben horchen an der Matratze, während Skipper und Smutje den Sternenhimmel beäugen und der FALKE-Crew helfen, ihren Weinvorrat zu leichtern; denn Erich gewinnt die Satellitensuche.

Eine Kraxeltour auf Wasserwegen

Bewaldete Hügel, viele Vogelarten, Einsamkeit auf dem Wasser und in den Schleusen, sowie ein musikalischer Abschied bei Villey le sec (der Schleusenwärter läßt über Lautsprecher beschwingte Musik ertönen, und Benni wackelt mit dem Po den Takt dazu) prägen für uns das Finale auf der kanalisierten Mosel. In Neuves Maisons endet die „Großschiffahrt“. Von nun an wird's teils beschaulich, größtenteils aber sehr arbeitsaufwendig. Die Schleusen sind alle von gleicher Bauart (passend für eien Peniche) und alle per Hand zu bedienen. Es darf gekurbelt werden, heißt die Devise; denn die vorsintflutlichen Flutschotten werden mit Handkurbeln geöffnet oder geschlossen. Sechs Tage sehen uns – ATLANTA- und FALKE-Crew im tête-à-tête – auf dem Trimm-dich-Pfad von Mereville bis Corre am Ende des Canal de l'Est, wovon zwei Tage zum Ausruhen angesagt sind. Die Schleusen sind nummeriert und heißen jetzt *écluse*. Zu jeder gehört ein Wohnhaus, das die Nummer der Schleuse trägt. Meistenteils werden die Häuser von einem staatlich bezahlten Wärter mit seiner Familie bewohnt. Doch es gibt Wärter, die auch herrenlose Schleusen zusätzlich betreuen.

Am ersten Tag der Klettertour wird uns ein Mix aus positiven und negativen Ereignissen beschert. Einige Schleusenwärter wollen ihre Kraft unter Beweis stellen, drehen wie wild die Flutventile auf und grinsen stolz über ihre sportliche Leistung. Daß es für unsere Schiffe oft ein heikler Tanz in den Strudeln wird und die Mastspitzen den Mauern bedenklich nahekommen, merken sie offenbar nicht. Auch

Werners bittender Ruf: *„Lentement, s'il vous plaît!"* stößt bei fast allen auf taube Ohren. Ob ihnen das tagelange, jahrelange, über Generationen vererbte Kurbeln ein wenig zu Kopf steigt? Man darf es ihnen nicht verübeln.

Schwierige Begegnungen mit Penichen im teilweise nur 10 bis 15 Meter engen Kanal gehören für uns zum Alltag. Beim Passieren saugen die Penichen so viel Wasser ab – etwa 30 cm –, daß ATLANTA mitunter auf Grund gesetzt wird und erst in der Heckwelle der Frachtkähne wieder aufschwimmt.

Die positive Seite der Fahrt ist die malerische Natur – wir durchfahren Mischwälder, haben Bäume und Büsche zum Greifen nahe, Wald- und Wiesenduft in der Nase; Libellen umschwirren das Schiff. Tim und Benni ducken sich zwar, wenn eine Libelle wie ein Düsenjet auf sie zukommt, doch können sie sich an den vielfarbig schillernden Insekten nicht sattsehen.

Gegen Abend vertäuen wir die Boote kurz vor einer Brücke in Charmes. Erich grollt, wie fast jeden Abend, über seine Lichtmaschine. Irgendwo sitzt ein Defekt und läßt kein Fünkchen Strom in die Batterien wandern. Es gehört mittlerweile zu meinen ersten Aufgaben an Land, daß ich mich umhöre, wer zum Batterieaufladen eine Steckdose zur Verfügung stellt; denn ich bin momentan die einzige, die mit den Leuten reden kann. Stolz, wie die meisten Franzosen sind, sprechen sie oft nur ihre Muttersprache. Erst wenn sie merken, daß man sich in ihrer Sprache zu verständigen bemüht, tauen sie eventuell auf und kramen ein paar deutsche oder noch seltener englische Vokabeln hervor.

Diesmal macht uns ein älterer Herr die Sache recht bequem. Er hat uns von seinem Haus aus beim Anlegen beobachtet und sofort kräftig gewunken. Wir grüßen und winken zurück, als wollten wir dem Land Ehre erweisen. *Vive la France!* „Monsieur, können Sie uns behilflich sein?" rufe ich zu seinem Fenster hinauf. Er nickt. „Aber sicher! Einen kleinen Augenblick, ich komme hinunter!" Freudestrahlend bringt Monsieur dann ein paar deutsche Brocken an: „Meine Großpapa war eine deutsche Mann ..." Seine weitere Lebensgeschichte erzählt er allerdings auf französisch und sehr weitschweifend. Währenddessen schnappen wir uns Erichs Batterie, Ladegerät und Kabel und lassen uns den Weg zu einer Stromquelle zeigen.

Erstaunt landen wir in einem ausgedienten Pferde- und Kuhstall, in dem nur deftiger Tiergeruch, Stroh, einige Halfter und Mäusenester übriggeblieben sind. „Hier soll eine passende Steckdose sein?" Wir schauen uns suchend um. „Nicht an der Wand, meine Lieben“, unterbricht Monsieur liebenswürdig unseren Rundblick. „Ihr müßt nach oben sehen! Der Kontakt in der Lampe könnte für den Stecker eueres Ladegeräts passen. Ich schraube die Glühbirne heraus, ihr setzt den Stecker ein, ich knipse den Schalter der Lampe an, und schon habt ihr Strom in der Batterie – *compris?*“

Gesagt, getan. Auf einem morschen, leiterähnlichen Gestell kommt Werner der ominösen Stromquelle näher. Der Stecker läßt sich tatsächlich in den Glühbirnenkontakt einstöpseln. Nur unser Kabel reicht nicht bis auf den Boden, und das Verlängerungskabel hat wieder einen anderen französischen Steckkontakt. So bauen Werner und ich aus Stuhl und Leiter einen Hochsitz für Batterie und Ladegerät. Zum Schluß drückt Monsieur auf den Lampenschalter und auf unergründlichen Wegen gelangt Strom in die Batterie. „Perfekt!“ lacht der alte Herr. „Ich lege den Schlüssel zum Stall in einen Hohlraum des Türpfostens. Dann könnt ihr hinein, wann ihr wollt. Ach, übrigens habe ich zehn Enkelkinder und bereits vier Urenkel – könnt ihr euch das vorstellen? Sie ...“ Gewichtig setzt Monsieur seine Familienerzählung fort und interessiert sich dann ebenso brennend für unseren Lebenswandel.

Bis Epinal erklimmen wir am zweiten Tag unseres Aufstiegs zu den Ausläufern der Vogesen über fünfzehn Schleusen eine beachtliche Höhe. ATLANTA und FALKE werden zu einem hervorragend eingespielten Team – Arbeitsteilung erleichtert die Manöver. Obwohl Werner sich eigentlich hundeelend fühlt, klettert er Leiter für Leiter an den Schleusenwänden hoch, nimmt die Leinen wahr und kurbelt wie ein Weltmeister – Tor auf, Tor zu. Er hat in den letzten Tagen von dem Wasser getrunken, das in Metz gebunkert wurde, und quält sich jetzt mit Durchfall und Magenkrämpfen herum. Man sollte tatsächlich keinen Schluck unabgekochtes Wasser trinken, wenn man deutsche Gefilde verläßt. Wer die Warnung nicht ernst genug nimmt, bekommt garantiert die Quittung.

Aber unser Skipper beißt die Zähne zusammen und läßt sich Übelkeit und Schwäche nicht anmerken. Gegen 16.00 Uhr wollen wir einen Ruheplatz suchen. doch Epinal scheint uns nicht gerade attraktiv: viel Industrie und keine geeigneten Liegeplätze. Außerdem haben wir die Schleusenkette von Golbey mit weiteren 15 *écluses* vor uns, für die das Handbuch drei bis fünf Stunden ansetzt. Kreise fahrend überlegen wir, ob es gut ist, den Gipfelsturm mit geschwächtem Kapitän zu wagen. Unser Zögern wird vom ersten Schleusenwärter als Warten ausgelegt, und ehe wir's uns versehen, hat er alles vorbereitet und öffnet einladend das Schleusentor. „Also weiter!" kommandiert mein Patient, dem ich gerade den kalten Schweiß von der Stirn gewischt und Pillen aus der Bordapotheke eingegeben habe.

Im Abstand von hundert Metern folgt – uns bleibt kaum Zeit, um andere dringende Geschäfte zu erledigen – eine Schleuse der anderen: *Écluse* N^0 13, 12, 11 ... Stufe um Stufe steigt ATLANTA die „Treppe" hinauf. Unverdrossen erfüllen auch Tim und Benni ihre Aufgaben, nehmen Festmacher von FALKE an und helfen, so gut sie können. Hin und wieder schiele ich nach einem geeigneten Haltepunkt. Vergebens. Alles kurbelt um die Wette – es geht non-stop den Berg hinauf. Endlich! Um 19.15 Uhr passieren wir *écluse* N^0 1 Bois l'Abbé und schwimmen auf dem höchsten Punkt während der Fahrt zum Mittelmeer und in der Geschichte ATLANTAs – auf 360,57 Meter über dem Meeresspiegel. Auf der sogenannten Scheitelhaltung machen wir in einer bewaldeten Bucht westlich von Chaumousey am Ufer an ein paar Bäumen fest und fallen todmüde in die Kojen. Das Bergfest muß vertagt werden.

Dazu bietet der folgende Samstag reichlich Gelegenheit. ATLANTAs Skipper ist dank der Tabletten aus der Medizinkiste wieder munter auf den Beinen. Per Schlauchboot rudern wir vier Gelbjacken durchs Schilf zum Einkauf in den Ort; denn erstmals seit vielen Tagen regnet es. „Nur noch" 24° zeigt das Thermometer an, nach der vergangenen Hitzewelle eine Wohltat. In einem Tante-Emma-Laden, der sich großsprecherisch Supermarkt nennt, plündern wir unter anderem den gesamten Mineralwasservorrat. Verwundert schüttelt die Verkäuferin den Kopf und stößt kichernd eine Kollegin an. Egal. Das abgekochte Wasser schmeckt nach Chemie. Es verdirbt jeden Tee- oder Kaffegenuß, und für die Kinder wird es in Verbindung mit Saft eine Zumutung. Außerdem soll ihnen eine lästige Magen-Darm-Infektion erspart bleiben.

Am Nachmittag gehen unsere Rabauken allein auf Abenteuer aus. Sie rudern, beobachten Frösche und anderes Kriechgetier und liefern sich mit Erich einen Ringkampf, wobei Butschi, der Kanarienvogel, um eine Feder die Fassung verliert.

Labskaus ist an Bord der ATLANTA als Festmenü für alle Mann angesagt. Mit hochroten Köpfen vom Ringen und Toben verschlingen die Mannen alles mit gutem Appetit.

Ganz und gar ungewohnter Kühle und Regen – alles grau in grau – begegnen wir am Sonntag rigoros mit Tatendrang und Ölzeug. Doch nach zwei Kilometern werden wir gebremst und müssen an einer Peniche längsseits gehen. Entgegen allen Informationen haben hier sonntags alle Schleusen Ruhetag. Also: statt Fahrt Landgang ... Und er wird trotz einiger Wenn und Aber ganz amüsant. Im Gänsemarsch tippeln wir durch ein kleines Dorf, wo sich Fuchs und Hase gute Nacht sagen. Begeisterungsschreie der Jungs tönen über die Landstraße, als sie alles mögliche Hausgetier entdecken: Kühe, Pferde, Ziegen, Gänse, Enten, Hühner und Schafe. Alles gackert, wiehert, blökt und schnattert durcheinander. Benni fasziniert am stärksten die Hühnerjagd. Katzenhaft tückisch schleicht er sich von hinten an eine ahnungslose Schar heran, um sie dann mit Gekreisch und Gebrüll wie eine Staubwolke auseinanderwirbeln zu lassen.

Bei den Großen meldet sich der Durst, als das Reklameschild einer Kneipe in Sicht kommt. „Pinte" wäre als Bezeichnung für den Schankraum fast übertrieben, er scheint fast kleiner zu sein als die riesige Werbetafel vor der Tür. Doch von der Lebensphilosophie der Kneipiersfamilie können wir einiges lernen. Hektik und Streß sind für sie inhaltslose Fremdworte. In Gemütsruhe trottet der junge Mann zur Theke, kümmert sich um die Getränke und zwischendurch um seine halb angezogen herumlaufende Tochter. Zunächst hilft er ihr in Hose und Socken (Schuhe findet er keine, und sie sind seinem Gemurmel nach im Haus sowieso überflüssig), dann balanciert er, nach der Radiomusik summend, das Tablett mit gefüllten, bemerkenswert sauberen Gläsern zu uns. *Santé!* Madame und Monsieur beteiligen sich an dem Frühschoppen und prosten uns freundlich zu. Sie sind sich selbst wohl auch ganz gute Kunden ... Von den Wänden bröckeln Kalkfladen, vielfarbige Ketchup- und Getränkespritzer künden von wilden Festen, gelbverräucherte Panneauxs (halbhohe Gardinen) hängen an fast undurchsichtigen Fensterscheiben, bekritzelte Tische und Stühle prägen die unvergeßliche Atmosphäre des Lokals. Erich erweckt eine in der Ecke schlummernde, altertümliche Musikbox zum Leben, und an einem Tischfußball-Automat kicken wir mit zehn Bällen für einen Franc um die nächste Runde. Flink drehen und hebeln die Söhne an den abgewetzten Griffen und bugsieren die Bälle wie Profis ins Tor. Neugierig stellt sich die kleine Wirtstochter auf die Zehenspitzen und reckt den kurzen Hals, um das Match besser beobachten zu können. Neben ihr, in fast gleicher Haltung, baut sich der Hund der Familie auf.

Die Kinder quietschen vor Vergnügen und können sich kaum von ihren Fußballern trennen. Aber an Bord der Peniche TUGELA wartet Michel auf uns. Bei Kaffee und Kuchen klönen wir teils auf französisch, teils mit Händen und Füßen und Zeichnungen (Werners auflokkernder Beitrag zur Konversation). Michel kennt die Kanalstrecken von Osnabrück bis zum Mittelmeer wie seine Westentasche und gibt uns ein ganzes Bündel guter Tips für die Weiterreise.

„Von nun an geht's bergab“, lautet das Motto am Montag, dem 26. Juli. Der Abstieg überrascht uns durch seine Problemlosigkeit. Beim Herunterschleusen sind die Leinen, die um einen Poller wieder zum Schiff laufen, nur sachte zu fieren. Keine Strudel, kein Wasserdruck, kein Zerren und Festhalten und keine Wartezeiten ... So stellen wir unseren persönlichen Schleusenrekord auf – 35 *écluses* passieren wir an einem Tag und legen, noch relativ frisch, zur Nacht an einem „Geisterhaus“ – zwei Kilometer nach der letzten Schleuse – an. Gleich durchstöbern unsere Kundschafter das alte, vermutlich nie zu einem kompletten Haus fertiggestellte Gemäuer. Sie entdecken „wertvolle“ Schätze, wie eine zerbeulte Aluminiumkaffeekanne, was doch auf frühere Bewohner schließen läßt. Werner findet als Sherlock Holmes, ein Pfeifchen schmauchend, verrottetes Zaumzeug, zerbrochenes Geschirr und verschiedene Tierknochen. Gemeinsam mustern wir die Überreste. Was mag die Menschen, die hier einst hausten, bewogen haben, die Gegend zu verlassen? Zu große Einsamkeit? Reiz des Stadtlebens? Meine Phantasie schlägt Purzelbäume ... Man hört nur Vogelgezwitscher, Insektengesumm und Froschkonzerte und sieht außer dem Geisterhaus ringsum nur dichten Wald.

Plötzlich übertönt Motorradknattern alle natürlichen Geräusche. Eine Handvoll jugendlicher Lederjacken ergreift Besitz von dem verlassenen Haus, grölt durch alle Räume vom Keller bis zum Dach, um nach wenigen Augenblicken wieder zu verschwinden. Bei mir bleiben unbehagliche Gefühle zurück, obwohl ich mir sage, daß sie völlig unsinnig und unbegründet sind. Zum ersten Mal schlafe ich mit der Signalpistole unter der Koje, aber sie beruhigt mich. Der Skipper schmunzelt zwar über mein irrationales Verhalten, läßt mich aber gewähren, um am nächsten Morgen spöttisch festzustellen, wie überflüssig meine Vorsichtsmaßnahmen waren.

Bis Corre am Ende des Canal de l'Est setzen wir uns mit weiteren zehn – unterschiedlich gelaunten – Schleusenwärtern auseinander. Im allgemeinen verrichten sie nur gezwungenermaßen, recht lustlos und zuweilen unfreundlich ihre Pflicht. Darum wird die Fahrt an diesem Tag äußerst mühselig. Fast alle Tore bleiben verschlossen, bis man sich bequemt, uns das Schleusen zu gestatten. Manchmal hilft nur eine Schachtel Zigaretten hier, eine Tüte Bonbons für die Kinder dort, um den Leuten ein zaghaftes Lächeln abzuringen. Dann geben sie breitwillig „ihre“ *écluse* für so ein nutzloses Sportboot frei.

Der Kanal schlängelt sich durch Wälder mit hohen Tannen, hangelt sich an steilen Felswänden entlang und wird an den Ufern von saftig grünem, buschigem Dickicht überwuchert. Er wird immer enger und kurvenreicher. Ein „Peniche-Ausguck“ wird zum Bug abkommandiert. Tim hat gerade Wache, als in einer engen Kurve der Vordersteven einer Peniche auftaucht. „Stopp! Papi, stopp!“ wedelt er aufgeregt mit den Händen. „Eine dicke Tonne kommt!“

Postwendend antwortet Werner mit dem Nebelhorn, nimmt Fahrt aus dem Schiff und steuert ATLANTA ans Ufer, bis an die bewachsenen Felswände heran. dort klammern wir uns an dem dünnen Gestrüpp fest. Die Peniche behält ungerührt ihre Geschwindigkeit bei, schwenkt in der Kurve ihr Heck weit herum, berührt fast unseren Bugkorb und zieht mit dem anschließenden Wassersog ATLANTA mit sich. Knakkend zerbricht unser Halt in den Büschen. Um Haaresbreite, in etwa zwanzig Zentimeter Abstand, drehen die Hecks der Schiffe aneinander vorbei. Gleich darauf läßt der Sog ATLANTA wieder los und schleudert sie dicht an die Felsen. Ängstliche Blicke beobachten, wie schon so oft, die Mastspitze, Puh, das war knapp! Warum müssen manche Berufsschiffer nur so rücksichtslos mit uns umgehen?

Aber das einmalige Naturereignis wiegt alle Haken und Ösen auf, die der Canal de l’Est für uns bereithält. Auch die Begegnung mit verschiedenen Menschen – viele erst sehr zurückhaltend, trotzdem aber freundlich und hilfsbereit – beeindruckt uns auf besondere Weise. Sie leben nicht nach der Uhr, sondern im „Schleusenrhythmus“. Sie leben ruhig und beschaulich, betreiben für den Eigenbedarf Ackerbau und Viehzucht – ohne Hetze, ohne Gerenne, ohne Eile. Für sie scheint die Zeit stehengeblieben zu sein . . . Wie lange noch?

Tunnelfahrt, Motorstreik und ein Hauch von Mittelmeer

Südwärts führt uns die Saône, die im Oberlauf viele verwunschene Seitenarme hat und Romantiker zum Schwärmen verleitet. Landschaftliche Idylle und Einsamkeit, wohin man blickt. Zahlreiche Wasservögel, sogar seltene Reiher, beherrschen im Schilf und an den Ufern ein noch ursprüngliches, ruhiges Revier. Hoffentlich bleibt ihnen diese friedliche Harmonie erhalten, denke ich und bin dankbar, in dieser Unberührtheit frische Luft atmen zu dürfen.

In Corre drückte man uns ein Merkblatt für die automatischen Schleusen (*écluses automatiques*) in die Hand. Sorgfältig studieren wir das Papier, können uns aber den Vorgang noch nicht genau vorstellen. Alles soll per Knopfdruck funktionieren, den man selbst auslösen muß – ohne jede Kontrolle? Und wenn etwas schiefgeht und man in der Kammer hängenbleibt? Diese Überlegungen stellen sich zum Glück als vollkommen überflüssig heraus. Überall werden die angeblichen Automatikknöpfchen von Wärterhand bedient. „Die Vollautomatik ist seit langem kaputt und Geld für die Reparaturen knapp“, hören wir. Man scheint mit der Selbstbedienung keine guten Erfahrungen gemacht zu haben. Wie dem auch sei, es geht weiter talwärts, weiter südwärts.

Noch eine Neuigkeit wartet an der Saône auf uns: Zwei Berge sind zu durchfahren. Mit dem Auto durch einen Tunnel zu kutschieren, fanden die Kinder schon immer aufregend; doch per Boot durch einen zu schwimmen, erregt ihre Gemüter aufs äußerste. Nach der Schleuse Scey ist es dann soweit: Der Fluß verengt sich zu einem fast handtuchschmalen Kanal und wird zur „Einbahnstraße“. Ampeln regeln den Verkehr. Auf uns wartet bereits das grüne Licht . . . Hinein ins Vergnügen! Suchscheinwerfer parat.

Im Schneckentempo nähern wir uns gespannt dem 689 Meter langen Gewölbe des Souterrain de St. Albin. FALKE zuckelt vertrauensvoll hinterdrein. In gebanntem Schweigen harren die sonst so quicklebendigen Leichtmatrosen des Unbekannten. Benni zupft an meinem Arm. „Gibt es hier Gespenster?“ wispert er mir ins Ohr und deutet mit dem Finger nach vorn. „Da, kuck, da hinten ist so was Helles! Mutti, es hat mich grad‘ angetropft!“ Ich nehme den kleinen Angsthasen in den einen Arm, den anderen brauche ich für den Halogenscheinwerfer, mit dem ich die Tunnelwände anstrahle. „Seht mal genau hin! Das Helle ist schon der Ausgang des Tunnels, und die Wände sind feucht, darum fällt euch ab und zu ein Tropfen auf die Nase“, erkläre ich den Kindern, obwohl ich mich selbst ein wenig unbehaglich fühle. Was wäre, wenn die Maschine gerade jetzt versagte? Wenn die Ampelanlage ausfallen und eine Peniche sich uns entgegenschieben würde? Wenn ...

So ein Blödsinn! Behalt' bloß deine Gedanken für dich, weise ich mich zurecht. Der Lichtstrahl der Lampe ist fast zu stark. Er läßt die kalt tropfenden Tunnelwände viel näher erscheinen, als sie eigentlich sind, und scheucht ab und zu eine Fledermaus aus ihrem Winkel. Die Maschine knattert gleichmäßig, und ihre Abgase kriechen uns in die Nase. Schmatzend platscht das Kanalwasser an die glitschigen Mauern. Doch am Tunnelende wächst der Lichtpunkt. FALKE schleicht schemenhaft hinter uns her. Aus vollstem Herzen donnert Tim ein markerschütterndes „Buhuu“ heraus und wartet auf ein Echo. Sein Ruf verhallt jedoch ohne Antwort. „Hier wohnt keiner, reg' dich nicht auf, Benni“, stellt er lässig fest.

Nanu? Schon geschafft? Wir schwimmen wieder unter freiem Himmel, wo wir uns gleich wohler fühlen. Was hat ein Seeschiff auch unter der Erde zu suchen? Nur den Weg ins Freie ... Und der führt ATLANTA ihrem eigentlichen Element – dem Meer – nun immer zügiger entgegen.

Häufiger verlaufen nun neben den Windungen der Saône Kanalstücke, die den Weg begradigen und verkürzen sollen. Besonders reizvoll scheinen uns diese Abschnitte nicht, zumal Schiffsbegegnungen in der Enge, teilweise zwischen häßlichen Spundwänden, jedes Mal problematisch sind. Außerdem gliedern sich die Kanäle durch ihre ungeschickte Bauweise regelrecht aus dem natürlichen, harmonischen Landschaftsbild aus.

„ATLANTA! Werner!“ FALKES Skipper wedelt mitten auf einem Abkürzungsstück mit den Armen. Freude oder Ärger? Sofort drosselt Werner die Fahrt, und FALKE gleitet heran. Erich holt tief Luft und verkneift sich einen Fluch. „Meine Maschine ... Die Kühlung spuckt kein Wasser mehr. Irgendwas stimmt mit der verteufelten Kiste wieder nicht. Nehmt ihr uns in Schlepp?“

„Sicher, mach 'ne Leine klar und gib sie rüber. Hier können wir auf keinen Fall liegenbleiben“, antwortet mein Käptn.

Schnell belege ich die Schleppleine, Erika hält FALKE tapfer in unserem Kielwasser, und ihr Skipper widmet sich dem Innenleben des Maschinenraums.

„Ganz ordentliches Gewicht, so ein ‚Treibanker‘ hintendran“, grummelt Werner nach einer halben Stunde. „Unser Jockel muß ziemlich ackern. Hoffentlich macht er das mit ...“

Doch er hält unverdrossen und eisern durch. Kurze Zeit später taucht der schwitzende „Mechaniker“ aus der Vertiefung auf und signalisiert Erfreuliches. „Alles klar! Ich hab’ den Schaden, der Impeller war im Eimer. Ein neuer ist schon drin. Schmeißt die Leine los! Wir fahren mit eigener Kraft weiter.“

Stück für Stück lernt wohl jeder Skipper während einer längeren Reise sein Maschinchen kennen, wenn auch nicht gerade lieben, und seine Gebrechen kurieren.

Von Girancourt, dem „Gipfel“, bis Macôn begleitet uns seit fünf Tagen sehr launisches Wetter. Starke Regengüsse und Gewitter lassen Ostfriesennerz und Seestiefel zum Einsatz kommen. Käptn (er wünscht sich Scheibenwischer für seine Brille) und Bordfrau teilen sich die feuchten Ruderwachen, während sich der Nachwuchs im trockenen Bauch des Bootes zusammenkuschelt. Technische Zeichnungen und der Bau von Modell-Penichen beschäftigen beide Söhne dermaßen, daß sie die regnerische Außenwelt völlig vergessen. Sie kramen Constries (ein Bausystem besonders fürs Vorschulalter) aus ihrem Spielzeugvorrat und setzen daraus ständig neue, ausgeklügeltere, kompliziertere Modelle von Frachtschiffen zusammen. Stolz führen sie ihre Prototypen vor und erklären uns ausführlich alle ihre Funktionen. Was ihnen und uns am besten gefällt, halten sie dann in Zeichnungen fest. Es könnte ja sein, daß man irgendwann ein solch prachtvolles Schiff genauso nachbauen möchte ...

In Chalon-Sur-Saône und Mâcon erobern wir die Altstädte. Beide Orte umgarnen uns mit typisch französischem Flair. Eiscafés und Bistros laden in den Fußgängerzonen zum Verweilen unter freiem Himmel ein. Viele kleine Läden und Boutiquen breiten ihr Angebot hauptsächlich vor der Ladentür aus, um die Kundschaft anzulocken. Kaufhäuser sind hier unbekannt, Geschäftszeiten bis in den frühen Abend ausgedehnt, was die Sonne, die uns seit Mâcon wieder lacht, noch unterstützt.

„Mutti, wie heißt das? Sag doch mal! Glas-o-schokola? Ist das richtig?“ flüstert Tim mir in einem Café über den Tisch zu. Er beharrt darauf, seine Bestellung selbst aufzugeben, und ich unterstütze ihn dabei. „Du sprichst schon bald perfekt französisch. *Glace au chocolat* hört sich ganz prima an; aber da kommt die Bedienung. Sag’s ihr noch mal. Dann merkst du am besten, was dabei rauskommt.“

„Madam, ün glas o schokola, sil wu ple“, wünscht sich Tim mit

erwartungsvoller Miene von der Serviererin. Sie lächelt ihn charmant an. *„Tout de suite, Monsieur* (sofort, mein Herr). Dann nimmt sie die übrige Bestellung auf und verschwindet. Ungeduldig zappelt Tim von einer Pobacke auf die andere, und Benni veralbert ihn: „Gleich kriegst du ein Würstchen, ha-ha-ha!" Da schwebt auch schon ein Tablett mit herrlichen Leckereien zu unserem Tisch. Glücklich strahlt der Gewinner seinen Bruder an, als er tatsächlich das ersehnte Schokoladeneis serviert bekommt. *„Merci"*, bedankt er sich weltmännisch und fügt, an uns gerichtet, hinzu: „Ich lerne schnell Französisch, neech?"

In der Tat schnappen die Jungs hier und da ein paar Wörter auf und hören mit offenen Augen und Ohren bei jedem Gespräch zu. Während ein Erwachsener in der Regel erst mühsam seine Vokabelkenntnisse auffrischen muß, begreifen die Kinder im Zuhören und Sehen. Neugierde und Unbefangenheit erweisen sich als ihre hilfreichen Partner beim Kennenlernen anderer Länder, fremdsprachiger Menschen und ungewohnter Sitten. Wir lernen daraus, verhalten uns ähnlich und gewinnen dadurch guten Kontakt und viele Freunde.

„Riecht ihr es auch? Es liegt was in der Luft ..." schnuppert Werner, als wir bei einem Bordabend mit der FALKE-Crew klönen. „Ja, Mensch, du hast recht, was ist das?"

Eine Ahnung südlicher Wärme, der „mediterrane Hauch" – es gibt ihn tatsächlich! Bei der Lektüre über die südlichen Saône-Städtchen stießen wir auf dieses Phänomen. Doch erst, wenn die eigene Nase es wahrnimmt, zweifelt man nicht mehr an der prosaischen Beschreibung. Eine Prise Salzwasserduft würzt ab sofort unsere Gedanken, die jetzt unaufhaltsam zum Mittelmeer drängen.

Motorskipper können wir auf unserem Segelboot nur begrenzte Zeit sein. Die Maschine ist relativ klein und darum auf Dauer zu laut. Und der Mast, liegend an Deck gefahren, fördert zwar die Sportlichkeit, beschert uns aber auch jede Menge blaue Flecken. Die Zeit ist reif, bald können die Segel ausgepackt werden. Wir haben zu einer guten Bordgemeinschaft zusammengefunden und fühlen uns zu viert wohl auf unserem schwimmenden Zuhause. Jetzt sind die Voraussetzungen für den nächsten Schritt geschaffen: Wir freuen uns alle aufs Segeln!

„Le Rhone“, der Endspurt zum Mittelmeer – Ein letzter Hindernislauf

„Warum dauert das Brötchenholen so lange?“

Dreihundert Flußkilometer liegen zwischen Wunsch und Wirklichkeit. In Lyon ist die Mündung der Saône erreicht, und die Rhone (wegen ihrer Größe im Französischen ein „männlicher“ Fluß) erwartet uns. Vorher soll ein ausgiebiges Frühstück die Mannschaft stärken. „Bis gleich! Ich hol' eben *croissants* und frische Brötchen ... Und für Erich rufe ich bei einer Volvo-Vertretung an.“

„*Oui, oui, Madame*, wir kochen schon den Kaffee“, antworten meine Männer fast einstimmig.

Hoffnungsvoll wartet Erich schon an der Uferstraße auf mich. Sein Sorgenkind entlädt weiterhin fleißig die Batterien, und der Grund dafür bleibt dem FALKE-Skipper ein Buch mit sieben Siegeln. Darum soll nun endgültig ein Mechaniker engagiert werden. „Hier hab' ich die Telefonnummer des Volvo-Fritzen. Die stand im Service-Buch. Ist zwar nicht von diesem Jahr, aber vielleicht ...“ murmelt Erich und kramt einen Zettel aus der Tasche.

„Na, dann wird sich dein Problem ja gleich lösen. Da hinten sind Telefonzellen. Die Brötchen holen wir nach dem Anruf“, entscheide ich. Gerade einladend sehen die offenen blauten PTT-Zellen nicht aus. Sie fügen sich in das übrige Bild der Stadt Lyon: düster, laut und schmutzig. Telefonbücher sind aus den Halterungen gerissen, Müll verunstaltet die Ablage, zwei Telefonapparaten scheint jemand die Hörmuscheln abgebissen zu haben – vielleicht aus Wut, keinen Anschluß bekommen zu haben –, und den dritten möchte man nur mit Handschuhen anfassen. Trotzdem wähle ich mit bloßen Fingern und warte. Das dauernde Besetztzeichen stellt meinen Auftraggeber auf eine fast härtere Geduldsprobe als mich. Er tritt von einem Fuß auf den anderen. Es hat keinen Sinn. Beim x-ten Versuch meldet sich ein Anrufbeantworter: „Alle Nummern im Stadtgebiet Lyon haben sich geändert, schauen Sie ins neue Telefonbuch oder rufen sie den Auskunftsdienst an.“ Gut gebrüllt, Löwe! Aber was tun, wenn beides unerreichbar ist? Die Segel streichen? „Erich, das kommt überhaupt nicht in Frage! An der nächsten Ecke steht eine Wache vor der Gendarmerie. Mal sehen, ob die Polizei hier ‚dein Freund und Helfer' ist."

Voller Tatendrang marschieren wir auf den Uniformierten zu, grüßen höflich und respektvoll. Ich erläutere dem lauschenden Gendarm das Problem der geänderten Telefonnummern und die Dringlichkeit, mit der wir einen Mechaniker auftreiben müssen. Überaus freundlich schreibt der Ordnungshüter die neue Rufnummer auf, wobei für den Bezirk nur ein paar Zahlen hinzugekommen sind. „Die nächsten Telefonzellen sind dort hinten" er deutet in Richtung Innenstadt. „Aber Sie gehen besser gleich zur Post; da sind die Apparate in Ordnung. Vierte Straße rechts, dritte Straße links, bis zur Bank, und dann ..."

„*Mon Dieu*, so einfach ist das?" Ich nicke unserem dienstbeflissenen Helfer dankend zu. „Kein Problem, Erich, sattle die Hühner, die Suche geht weiter!"

Eine Telefonzelle nach der anderen klappern wir ab, immer mit demselben Ergebnis: „Kein Anschluß unter dieser Nummer – tüüüt ..." allmählich spüre ich Mißmut und meinen knurrenden Magen. Da hat Erich so etwas wie eine Erleuchtung. „Ein Hotel ... Du, da drüben gibt's eins. Die haben bestimmt ein Branchenverzeichnis oder neue Telefonbücher. Gaby, ein Versuch noch, ja?"

„Okay, ich werd' mir Mühe geben", stimme ich zu. Wir steuern das kleine Hotel garni an und treffen auf großes Verständnis bei der Empfangsdame. Sofort kramt sie dicke Wälzer unter dem Tresen hervor und wühlt und blättert. „Da sind Mechaniker – und da – und da – und da ..." haspelt sie herunter. Aber die Volvo-Vertretung besteht natürlich nicht mehr. Mit einem Zettel voller Nummern und Namen blockiere ich eine halbe Stunde lang das Hoteltelefon und wähle, warte, spreche ... Endlos.

Keiner will die Lichtmaschine reparieren. Es ist wie verhext. Mitleidig, aber auch äußerst entrüstet hängt sich die Hoteliersfrau persönlich an den Apparat. „*Incroiable, catastrophique* (unglaublich, katastrophal)!" schimpft sie völlig außer sich. „Niemand will Ihnen helfen. Einer hat Urlaub, der nächste hat zu wenig Leute, bei den anderen ist dienstags Ruhetag, und manche kann ich nicht erreichen. Das Telefonnetz der Stadt ist immer überlastet. Eine Katastrophe! Sie müssen meine Landsleute vielmals entschuldigen. Ich verstehe nicht, daß niemand kommen will ... Verzeihen Sie." Madame entschuldigt sich ununterbrochen und scheint am Boden zerstört zu sein. Wütend wettert sie bei ihrem letzten Versuch auf jemanden am anderen Ende ein, geniert sich nicht, derbe Schimpfworte zu benutzen, und knallt den Hörer auf die Gabel. Alles umsonst!

Enttäuscht und müde trotten wir zum Flußkai zurück. „Na, der Bäcker mußte die Brötchen wohl erst backen“, pflaumt die hungrig wartende Mannschaft.

„Ach, Leute schimpft bitte nicht. Mir reicht's für die nächsten Tage. In den letzten beiden Stunden hab' ich nichts anderes gehört als Flüche und Schimpfereien. Erich kann hier keine Hilfe erwarten. Der reißt sich bald die Haare aus ... Laßt uns jetzt lieber frühstücken, die Brötchen sind ofenfrisch.“

Selbst ist der Mann

Gut, daß man morgens noch nicht weiß, was im Laufe des Tages so alles passieren wird ...

Es ist Mittwoch, der 4. August 82. Warme Sonnenstrahlen und ein paar dicke Regenwolken begleiten uns. Mit 15 km/h Fahrt über Grund rauscht ATLANTA auf der breiter werdenden Rhone dahin. Aber das Vergnügen soll nicht von Dauer sein. Wieder spielt uns FALKEs Maschine einen Streich. Sie läuft heiß und spuckt keinen Tropfen Wasser aus. Am liebsten würde Erich sie herausreißen und in Seidenpapier gewickelt versenken. Aber was hilft's? Ein paar Kilometer lang redet er seinem Jockel noch gut zu, dann explodiert er in einer gewaltigen Schimpfkanonade, während wir ihn schon fast routinemäßig in Schlepp nehmen. Erika macht eine süßsaure Miene zu dem nervenaufreibenden Spiel und überlegt wohl, womit sie diese emotionalen Wechselbäder verdient hat.

Ruck-zuck! Es ist wieder mal geschafft! Erich stellt einen neuen persönlichen Rekord im Aus- und Einbau von Impellern auf. „Verdammt, jetzt muß aber Schluß sein! Ich hab' keinen mehr in Reserve“, ruft er rüber und holt die Schleppleine ein.

„Macht nix, wir haben noch genug Ersatzteile ...“ tröstet Tim ihn fachmännisch.

„Pst! Mal' den Teufel nicht an die Wand!“ Ich stupse meinen Sohn in die Seite.

Zügig verläuft die weitere Fahrt mit allen Schleusenmanövern, die auf der Rhone trotz enormer Höhenunterschiede bis zu 26 Metern ein Kinderspiel sind. An einem Schwimmpoller festgemacht, geht's wie im Fahrstuhl abwärts. Das Schleusentor vor Valence gibt den Weg frei zu einem geruhsamen Feierabend in einem komfortablen Sportboothafen – mit Duschen! Ich habe schon alle Pflege-Utensilien zusammengekramt, in Vorfreude auf das nicht alltägliche Vergnügen. Werner hält auf eine Box der Steganlage zu. Das Boot kurvt mit dem letzten Schub zwischen die Schlengel. Um die Fahrt ganz zu stoppen, legt der Skipper üblicherweise kurz den Rückwärtsgang ein. Ich springe mit einer Leine auf den Steg und wundere mich, daß ATLANTA noch ein kleines Stück hinter mir herschleicht. „Was ist los? Ich denke, wir machen Feierabend. Wo willst du hin?“ frotzle ich und drücke den Bug zurück.

„Ich weiß nicht, was los ist! Eben gab's einen Ruck, und der Schalthebel hat jetzt Lose wie eine ausgeleierte Türklinke“, brummt Werner.

Diesmal ist also unser Motor an der Reihe. Seine Wellenkupplung ist gerissen, so daß man weder vorwärts noch rückwärts schalten kann. Na, wenigstens die Umgebung ist passabel und lindert unseren Kummer. Das Glück im Unglück scheint uns hold zu bleiben. Nicht auszudenken, wenn das Malheur auch nur ein paar Minuten vorher passiert wäre – zum Beispiel vor der Hafeneinfahrt in der beachtlichen Strömung der Rhone. Nach kurzer Suche treibe ich einen „Sachverständigen in Bootsmotoren“ auf, der die Reparatur allerdings nicht unbedingt selbst machen möchte. Er gibt zu verstehen, daß er zu wenig Zeit hat. Nur das Besorgen der Ersatzteile will er übernehmen. Also heißt die Devise: Selbst ist der Mann!

Anstatt wie ersehnt zu duschen, zwängt Werner sich durch das gerade eben schulterbreite Seitenluk in den Motorraum. Ich hocke mit der Werkzeugkiste vor der zweiten Öffnung. Währenddessen stellt die FALKE-Crew eine Kinderbelustigung auf die Beine, so daß die Operation ungestört verläuft. „Zange, bitte – 18er Schlüssel – Engländer – Eisensäge . . .“ ordert der schwitzende Operateur die Instrumente. In dem winzigen Loch bekommt er kaum Luft, kann sich nicht bewegen und muß trotzdem mit tausend Verrenkungen die demolierten Kupplungsteile herausschrauben, -drehen, -klopfen, -feilen, ja zum Teil sogar heraussägen, weil Schrauben korrodiert sind. Ölverschmiert, verschwitzt und dreckbesprenkelt wie er ist, lohnt sich das Duschbad nach getaner Arbeit schließlich dreifach. Ich sause vorher noch mit den alten Maschinenteilen zur Werkstatt, die ähnliches auf Lager hat. Nur ein paar einfache Zwischenringe müssen extra angefertigt werden.

Einen Tag später ist die Sonderanfertigung tatsächlich wie versprochen fertig. Jubelnd nehmen wir die Teile, in einer Plastiktüte durcheinandergewürfelt, in Empfang. Fein säuberlich wird alles sortiert.

1

1 Mit sorgfältig an Deck gelaschtem Rigg ist ATLANTA startklar für die Fahrt durch Flüsse, Kanäle und 177 Schleusen

2 Schleppfahrt auf dem Rhein

2

3 Während der Flußfahrt wird eifrig geübt, was zur Seemannschaft gehört

4

4 Einsam leben die Schleusenwärter am Canal de l'Est

5 6

5-6 In einer Rhône-Schleuse auf „Talfahrt“

7 Benjamins 4. Geburtstag – Gabentisch auf der Pantry

8 La Selva (Spanien) – launisches Wetter begleitet uns durchs Mittelmeer

9 Landfall vor Cap Formentor auf Mallorca

0 Almu Daina – Palast und Kathedrale – thront als Wahrzeichen Palmas über dem Hafen

7

8

11

12

13

11 Löwenhof in der Alhambra von Granada

12 In Palmas Altstadt entdecken wir malerische Innenhöfe

13 Auf dem Markt fühlen wir uns wie im Schlaraffenland

14 Palastgarten von Palma

Dann windet sich Werner zum zweiten Streich erneut in die Folterkammer. In perfekter Teamarbeit setzen wir die Teile der neuen Kupplung zusammen. Alles paßt, erst kurz vor dem Finish bewahrheitet sich, daß die Tücke stets im Detail liegt: eine Aussparung in einem Zwischenring ist nicht sauber gefräst worden. So muß der Skipper auch das noch Millimeter um Millimeter zurechtfeilen und einpassen. Nach zwei Stunden schweißtreibender Arbeit kann er seine Glieder endlich entknoten und wird für die Mühe mit Erfolg belohnt. ATLANTA bewegt sich wieder! Der Motor schiebt sie vor- und rückwärts. Mein Käptn strahlt über die eigene Leistung: „Gar nicht so schlecht für einen Schreibtischhengst ...“ Von nun an steht er mit dem Jockel auf du und du ...

Und an der Kimm verschwimmt die Rhone mit dem Himmel

Châteauneuf, St. Etienne und Avignon – wohlklingende Namen – zählen zu unseren letzten Eindrücken der Rhonelandschaft; denn nach Arles säumt dichter Baumbestand beide Ufer. Schade, daß man sie vom Fluß aus nicht sehen kann, die Camargue. Wir hatten uns einen weiten Blick in die Landschaft ausgemalt, und stehen nun vor einer grünen Wand von Bäumen. Mit jedem Kilometer wird die Rhone breiter und mächtiger, aber flacher. Etwa 400 Meter Breite hat ihr Flußbett kurz vor der Mündung, die versandet und daher nicht schiffbar ist. Eine Flußbiegung noch – wir trauen unseren Augen nicht – an der Kimm verschwimmen milchig die Konturen der Rhone mit dem Himmel. Kein Anfang, kein Ende. Ein unwirklich anmutendes Erlebnis. Der Fluß strömt in die Weite – in die Weite eines Meeres. ATLANTA schnuppert Seeluft, salzige Seeluft! Mit einem Freudensprung begrüßen wir alle das Mittelmeer.

Port-Saint-Louis empfängt uns mit einem lebhaften Hafenfest – ein schöner Zufall. Überall herrscht Jubel, Trubel, Heiterkeit, Karussells locken an Land und Wasserspiele im Hafenbecken. Die ausgelassene Stimmung paßt zu unseren Empfindungen. Aber wo können wir in diesem Getümmel festmachen? Dichtgedrängt liegen viele Boote am Kai der Bayle-Werft, bilden dicke Päckchen. Eigentlich bietet sich nur ein einziger Platz an, und zwar neben dem Schiff unter einem Kran, wo gerade alles gespannt darauf wartet, daß der Mast gesetzt wird. Trotzdem winkt man uns heran und nimmt mit kameradschaftlicher Selbstverständlichkeit die Leinen wahr. Werner geht an Bord unseres Nachbarn, hilft dort beim Mastsetzen und spekuliert: „Ob wir etwa auch ...?“

„Ach, schlag dir das aus dem Kopf, das schaffen wir doch nie! Alles losbändseln und auspacken – weißt du überhaupt, wie spät es ist? Gleich halb sieben. Unmöglich!" Ich will es meinem Skipper ausreden.

Da bekommt er unerwartet Rückendeckung von Monsieur Bayle, einem hochbetagten, allseits bekannten Original. Mit weit über 70 Jahren bedient er immer noch seinen Kran, der mindestens eben so alt und schon museumsreif ist. *„Allô* ATLANTA! *Depèchez-vous, vite, vite* (beeilt euch, schnell)!" feuert uns der alte Herr an und hüpft dabei auf der Hafenmauer herum. „Bis 19.00 Uhr bin ich noch hier. Das schafft ihr spielend!"

„Also ran an den Speck!" befiehlt Werner freudestrahlend. Ohne einen Kommentar abzuwarten, flitzt er in die Kajüte, holt Werkzeug und schnürt das Mastpaket auf. In Windeseile bändseln auch die Kinder und ich alles los, was eingepackt ist. Fieberhaft arbeitet die Mannschaft einem Rekord entgegen, und bevor wir zur Besinnung kommen, geht der Mast in die Höhe. Herrlich!

Keine blauen Flecken mehr, das Deck ist frei, auch wir fühlen uns wie befreit ... Tim und Benni tanzen um den Mast herum. Eine Flasche Sekt wird geköpft und Monsieur Bayle umarmt. Beschwipst vor Freude und Sekt übersehen wir großzügig den „totalen Zustand", der über und unter Deck herrscht. Alles steht und liegt chaotisch herum. Trotzdem finden wir schließlich den Weg in die Kojen und schlafen glücklich und zufrieden einem neuen Tag und einem neuen Reiseabschnitt entgegen; denn wie heißt es so schön am Ende des Rhone-Führers: „Hier ist das Meer erreicht. Eine neue Welt, eine neue Reise ..."

Der Reise erster Teil, statistisch betrachtet

49 Reisetage, vom 20. Juni bis 7. August 1982, davon 35 Fahrttage, 14 Ruhe- und Entdeckungstage.

Motorstunden: 280

Durchschnittliche Fahrtzeit pro Tag: 8 Stunden

Reisestrecke insgesamt: 1122 sm bzw. 2078 km

Durchschnittliche Reisegeschwindigkeit: 4 kn bzw. 7,4 km/h

Schleusen:

Elbe-Lübeck-Kanal	7
Elbe-Seitenkanal	2
Mittellandkanal	1
Dortmund-Ems-Kanal	1
Rhein-Herne-Kanal	6
Mosel (Koblenz bis Neuves Maisons)	28
Canal de l'Est, nördlicher Teil	47
Canal de l'Est, südlicher Teil	46
Saône	26
Rhone	12
Seeschleuse in Port-Saint-Louis	1
Insgesamt:	177 Schleusen

DER REISE ZWEITER TEIL

Von Port-Saint-Louis bis Gibraltar

Geburtstagsfeiern, Gaumenfreuden und launische Winde

„Hoch soll er leben, hoch soll er leben, dreimal hoch!“ Wir singen mit vereinten Kräften das jüngste Crewmitglied aus der Koje. Heute schreiben wir den 10. August 1982, und Benjamin zählt nun vier fröhliche Lenze. Schnell ist der Schlaf aus den Augen gewischt, sie leuchten vor Glück. Wir gratulieren dem kleinen Geburtstagsjungen, knutschen und drücken ihn und wünschen ihm tausend gute Dinge. „Und ich wünsch' mir ein Baden im salzigen Meer“, ergänzt Benni.

„Gleich nach dem Frühstück springen wir mit dir zusammen ins Wasser“, versprechen wir einstimmig. „Doch schau mal zur Pantry, da wartet eine kleine Überraschung auf dich.“. Ich dirigiere das Geburtstagskind zu seinem Gabentisch.

Benjamin liebt Überraschungen. Da hüpft sein Herz vor Freude, als er sich umdreht und alles festlich geschmückt sieht. „Toll! Das ist alles für mich?“ Er zerspringt fast vor Freude. Vier Kerzen und ein Lebenslicht strahlen festlich auf ein paar kleine Geschenke. Ein Buch zum Vorlesen, ein Kescher und ein „echtes“ Segelbötchen gehören dazu. Jedes Geschenk bejubelt Benni und betrachtet es wie den größten Schatz aller Zeiten. Mir scheint seine Freude über die wenigen Dinge größer zu sein als sonst über die erdrückende Fülle zu Hause. Der lütte Moses kann sich auf die überschaubaren Kleinigkeiten konzentrieren und spielt intensiv damit.

Um seinen größten Wunsch nach einem „Baden“ zu erfüllen, passieren wir die letzte von 177 Schleusen, die *écluse maritim*, und hüpfen danach in die salzigen Fluten des Mittelmeeres. Bei der Gelegenheit wird natürlich das Segelbötchen getauft und für die Jungfernfahrt zu Wasser gelassen. Es segelt phantastisch! Es segelt sich in die Herzen der Kinder, und die Hauptperson des Tages fühlt sich rundherum zufrieden. Das Verwöhnen des Geburtstagskindes hat zwar absoluten Vorrang, doch so ganz nebenbei widmet sich der Skipper den letzten Verwandlungen ATLANTAs. Der „Flußdampfer“ wird langsam wieder zu einem ordentlichen Seeschiff ausstaffiert. Auch die Crew wird für den ersten Schlag seeklar gemacht. Alle Mann antreten zum Haarewaschen und -schneiden!

Auf einem Poller am Kai eröffne ich meinen Friesiersalon und schnipple zuerst dem Käptn eine windschlüpfrige Frisur. Leute bleiben stehen, schauen zu, amüsieren sich. „Heute sind alle Termine belegt“, ulke ich mit Erich, der sich auch zum Hairstyling anmelden möchte. Seine Holde steht neben mir, um den Schnitt genau unter die Lupe zu nehmen. „Ob ich das so hinkriege?“ zweifelt Erika. Aber als Bordfrau muß man sich mit allen möglichen und unmöglichen Dingen vertraut machen. Dazu gehört das Haareschneiden genauso wie der Umgang mit Pött, Pann und Kursdreieck. Mir hilft dabei stete Unbefangenheit. Im Augenblick nehme ich die Aufgaben, wie sie kommen, und versuche, das Beste daraus zu machen. Langsam wachse ich in eine andere Welt hinein, eine Welt der Selbstversorgung und Unabhängigkeit. Obwohl vieles sehr arbeitsaufwendig und unbequem ist, macht es Spaß, weil das selbstgeschaffene Ergebnis Freude bereitet.

„Fertig, Monsieur! Macht dreißig Francs und einen netten Abend.“ Ich betrachte mein Meisterwerk. Der Kunde nickt zufrieden seinem Spiegelbild zu; denn schließlich erkennt er sich selbst wieder.

„Jetzt komm’ ich dran“, drängelt Tim. „Nein, ich zuerst“, beschwert sich Benni. „Heute hab‘ *ich* Geburtstag! Ich will auch so ’ne tolle Perücke haben wie Papi!“

Na, wenn das kein Kompliment war ... Sollte mal Not am Mann sein, werde ich als Friseuse unsere Brötchen verdienen.

Mittwoch, 11. August 1982: leichte Brise, Spinnakerkurs, Sonnenschein und glitzernde See. Es geht hinaus aufs Meer. Schnell die Plünnen hoch! Der Jockel schweigt ... aah ... Wir *segeln*. Hell leuchten die Regenbogenfarben des Boosters. Sie fordern aber nicht nur die Begeisterung der Crew heraus, sondern auch ein paar Uniformierte mit ihrem grauen Zollkreuzer. Wie eine Biene die Blüte, so umschwirrt uns das Boot. Wild gestikulierende Beamte geben zu verstehen, daß wir die Segel bergen sollen, sie wollen an Bord kommen. „So'n Schiet! Muß das ausgerechnet jetzt sein? Blöde Kerle“, ärgert sich Werner.

„Die können doch nicht wissen, daß wir gerade den ersten Schlag machen. Bleib lieber ruhig und freundlich. Sonst kommen wir heute gar nicht mehr zum Segeln“, beschwichtige ich meinen grollenden Käptn, obwohl auch mir selbst eher nach Schimpfen zumute ist.

Kaum liegt der Booster an Deck, rumst das Zollboot an ATLANTAs Bordwand, und ein Mann in Dienstverkleidung springt über die Reling. Er poltert ins Cockpit, fragt uns Löcher in den Bauch, notiert verschiedene Daten und zeigt sich beeindruckt von der frisch gestempelten Crewliste. Trotzdem kann er seine Neugierde nicht bändigen und klettert zu einer Stippvisite in die Kajüte. Mit Röntgenblicken mustert er die Einrichtung, durchstöbert verschiedene Schapps und Ecken. Werner trommelt ungeduldig mit den Fingerspitzen auf den Kartentisch. Das ungerechtfertigte Mißtrauen, aber mehr noch die unliebsame Unterbrechung des ersten Segelvergnügens im Mittelmeer machen es ihm nicht leicht, freundlich zu bleiben. Mit steriler Höflichkeit komplimentieren wir den Zöllner von Bord. Hach endlich! Ob die uns jetzt in Ruhe segeln lassen?

„Papi, ich glaub', die wollen noch ein Andenken von uns“, meldet Tim. „Kuck mal, der eine knipst ATLANTA!“

Soll'n sie, so oft sie wollen! Hauptsache, wir können ungestört weiterboostern“, ruft der Skipper und zieht schon am Fockfall. Eine leichte Vollzeugbrise verwöhnt uns ein paar Meilen lang. Nahe bei Saintes-Maries-de-la-Mer finden wir den ersten Ankerplatz. Es wird ein großartiges Farbschauspiel, als die Sonne wie ein rotglühender Feuerball im Meer versinkt. Jede Phase beobachten die Kinder und deuten phantasievoll die konturenreichen Schäfchenwolken. „Gute Nacht, Sonne! Komm morgen wieder ... Aber laß uns nicht so viel schwitzen!“ verabschiedet Benni den ersten Tag auf See.

Wir finden unsere früheren Gedanken zur Törnplanung bestätigt. Das Bordleben – der tägliche Kleinkram, das Zusammensein auf engstem Raum – ist durch die Kanalfahrt eingeübt, ja gewissermaßen Routine. Darum haben wir nun Zeit und Muße, uns auf die Segelei zu konzentrieren: von Segelmanövern und Navigation bis zum Umgang mit dem Sextanten sowie der Kocherei auf schwankender, schiefer Ebene. Den Kindern macht es Spaß, beim Segelsetzen schon ein wenig mitzuhelfen und zu sehen, wie das Boot auch lautlos – ohne Pferdestärken – weiterkommt. Diese Freude langsam wachsen zu sehen, wäre des

Skippers heimlicher Wunsch; denn was sollte ein Käptn mit meuternder Crew?

Ankerbuchten machen sich an der südfranzösischen Küste sehr rar. Viele große und supergroße Marinas und Häfen pflastern diesen Küstenstreifen. Riesige Hotelkomplexe lassen von der Natur nicht mehr viel übrig. Eigentlich würden wir gern nachts weitersegeln, um die Zentren des Massentourismus' mit den astronomischen Liegeplatzgebühren zu meiden; aber in den Nächten begibt sich hier der Wind meist zur Ruhe. So machen wir aus der Not eine Tugend und erleben, was wir bislang nur vom Hörensagen kannten: die Freuden und Leiden des Massentourismus'.

In Palavas unternimmt Werner mit den Jungs einen Strandgang. Wie die Ölsardinen in der Büchse liegen die Menschen Handtuch an Handtuch. Auf Zehenspitzen schlängeln sich Tim und Ben hinter dem Papi her, kreuz und quer durch die endlosen Reihen Sonnenhungriger, und finden auf wundersame Weise nach einiger Zeit wirklich den Weg zum Wasser. Voller Unbehagen breitet Werner ein halbiertes Handtuch aus (jeder Zipfel mehr wäre zuviel). Skeptisch beäugt er das Strandleben, wobei er auch „beide Augen voll zu tun" hat, um die Kinder nicht zu verlieren. Erstaunlicherweise stört sie das Gewimmel nicht sonderlich. Sie finden sogar noch Sand, um eine Burg zu bauen, und Wasser zum Plantschen. Erstaunlich, die Anpassungsfähigkeit der Kinder in ihren jüngsten Jahren, was uns bei der Segelei natürlich zugute kommt.

Genau wie am Strand die Menschen, so tummeln sich in der Marina Hunderte von Booten. Auch das behagt uns gar nicht. Das Maß der Bedrängnis läuft endgültig über, als ein viel zu schnell geschlepptes Segelboot aus einer Zugrichtung ausbricht und rasant in ATLANTAs Selbststeueranlage hineinrasselt. Das schmerzt in den Ohren. Es knirscht und kracht. Aber Schreie, Schimpfen und Fluchen nutzen wenig. Es ist passiert. Ja, und was genau? Die Flosse hängt quergeschlagen und verschrammt nach unten; die Halterungen haben sich gelockert, und ein Halterungsblock hat einen Riß bekommen. Gravierend scheint der Schaden nicht zu sein, aber in das Material läßt sich nicht hineinschauen. Also marschiere ich mit Bootspapieren und Ärger bewaffnet zu Capitainerie, um den Vorfall zu melden. Nach einigem Palaver mit dem Hafenkapitän und einem Unfallzeugen gesteht man uns einen Schadensersatz zu; denn der Fahrer des Schleppfahrzeugs gehörte zu den Angestellten der Marina.

Nun aber genug mit den unerfreulichen Seiten, irgend etwas Gutes wollen wir dem Touristenzauber doch abgewinnen! Nur negativ kann er bestimmt nicht sein. Und das ist er auch nicht. Zumindest der Gourmet kommt in Palavas-les-Flots voll auf seine Kosten. Unsere Bordküche bleibt geschlossen, wofür ich zur Abwechslung richtig dankbar bin.

Schwupp – klack, schwupp – klack: hineinschwingen, verriegeln, und ab geht die Post mit der Transcanal Le Mickey, einer Seilbahn über den Kanal, der den Ort zu einem kleinen Venedig macht. Neugierig recken wir die Hälse, um die ersten Eindrücke vom Leben und Treiben an den Ufern zu erhaschen. Aus der Höhe ist die Lage rasch überblickt. Ein bunter Reigen von Restaurants und kleinen Geschäften wird von Menschen belagert. Jetzt geht die luftige Fahrt zu Ende, und wir stürzen uns in den volksfestartigen Trubel. Langsam schieben wir uns Hand in Hand an zahlreichen Schnickschnack-Läden vorbei und verspüren wachsenden Hunger. *Le Sphinx*, ein Restaurant mit exquisiten Fischspezialitäten, kommt in Sicht; schon beim Lesen der Speisekarte läuft uns das Wasser im Mund zusammen. Mit großem Appetit schlemmen wir die Köstlichkeiten der *haute cuisine*, die auch dem Auge viel Freude bereiten. Benni läßt seine Blicke natürlich über die anderen Tische wandern und entdeckt auf etlichen Tellern leere Muschelschalen und Schneckengehäuse. „Mutti, Mutti! *Hier* sind die Muscheln! Am Strand hab' ich keine gefindet", posaunt er heraus – ein wenig empört, gleichzeitig aber darauf spekulierend, daß er ein paar Exemplare für seine Sammlung mitgehen lassen darf. Denn der Sammeltrieb hat von unserem Moses Besitz ergriffen. Vom Kronkorken bis zu Steinen und Muscheln wird alles an Bord geschleppt.

Außer gutem Essen und Shopping finden wir in Palavas nichts, was reizvoll genug wäre, um uns länger zu fesseln. Und der Geldbeutel braucht dringend Schonzeit. Nach getaner Arbeit (Reparieren der Windfahnensteuerung, Motorwartung und großer Wäsche per Hand – denn der Luxus in der Marina hört bei Waschmaschinen auf) zieht es uns aufs Wasser, das sich fürchterlich kabbelig gebärdet und überhaupt nicht zur leichten Backstagsbrise passen will. Vor Sète schläft der Wind endgültig ein. Aber auf der Stelle dümpeln wollen wir nicht und motoren schon gar nicht. Darum laufen wir in den Hafen ein. Den Skipper trifft fast der Schlag, als er die unverschämt hohen Hafengebühren bezahlen muß – 75 Francs, das sind ungefähr 25 Mark –, und das ohne Strom, weil kein Kabel aufzutreiben ist, und – schlimmer noch – ohne sanitäre Einrichtungen, weil die zur Zeit außer Betrieb sind. Wir fühlen uns grob barbiert! Als um drei Uhr nachts auch noch ein Höllenlärm losbricht, weil die gesamte Fischereiflotte von mindestens hundert Schiffen ausläuft, beschließen wir trotz des nächsten anstehenden Geburtstags, so schnell wie möglich auszulaufen.

Happy birthday, bonne anniversaire, lieber Tim! Seit Bennis Geburtstag zählt der große Bruder ungeduldig die Stunden bis zu seinem sechsten Ehrentag. Fröhlich und voller Spannung wacht er auf. Seine Freude wird überschwenglich, als er auf dem Gabentisch kleine Walkytalkies sieht. „Jetzt können auch wir endlich funken!" triumphiert Tim glücklich. Bisher hat er auf allen Yachten, die wir trafen, Sprechfunkanlagen bewundert und fand es doof, daß wir nicht „telefonieren" können.

Sogar Rasmus läßt sich an diesem Tag nicht lumpen und beschert uns zur Feier drei herrliche Windstärken. So singen wir die Geburtstagslieder unter Segeln und feiern an Bord. Vom Bug zum Heck quatschen die Leichtmatrosen unentwegt per Funk und erzählen sich große Geheimnisse.

„Steuermann an Vorschoter – Steuermann an Vorschoter ... Ich bitte, den Funkverkehr vorübergehend einzustellen. Alle Mann auf Station! Klarmachen zum Segelmanöver!" schaltet sich vor Port Leucate der Käptn ein. Denn Rasmus scheint der Meinung zu sein, daß wir an Land weiterfeiern sollen. Windstille – Winddrehung – Windstille ... Er weiß nicht, was er will. Das fuchst den Skipper. Weit vor der nächsten Marina geht ATLANTA in einer Art Hafenbecken an die Kaimauer (mal ganz ohne Gebühren). Und gleich neben dem Schiff können die Kinder im Sand buddeln, heiß begehrte Muscheln finden und in den Dünen stromern. Wir toben mit dem glücklichen Geburtstagskind über den Strand und kullern die Sandberge hinunter – alles in großzügiger Weite, ohne über Menschenmassen zu stolpern.

Am Abend wiederholt sich die geisterhafte Windstille so abrupt, als ob eine unsichtbare Hand per Knopfdruck mit den Windstärken spielt. Und dann, urplötzlich, heult aus dem Nichts ein Mistral mit acht bis neun Beaufort auf den Hafen zu und drückt die Boote an die Mauer. Die Fender müssen ihr Äußerstes geben und bekommen durch eine ausgediente Rettungsweste sowie zusammengerollte Säcke Unterstützung. Der Sand wird hochgerissen und peitscht uns ins Gesicht. Geduckt verziehen wir uns in die gemütliche Kajüte und sind froh, daß wir jetzt nicht in der aufgewühlten See draußen gebeutelt werden. Launisches Wetter überrascht den Mittelmeersegler oft; ein Mittelmaß scheint es nicht zu geben. Rasmus' Gemüt pendelt zwischen heiß und kalt, zwischen Sturm und Flaute. Wird uns diese Unbeständigkeit und zuweilen Unberechenbarkeit weiter begleiten? Sie beginnt, meine innere Ruhe zu beeinträchtigen. Besorgt schlafe ich ein, alle meine Antennen ausgefahren, die jedes stärkere Windgeräusch und alles Ungewohnte melden. Mir wachsen nicht nur Seebeine, sondern auch Wetterfühler.

Störungen des seelischen „Azorenhochs" – Schwankungen des Stimmungsbarometers

Der Tramontana hält uns in Port Leucate fest. Dann stoppelt ATLANTA 25 Seemeilen bis La Selva, den ersten spanischen Hafen, segelnd und motorend zusammen: Flaute – Motor an – leichte Seebrise – Segel hoch – Brise schläft ein – Motor an . . . Das Küstenbild beginnt sich zu verändern, Flachland mit Sandstränden und riesigen Hotels als markantesten Erhebungen verschwindet im Dunst, und immer höher werdende Ausläufer der Pyrenäen prägen die Landschaft. Zur Kontrolle der Astronavigation, die wir fleißig üben, eignet sich diese Küste mit unverkennbaren Felsnasen wie Kap Bear, Kap Creus und Kap Negre hervorragend. Das Einzeichnen der Standlinien in die Seekarte ergibt tatsächlich, daß wir uns fast exakt dort befinden, wo uns der Navigator mit Sextant, Stoppuhr, nautischem Jahrbuch und der HO 249-Tafel hinberechnet hat. Peilungen der Kaps bringen die Bestätigung. Wir sind mit uns zufrieden.

Unzufriedenheit bringt nur das launische Wetter. Kaum zwei Tage vergehen ohne die stürmischen Zwischenspiele des Tramontana. In La Selva platzt nicht nur der flexible Zusatzwassertank, sondern während der Ankerwache bei 8 bis 9 Windstärken mir auch bald der Kragen. Viele der auf Reede liegenden Boote haben ausgerechnet nachts Schwierigkeiten mit ihrem Ankergeschirr. Zum Glück hat sich ATLANTAs Pflugschar tief eingegraben, aber „Geisterschiffe" tanzen in der nur halbwegs geschützten Bucht im starken Schwell. Obwohl sie gegenan motoren, schlieren ihre Anker, die sie weder neu ausbringen noch an Bord holen können. Stetig krebst ein großer Zweimaster von achtern an uns heran. Sein riesiger Bugspriet bohrt sich durchs Dunkel und droht, unsere Selbststeueranlage aufzuspießen. Grell warnt ihn unser Suchscheinwerfer, und im letzten Moment dreht er ab.

Da braut sich die nächste Attacke kurz vor ATLANTAs Bug zusammen. In einem englischen Boot hat sich die Mannschaft zur Ruhe begeben und treibt nun ahnungslos auf uns zu. Ich muß direkt in ihre Kajüte blinken, um sie aus der Koje zu scheuchen. Nur Manöver des letzten Augenblicks verhindern ein Zusammenschlagen der Schiffe. Wie in einer Seeschlacht umzingelt, so kommen wir uns vor. Und zum hundertsten Male blinzle ich den Kirchturm an, ob unsere Peilung noch stimmt.

Obwohl ich zum Umfallen müde bin, liege ich während meiner Freiwache nur dösend in der Koje. Meine Nerven schlagen rad und reagieren auf jeden Unterton des Pfeifkonzerts, auf gespenstisch huschende Lichtblitze. Starke Gewitter setzen ein, ziehen fast regenlos über uns hinweg – Blitz und Donner martern uns stundenlang. Unangenehmer Seegang rollt um die schützende Hafenmole. ATLANTA stampft am Ankergeschirr auf und nieder; doch das leistet erbitterten Widerstand.

Lange halte ich es in der Koje nicht aus und klettere zerschlagen ins Cockpit. Meine Gefühle schwanken zwischen Ärger, Wut, Zweifel an der Schönheit des Segelns und Unzufriedenheit mit mir selbst. Warum gelingt es mir nicht, innerlich gelassener zu sein? Ist es Angst oder das Empfinden, für alles verantwortlich zu sein, was diese verkrampfte Anspannung in mir auslöst? Noch finde ich keine Antwort. Ich weiß nur, daß ich mir zuweilen die Unbeschwertheit meiner Söhne wünsche. Sie haben ihre „Sensoren" auf geruhsamen Schlaf geschaltet und schlummern friedlich zwischen ihren Kuscheltieren dem neuen Tag entgegen.

Bei Tagesanbruch ist der Spuk der Nacht schnell vergessen, als zwei ausgeschlafene, fröhliche Kinderstimmen einen guten Morgen wünschen. Sie lachen und singen mir die dunklen Gedanken von der Seele. Nach einem weiteren Tag (das Schlafen klappt schon viel besser) weht sich der Sturm aus, und der Hafen erwacht wieder zum Leben.

Guter Dinge rudern wir zum Kai, um auszukundschaften, was eine johlende Menschentraube dort anfeuert und beklatscht. Es gibt ein akrobatisches Spiel zu sehen, das für unsere Begriffe recht ungewöhnlich ist. Spanische Kinder und Jugendliche sind die Akteure. Ein eingeseifter Balken ragt von der Hafenmauer übers Wasser, an seinem Ende baumelt, mit dem Kopf nach unten, ein Hahn oder eine Gans. Die Kinder versuchen der Reihe nach, bis zum Ende des glitschigen Holzes zu balancieren und den zappelnden, flatternden Gesellen zu grapschen. Viele rutschen natürlich vorher ab und segeln ins Wasser. Aber den Geschickten gelingt es, das hilflose Tier mit einem Hechtsprung über die letzten Meter an den staksigen Beinen zu packen und mit sich ins Naß zu reißen. Tosender Beifall übertönt das ängstliche Gekreische des Erbeuteten, der sicher schon bald im Kochtopf enden wird.

Man kann diese Volksbelustigung auf keinen Fall mit einem Stierkampf vergleichen; dennoch sehe ich eine Parallele: Es ist ein grausames Spiel mit dem Tier, das von vornherein zum Tod verurteilt ist. Die Leidenschaft für derartigen Zeitvertreib scheint in der Mentalität des Spaniers verwurzelt zu sein. Wir versuchen sie zu begreifen, fänden es aber trotzdem besser, wenn am Ziel nur ein symbolischer Preis hängen würde. „Gleich schnappt er ihn!“ freuen sich Tim und Benni. „Aber tut das dem Gockel nicht an den Füßen weh?“ überlegen sie und schauen – genau wie wir – dem Geschehen hin- und hergerissen zu.

Handiger Wind lockt bald unsere Segel aus der Backskiste und bleibt uns eine ganze Stunde lang treu. Dann wie gehabt: Flaute. Port Ligat, die nächste geschützte Ankerbucht, hat sich ihren natürlichen Charakter bewahrt. In glasklarem Wasser tummeln sich die verschiedenartigsten Fische wie in einem Aquarium. Wir haben mit dieser Bucht eine Rarität gefunden; denn viele solcher hotellosen Plätze gibt es an der südfranzösischen und -spanischen Küste nicht mehr. Trotzdem zieht es uns schon am nächsten Tag weiter, weil das düstere Wetter nicht gerade zum Schnorcheln einlädt.

Schwarze Wolken am Horizont sehen diesmal bedrohlicher aus, als sie tatsächlich sind. Der Wind hat auf Nord gedreht, und so können wir platt vor dem Laken bei anfangs fünf Beaufort südwärts rauschen. Vorsicht Patenthalse! Werner birgt vorsichtshalber das Großsegel und setzt die zweite, gleichgroße Fock. Mit den beiden ausgebaumten Focks mimt ATLANTA Passatsegelei. Es gefällt ihr und der Crew. Quer über den Golfo de Rosas, diese geschichtsträchtige Bucht, wo einst so viele Seeschlachten geschlagen wurden, gleiten wir wie im Rausch auf den Spuren Hornblowers dahin. Um die Kaps zu runden, muß ATLANTA den Wind zwei Strich von achtern nehmen und die schräg von achtern anrollenden Seen aussteuern. Rasmus hält sich im Zaum und läßt den Wind nur bis sieben Beaufort auffrischen. Haarscharf schrammen wir mit der Passatsegelung um die „Ecken“: ein heißer Ritt!

Ein heftiger Schauer am Nachmittag schränkt die Sicht zeitweise stark ein und läßt den letzten Felsen nur ahnen. Danach reißt die Wolkendecke auf. Der Wind hat seine Schuldigkeit getan – da hat doch wieder jemand auf den „Aus“-Knopf gedrückt ... Egal. Drei Meilen später fällt in Palamós der Anker. Herrlich! Das war *segeln.* Wir freuen uns über die erste rauschende Fahrt.

Großes Spektakel bei der Fischauktion in Palamós, „Knüppeltörn“ nach Blanes, freundschaftlicher Kontakt zu den Fischern, Tims Seekrankheit auf der Überfahrt nach Mallorca – gute und schlechte Erlebnisse prägen die folgenden Tage.

Puerto de Pollensa, die weite Bucht im Nordosten Mallorcas, erleben wir wie so vieles bisher überaus kontrastreich. Die steilen, karstigen Berge ringsum werden von einem üppig bewachsenen Uferstreifen mit Palmen, Kiefern und Pinien gesäumt. Ein stiller Morgen begrüßt uns auf der Baleareninsel. Über dem kristallklaren Wasser lösen sich morgendliche Dunstschleier in den wärmer werdenden Sonnenstrahlen auf.

In einem Café direkt an einem ruhigen, nicht übervölkerten Sandstrand (Mallorca bedeutet nicht nur Massentourismus) spendiert der Käptn ein unvergeßliches Begrüßungseis. Den ganzen Tag machen wir „Urlaub total“, von morgens bis abends, ohne Arbeiten am Schiff ... Spanische Faulenzia: stundenlang aalen sich die Kinder im 26° warmen Wasser, wir bummeln durch den kleinen Ort, kaufen frischen Proviant, lesen, schwimmen, segeln mit Pützchen, grillen am Strand und fühlen uns rundherum zufrieden dabei. Wir lernen, den Augenblick zu genießen. Und das ist gut so; denn schon der nächste Moment, der nächste Tag ... Wer weiß, was er uns bringt?

So will uns der Wind nach der kurzen Ruhepause gleich vier volle Tage und Nächte zeitweise mit neun Beaufort seine Stärke beweisen. An vierzig Meter Kette hängt ATLANTA auf einer Wassertiefe von 2,50 Meter ungefähr 200 Meter vom Ufer entfernt. Ablandig heulen die Böen auf uns zu, verpassen dem immer wieder schwojenden Boot eine volle Breitseite und krängen es so weit weg, daß in der Kajüte „aufgeräumt“ wird. Sogar zwei Küstenfrachter leisten den Ankerliegern Gesellschaft und verkriechen sich in den Schutz der Bucht. Danach muß draußen wohl eine bedrohlich stürmische See stehen. Was ist bloß mit dem Wetter los? Sonniges Mallorca, wo hast du dich versteckt? Allmählich zermürbt das Pfeifen und Sirren im Rigg die Nerven. Wie weit südlich muß man eigentlich segeln, um ausgeglichenere Wetterbedingungen zu haben? Werden wir es noch erleben?

Tim und Benni stört es nicht, daß ein Landgang unmöglich ist, daß wir viele Stunden nur in der Kajüte zubringen können. Gemeinsam spielen, basteln, lesen und werkeln wir. Ja, zu werkeln gibt es an Bord immer etwas, und das gefällt den Rackern am besten. Beim Gießen eines Handlotes aus alten Bleistücken schauen sie fasziniert zu. Bleireste werden portionsweise in einer Kelle über dem Brenner des Primus' geschmolzen. Diese „Suppe" gießt Werner dann in eine extra schmale Konservendose. Als Krönung drückt er ein zur Öse gebogenes Metallstück (den umfunktionierten Öffner einer Fischdose) in das noch weiche Blei. Im Nu härtet das neue Lotgewicht durch. Die Dose wird entfernt. Eine Leine mit farbigen Tiefenmarkierungen aus Ölzeugflikken und Gewebeband wird an der Öse befestigt, und fertig ist das Handlot. Schließlich können wir nicht immer eine Bambusstange mit uns herumschleppen, und das Echolot streikt auch weiterhin. Ja, die Elektronik ist nicht gerade ein beliebtes Thema bei uns.

Und weiter geht's mit Takelarbeiten, während es draußen brüllt und wütet. Aus Tauwerksresten puzzeln die kleinen Bastler die Takelage für zwei Schiffchen zusammen. Ein Holzklötzchen wird der Rumpf, ein Bleistift der Mast, ein abgenagter Buntstift der Baum, und die Segel werden aus einem Blatt der Küchenrolle zugeschnitten. So entstehen phantastische Bauwerke, die gleich ihrer Bestimmung übergeben werden. Platz gemacht auf dem Kajütstisch! In wenigen Sekunden starten die Pollensa-Jollen . . . Null! Beide Steuermänner pusten Wind in die Segel. Die Jollen liegen auf gleicher Höhe. Jetzt umrunden sie die Boje an der Tischkante. Und beide fliegen gleichzeitig durchs Ziel! Begeisterte Zuschauer der spannenden Regatta jubeln ihnen zu – und können sich schließlich vor Lachen nicht halten.

Die harmonischen Sturmtage und schlafgestörten Nächte gehen am Samstag, dem 4. September, zu Ende. Wohltuende Ruhe entlastet die Hörnerven. Die Sonne erwärmt die Gemüter; es gibt sie tatsächlich noch! Wir rudern an Land, erkunden eine Halbinsel, an deren Ende ein Leuchtturm aufragt, sammeln Muscheln und sind dabei vollkommen einsam. Obwohl uns das Knattern eines Außenborders überhaupt nicht behagt, überlegen wir jetzt häufiger, ob so eine Anschaffung nicht doch sinnvoll wäre. Rudernd hat man nur einen sehr begrenzten Radius von etwa einer Meile, und von stärkerem Wind wird man an Bord festgehalten. Na, vielleicht sehen wir uns in Palma mal um.

Nicht irgendein Sonntag . . .

Südost 4 bis 5 verkündet der Wetterbericht für den 5. September 82. Besser kann es nun wirklich nicht sein. Solche Verheißungen stimmen Skipper und Bordfrau auf einen handigen Törn ein. Die Cala Ratjada haben wir uns als Tagesziel gesetzt. Schon um 08.30 Uhr wird der Anker gelichtet. Zwar weht der angesagte Südost jetzt aus Südwest und bereits ein wenig stärker, aber mit zwei Reffs im Großsegel und der Normalfock trägt ATLANTA die passende Besegelung. Flotte Fahrt macht unser Mädchen durch die Bahia de Pollensa, wird dann aber bei Cabo del Pinar von übler Kabbelsee gebeutelt. Steile alte Dünung rollt von Nord bis Ost, wogegen sich kraftvoll die neue Windsee aus Südwest stemmt. ATLANTA wühlt sich ein paar Meilen hoch am Wind, teilweise als U-Boot, durch das Gekabbel. Wir werden hin- und hergeschleudert, und die Kinder haben Mühe, sich irgendwie festzuhalten. Also muß ich das für sie übernehmen und mit sechs Händen zugreifen. Ziemlich anstrengend! Immer häufiger steckt ATLANTA den Bug weg. Einige Seen spülen quer über das Vorschiff. Tims Gesicht wechselt die Farbe. Er verzieht sich kurze Zeit später in die Koje, weil er „Bauchweh" hat. Mir fällt es nicht leicht, ihn so leiden zu sehen. Zuerst gebe ich ihm ein Zäpfchen gegen Seekrankheit, dann beschäftige ich mich mit Benni, der sich zwar pudelwohl fühlt, aber ausgerechnet heute wie eine Klette an mir hängt.

Voraus quillt eine schwarze Wolkenwand bedrohlich auseinander. Vorsichtshalber birgt Werner das Großsegel. Der Anemometer mißt zwischen sechs und sieben Windstärken. Irgendwie jagt das Unwetter an uns vorbei. „Ich glaub', ich setz' mal wieder den großen Lappen", entscheidet der Skipper unverdrossen. Plötzlich gibt es einen dumpfen Knall. In derselben Sekunde schleudert der Großbaum um Zentimeter an Werners Kopf vorbei und schlägt mit ungeheurer Wucht auf die Reling. Ein wenig benommen übergibt er mir die Pinne, um das Ungetüm erst einmal festzulaschen. Schreck, laß nach! Das hätte böse ausgehen können. „Mein Gott, hast du einen guten Schutzengel", murmle ich heilfroh, aber fassungslos. „Sollen wir nicht lieber abdrehen? Die Dirk ist gebrochen. Tim geht's auch ziemlich schlecht und . . ."

„Wir laufen die kleine Bucht bei Ferrutx an", erklärt der Käptn. Aber Rasmus ist da ganz anderer Meinung. Er schickt den Wind nun aus West, genau auf diesen Ankerplatz zu. Also laufen wir weiter nach Südost, um hinter Cabo Pera den Hafen von Ratjada zu erreichen. Wie verhext ist es an diesem Tag. Kaum ragt ATLANTAs Bug um den Zipfel von Cabo del Freu, frischt der Wind weiter auf und dreht auf Südsüdwest – genau gegenan. Von Minute zu Minute wird es ungemütlicher. Seen waschen das Deck bis fast zum Cockpit. Finden wir bei dieser Windrichtung überhaupt Schutz? Ratjada und alle weiteren Buchten öffnen sich genau nach Süden. Nein, das probieren wir lieber doch nicht. Klar zur Wende? Wir kehren um. Es ist 14.40 Uhr. Um 18.40 Uhr, also nach neun Stunden und 37 Seemeilen, legen wir im Hafen von Alcudia an – erschöpft und enttäuscht. Von Pollensa direkt nach Alcudia wären es acht Meilen gewesen. Verrückte Segelei! Verrücktes Wetter!

Meine Stimmung fällt auf den Nullpunkt. Dem Seekranken geht es wieder ausgezeichnet. Dafür überfallen mich starke Kopfschmerzen und Weinkrämpfe. Ich weiß nicht, was mit mir los ist. Es waren heute wohl der Belastungen zuviel. Bolzerei gegenan, der Beinahe-Unfall, die Sorge um Tim, das unentschlossene Hin und Her des Windes... Doch müßte ich das alles nicht völlig gelassen hinnehmen können, wenn unser Törn später über den Atlantik gehen soll? Vielleicht hatte ich auch nur einen schlechten Tag. Vielleicht ist die Grenze meiner Belastbarkeit erreicht? Vielleicht müssen wir unsere weiteren Pläne überdenken? Es war heute sicher nur eine Ausnahme – aber eine frustrierende. Unterwegs hielt ich durch, und hier im Hafen verliere ich die Nerven – zu dumm!

Verständnisvoll nimmt mein Käptn mich in den Arm. Trotzdem spüre ich Ratlosigkeit in seinem Blick. „Mute ich euch zuviel zu?" möchte er besorgt wissen. Mir bleibt die Antwort im Hals stecken. Ich bin entschlossen, den Törn fortzusetzen; aber werde ich in jeder Situation die Kraft dazu haben? Sollte dieser Törn eine nicht bestandene Belastungsprobe gewesen sein? Ich muß erst wieder zu mir kommen, klare Gedanken fassen an diesem Sonntag. Es war nicht irgendein Sonntag...

Das andere Mallorca

Ein paar Tage später hat sich das seelische Tief in Wohlgefallen aufgelöst. Wir atmen subtropische Luft (Luft: 30°, Wasser: 25°), während in Deutschland der kühle Herbst eingesetzt hat. Auf gut achtzig erlebnisreiche Reisetage blicken wir bereits zurück; eine lange Zeit, die mit normalen Urlaubsmaßstäben schon gar nicht mehr zu messen ist. Warum sollte ich die vielen Sonnenscheinstunden von einigen dunklen Momenten überschatten lassen? Nein! Ich bin fest entschlossen, unser augenblickliches Leben mehr durch die Brille des Skippers zu betrachten. Er akzeptiert Unebenheiten eher als normale Alltagsprobleme, die an Bord nur auf anderer Ebene liegen als an Land.

Mit neuem Schwung machen wir uns auf den Weg, über die Calas hinaus, ins Land hinein, Mallorca aus einer anderen Perspektive kennenzulernen. In Porto Christo beginnt die erste Autotour mit einem Leihwagen. Wir wollen von Abfahrtszeiten unabhängig sein, eigene Routen fahren und anhalten, wo es uns gefällt.

Völlig autoentwöhnt trete ich zaghaft auf das Gaspedal. Der Ford Fiesta rollt los – und das schneller als 6 Knoten! 20, 30, 40 Kilometer pro Stunde, du lieber Himmel! Welch atemberaubende Geschwindigkeit! Aufgeregt hüpfen beide Söhne mit dem Po auf dem Rücksitz herum und empfinden die Fahrt als spannendes Abenteuer. Häufig halten wir am Straßenrand, weil es an jeder Wegbiegung etwas Neues, Fremdartiges zu bestaunen gibt. Endlos ziehen sich die Tancas an Straßen und Wiesen entlang, auch quer über die Felder. Tancas sind Mauern aus kunstvoll aufeinandergeschichteten Feldsteinen, die einzelne Parzellen der Bauern abgrenzen. Viele kleine Cotos (Bauern) teilen sich die Bewirtschaftung des steinigen Bodens, was kein einfaches Los ist. Die Zeit scheint hier in mancher Beziehung stehengeblieben zu sein. Nach wie vor dient auch der Eselkarren als Haupttransportmittel und nicht nur als Touristenattraktion. Zwischen Porto Christo, Manacor und Arta begegnen uns ohnehin kaum Spuren des Fremdenverkehrs. Weite und Ruhe einer pittoresken, hügeligen Landschaft lassen ein anderes, allgemein unbekanntes Bild von Mallorca entstehen. Feigen-, Limonen-, Olivenbäume, Fächerpalmen, Thymian und Oleander zeugen von einem mild-warmen Klima. Es ist ein großartiges Erlebnis, den Wechsel der Vegetation zu erleben. Wir freuen uns, diese südlichen Breiten bereits erreicht zu haben.

„Mutti, halt! Halt! Da galoppelt ein Esel! Kuck doch ... Ich will mal hüa machen“, bettelt Benjamin lautstark in meine verträumten Gedanken. Ruckartig stehe ich auf der Bremse. Die Türen fliegen auf. Wie zwei geölte Blitze jagen unsere Jungs auf eine Bäuerin mit zwei schwer beladenen Eseln zu. Sie strahlen die in typisches Schwarz gekleidete Frau an, und – schwupp – hebt sie auch schon den ersten auf einen freien Fleck des bepackten Mulirückens. Verständigungsschwierigkeiten kennen die Kinder kaum. Mit Körpersprache meistern sie viele Situationen. Vergnügt schmunzelt die Bäuerin über die Freude der Kinder und will sich mit uns unterhalten. Doch wir müssen leider passen. Ein paar spanische Brocken wiegen den Unterschied zum Mallorquinischen nicht auf. Mit ausladenden Handbewegungen und entsprechender Mimik machen wir es den Kindern nach: „Schöner Esel ... *Muchas frutas*, so viele Früchte!“ bewundern wir den kleinen Treck. „*Mucha suerte!* Alles Gute!“

Mit einem übersprudelnden Redeschwall deutet die Frau in gleicher Weise auf unsere Jungs und streichelt über die Blondschöpfe. Schließlich verabschieden wir uns mit einem fröhlichen Adios und setzen die Fahrt in Richtung Cuevas de Arta fort. In abenteuerlichen Serpentinen schlängelt sich eine unbefestigte Straße zum riesigen Tropfsteinhöhleneingang im Steilhang des Cabo Vermell. Über eine imposante, steil aufragende Treppe klettern wir hinauf. Zwei ungeduldige, erwartungsvolle Racker fest an der Hand, tasten wir uns mit einem Führer in das Dunkel der Höhle. Doch sogleich läßt raffinierte elektronische Beleuchtung gigantische Stalagmiten und bizarre Gebilde aus Kalziumkarbonat vor uns erscheinen. Die Jungs bekommen große Augen und tippeln, dicht an uns gedrängt, über 400 Meter Wege und Treppen, die auch durch Säle mit Phantasienamen und Licht-Ton-Spielen führen. So steigen wir auf eng gewundenen Gängen ungefähr vierzig Meter abwärts, bis auf Meeresspiegelniveau. Plötzlich völlige Dunkelheit. Stille. Gespenstisch flüsternd informiert uns der Führer: Wir befinden uns in der Höhle des Teufels – in der Hölle!

Inferno! Lichtblitze jagen über maskenhafte Tropfsteingebilde. Forte setzt dramatisch-pompöse Musik ein und steigert sich bis zum Fortissimo. Ein Höllenfeuer scheint auszubrechen. Perfekte Illusion. Doch Benni ist sich da nicht so sicher. Angstvoll umklammert er mich und hält sich die Ohren zu. Kalter Schweiß steht auf seiner Stirn, und der ganze kleine Körper zittert. Die Illusion wirkt zu perfekt. Unser lütter Moses erlebt diese Hölle als furchterregende Realität. Erst als das Schauspiel mit einem Paukenschlag beendet wird, kann ich Benjamin beruhigen. „Mutti, komm! Ich will schnell raus! Gleich teufelt die Höhle wieder!" schluchzt er und lehnt jede nüchterne Erklärung der Vorführung strikt ab: „Doofe Höhle ... Ich will jetzt raus!" Tim schüttelt den Kopf und grinst altklug: „Hast du etwa Angst? Das Geblitze war doch gar nicht echt!"

Nein, echt und beeindruckend sind nur die Tropfsteingebilde wie die 22 Meter hohe Königssäule, ein Stalagmit, der bis zur Gewölbedecke noch einen Meter wachsen muß. Sehr aktiv geht es in den Cuevas de Arta allerdings nicht mehr zu, das heißt, es tropft nur noch an wenigen Stellen. Doch überall ahnt man die dunklen Geschichten über vorzeitliche Bewohner, arabische Soldaten und Piraten, die hier einen Unterschlupf gesucht haben. Von Fackeln und Feuern rußgeschwärzte Tropfsteingebilde sind ihre stummen Zeugen.

Schwaches Tageslicht kündigt für Benjamin die Erlösung aus der unheimlichen Umgebung an. Blitzschnell drängelt er sich an den wartenden Leuten vorbei ins Freie, stürmt die steile Treppe hinunter und schreit sichtlich befreit: „Ätsch, ich bin aber erster!"

Nach kurzer Beruhigungspause geht die Fahrt zur Reserva Afrikana, als besondere Attraktion für unsere Kinder. Mehr als 350 Tiere leben dort in einem 40 Hektar großen Freigehege. Giraffen, Elefanten, Flußpferde, Schildkröten, Affen, Antilopen, Flamingos, Strauße und andere afrikanische Tiere werden hier gezüchtet und weltweit an zoologische Gärten verkauft. Aus nächster Nähe beobachten wir sie. Wie in jedem Zoo sind es auch diesmal die Affen, deren lebhaftes Treiben die größte Aufmerksamkeit auf sich zieht: heiterer Ausklang eines eindrucksvollen Tages, den wir bei einem Abendessen im heimischen Cockpit nachklingen lassen.

Doch Bilderbuchsegeltage mit handiger Backstagsbrise von 4 bis 5 Beaufort, Schwimmen und Schnorcheln in noch verträumten Calas erscheinen uns nur mehr als wunderschöner Traum, als wir im Yachthafen von El Arenal erwachen: Und doch sind die krassen Gegensätze von Masse und Einsamkeit, von häßlichen Betonburgen und Landschaftszauber für Mallorca typisch.

Werner reibt sich verschlafen die Augen. „Das kann ja wohl nicht wahr sein! Das ist ja noch zehnmal häßlicher, als ich beim Einlaufen im Dunkeln vermutet habe." Ein Bettenbunker erdrückt den anderen ebenso wie am Strand ein Mensch den anderen. Wie auf einem Fließband strömen Menschenmassen an der häßlichsten Meile Mallorcas entlang. Und in diesem Gewühl müssen wir mitströmen, weil wir frische Lebensmittel brauchen. Nach ein paar hundert Metern wird es mir fast schwindelig. Tim protestiert: „Warum ist das Gewimmel so laut?“ Benni brüllt zu mir hoch: „Ich will nach Hause!“ Man muß tatsächlich schreien, um sich zu verständigen. Aus jedem Laden, von jedem noch so winzigen Verkaufsstand plärrt Musik aller Art gleichzeitig, vom Ententanz bis zur Wiener Caféhausgeige. Autos knattern und hupen dazwischen. Aber betäubte Touristen verlieren offensichtlich schneller den Überblick, werden „blind“ und kaufen alles. Entwürdigender Verkaufsterror! Urlaub als Erholung wird hier in der Tat sehr fragwürdig. Oder sind wir durch das Bordleben schon besonders lärmentwöhnt und familienbrödlerisch geworden?

Da, endlich ein Mercado – ein kleiner Supermarkt –, äußerlich mit Hunderten von Schnapsflaschen getarnt. Fast wären wir vorbeigelaufen. In Windeseile kramen wir Brot, Käse und Obst zusammen. Alles außer Schnaps ist fast doppelt so teuer wie am Festland. Über die Preise schimpfend, flüchten wir in den vom Rummel unberührten Hafen zurück. An Bord wartet zunächst wieder ein Berg Arbeit auf uns. Aus allen Ecken quillt schmutzige Wäsche, und eine Waschmaschine gibt es in der „Superluxusmarina“ nicht. Also wird das Schlauchboot der Kinder als Laugenfaß zweckentfremdet und die Pier für einige Stunden in einen Waschsalon verwandelt. Gewitterschauer sorgen für sportliche Intermezzos. Bei den ersten Tropfen reißen wir im Zeitraffertempo die halbtrockene Wäsche von Reling und Rigg, um sie zehn Minuten später wieder festzuklammern. Aber es geht auch ohne technischen Komfort. Improvisation ist alles!

Bevor die Touristenmassen erneut erwachen, sind wir schon auf dem Weg zu einer Haltestelle für Linienbusse. Wir wollen einen Tag in der Stadt verbringen, in der *Ciudad*, wie die Mallorquiner liebevoll einfach ihre Hauptstadt Palma nennen. Mit einer Schar von Einheimischen, die auf dem Weg zur Arbeit sind, steigen wir in ein klappriges, busähnliches Gefährt. Betagte Holzsitze ächzen unter der Last ihrer Fahrgäste. Alles ruckelt, knackt, knirscht und rumort. Man glaubt, daß die Fahrt jeden Augenblick zu Ende sein könnte, weil der Bus auseinander zu brechen droht. Aber er hält tapfer durch. Und trotz stark befahrener oder holprig enger Straßen hockt der Fahrer vergnügt hinter seinem Lenkrad und tauscht mit ein paar Männern und Frauen den neuesten Tratsch aus. Dabei scheinen ihm Geschwindigkeit oder rote Ampeln völlig unwichtig zu sein. Auf Mallorca gibt es nur eine wichtige Verkehrsregel, die jeder einhält: „Der Schnellere hat Vorfahrt!“ Beulen gehören zum normalen Aussehen jedes Autos. Torreros der Straße, tragen ihre Schrammen wie die Blessuren eines Kampfes zur

Schau. Niemand scheint auf die Idee zu kommen, sie zu behandeln. Trotz heikler Ausweichmanöver und quietschender Reifen erreichen wir durchgerüttelt, aber wohlbehalten den Busbahnhof von Palma.

Per pedes geht es von der Station aus in vierzig Minuten Richtung Kathedrale. Im Strom der Mallorquiner treiben wir unterwegs in den Mercado, einen riesigen Markthallenkomplex. In der ersten ebenerdigen Halle wird Fisch in unvorstellbarer Fülle angeboten – vom Schwertfisch bis zum fliegenden Fisch, große, kleine, dicke, dünne ... so weit das Auge reicht. Dazu Muscheln, Krebse, Langusten, Tintenfische und viele undefinierbare Krustentiere. In Reih und Glied sortiert, glubschen kalte Fischaugen die Käufer an. Benni fühlt sich magisch angezogen und tippt die Fische neugierig mit dem Finger an. „Sind nich' mehr lebig, ha'm mich nich' gebeißt!“ stellt er fachmännisch und zufrieden fest. Das Schlaraffenland der *Ciudad* macht der Grünen Woche in Berlin Konkurrenz – nur weiß davon kaum jemand: Hunderte von kleinen Ständen bieten Obst und Gemüse an, jede Fleischsorte, Wein, Käse, Brot – alles in Hülle und Fülle. Randvoll sattgesehen, beobachten wir noch eine Weile die Händler und Käufer. Einheimische bestreiten den Handel unter sich. Touristen mit Fotoapparat und neugierigen Blicken haben sich hierher nur verlaufen. Darum werden wir ebenso neugierig beäugt und nur selten zum Kauf animiert. Marktschreier gibt es in den Hallen nicht, dafür aber ausgezeichnete Feilscher. Preise werden kaum kritiklos hingenommen, ohne Diskussion geht nichts von der Waage in die Tasche. Unsere Taschen aber bleiben trotz der verlockenden Angebote leer; denn der bevorstehende Tagesmarsch verspricht, sehr lang zu werden. Da müssen die Arme nicht unbedingt ebenso lang werden.

An unzähligen kleinen Geschäften schlendern wir vorbei, durch enge Gassen und über große Plätze der Altstadt – *La Portella* –, und begegnen auf Schritt und Tritt der bewegten Geschichte Palmas. Da überqueren wir einen Platz, von Säulengängen umrahmt, der mit seinen Straßencafés an den Markusplatz in Venedig erinnert. Und schon an der nächsten Straßenecke staunen wir über gut erhaltene arabische Baukunst. Römer, Araber, Spanier und Franzosen haben unübersehbare Spuren hinterlassen. Zahlreiche Baudenkmäler zeugen von der bunt schillernden Historie der Mittelmeerinsel. Und als Höhepunkt erreichen wir schließlich den *Almu Daina* – Palast und Kathedrale –, das Wahrzeichen Palmas. Blumengeschmückte Gartenanlagen mit tausendjährigen Olivenbäumen und phantastischen Wasserspielen umrahmen die trutzig in den blauen Himmel ragenden Prachtbauten.

„Ich kann nicht mehr. Meine Füße dampfen schon!“ – „Und ich, ich hab' Hunger – und Durst! Meine Zunge zerschmirgelt gleich“, melden sich die Kinder. Sie haben recht. Mit leerem Magen läßt sich Kultur nicht auf Dauer genießen. Wir schließen uns der Siesta der Kathedralenwärter an und stärken uns unter schattenspendenden Bäumen für weitere neue Eindrücke. Doch allzu lange hält es der Skipper im Sitzen nicht aus. Es zieht ihn zwischen all den ehrwürdigen Gewölben und Gemäuern zum Wasser. „Kommt, wir schnuppern eine Prise Hafenluft, das entspannt ungeheuer!“ preist er seinen Wunsch an. Tief befriedigt, zur Abwechslung wieder mal Schiffe und darauf wichtige, nachahmenswerte Details gesehen zu haben, beantwortet Werner anschließend mit Engelsgeduld tausend Kinderfragen über Gott und die Welt. Das riesenhohe, von dünnen Säulen getragene Kathedralengewölbe (höher als der Kölner Dom) mit all seinen Kirchenschätzen, Heiligenfiguren und glitzernden Engeln veranlaßt zu Staunen und Fragen. Gar nicht einfach, auf jedesmal eine kindgemäße Antwort, ja, manchmal überhaupt eine Antwort zu finden. Schließlich spüren wir, daß uns die Fülle der neuen Eindrücke zu ermatten beginnt. Für heute ist das Maß voll. Der „Moses“ läßt allmählich seine Flügel hängen. Doch beide Söhne trippeln tapfer den langen Weg zum Bus und dann zum Hafen zurück. Unterwegs sprechen wir über alles Gesehene und stellen allgemeine Begeisterung fest. Die *Ciudad* hat uns fasziniert. Sie ist eine überraschend sehenswerte Stadt, für die ein Tag längst nicht ausreicht. Wenn man aber mit kleinen Kindern unterwegs ist, und das auch noch zu Fuß, läßt man es besser bei einem Tag bewenden. Vielleicht ein Kompromiß – aber ein sehr liebenswerter, mit erfrischenden Einlagen und neuen Perspektiven.

Freitag, 17. September 1982: Gestern mit dem Bus nach Palma, heute im Mietwagen auf Tour. Gestern Geschichte, Kunst, Kultur und Menschen, heute Vergnügen und Landschaftserleben. Mallorca ist eine Insel der großen Gegensätze, die letztlich alles bietet.

Das Marineland, Mallorcas Showparadies der Tiere, hält sein Versprechen, ein Vergnügen für Groß und Klein zu sein. Es ist ein Park nach amerikanischem Vorbild, mit Delphin-Show, Seehundakrobaten, radfahrenden Papageien, einem bemerkenswert vorbildlichen Aquarium, einem Tropenhaus mit Schlangen, Krokodilen, Leguanen – kurzum, ein Showparadies, das die Freude an Tieren fördert und Stunden voller Spaß beschert. Geplant haben wir den Besuch im Marineland hauptsächlich der Kinder wegen, er sollte für sie eine Abwechslung sein. Schnell aber greift der Festbazillus um sich, und die Eltern sind infiziert. Ab und zu lassen wir uns ganz gern einmal wie Flugtouristen verwöhnen und von Attraktionen verzaubern.

Ich kann nicht widerstehen und erstehe in einer kleinen Bambushütte im Südseelook eine Marke für eine Perlenauster. Sie verheißt, daß zwei langhaarige Schönheiten in einer Lagune nach Zuchtaustern tauchen werden, die garantiert eine Perle verbergen. Voll hochgespannter Erwartung beobachten wir das Öffnen der Muschel. Tatsächlich! Wie versprochen kommt eine Zuchtperle zum Vorschein. Eine Dame im Pareo säubert, poliert, mißt und ordnet sie wertmäßig ein: 6,5 mm Durchmesser bringen 1100 Pesetas, etwas mehr als der Einsatz.

Schmunzelnd beäugt Werner das Schauspiel. Egal! Ich habe jetzt meine echte Perle in ihrer eigenen Auster und meinen Spaß obendrein. Tim und Benni können sich von den quietschenden, herumkaspernden Delphinen gar nicht losreißen, als es Werner und mich wieder in ruhigere Gefilde zieht.

Über Andraitx zuckelt unser „Rentnix" (abgeleitet von Rent a car) durch viele in die Felsen geschlagenen Serpentinen die steile Nordwestküste hinauf. Manchmal halte ich den Atem an, wenn neben einer Straßenwindung die pinienbewachsenen Berghänge oder kahlen Klippen senkrecht in die Tiefe abfallen. Einige unvergeßliche Ausblicke auf die imposante Bergwelt der Insel und auf smaragdgrüne Buchten tief unter uns belohnen den Aufstieg in tausend Meter Höhe. Die Welt hat von hier oben ein ganz anderes Gesicht, das es wert ist, ausgiebig betrachtet zu werden. Es lohnt sich für den Segler von Zeit zu Zeit das Wasser zu verlassen, um nicht einäugig zu werden. Die Vielschichtigkeit des Lebens auf unserer Erde rückt erst durch den Wechsel der Perspektiven ganz in unser Bewußtsein. So erleben wir auf der Nord-West-Route sehr unterschiedlich geprägte Gesichter Mallorcas.

Bañyalbufar, ein kleiner, von Opuntienhecken und Palmen umgebener Ort, kündet von seiner maurischen Vergangenheit. Er liegt inmitten einer Terrassenlandschaft. Uns faszinieren die blühenden Gärten mit Obst, Wein und Gemüse, die stufenweise bis zum Meer hinuntersteigen. Dann führt die Straße durch palmenbestandene Täler, vorbei an Orangen- und Zitronenplantagen, bis La Granja. Ein typisches Landgut liegt wie in Abrahams Schoß in einem üppig bewachsenen Talkessel – eine paradiesische Oase. Aus den Gärten klingen orientalische Gesänge, sehr fremd für unsere Ohren.

Mit den Bergen im Rücken nähern wir uns am frühen Abend wieder der Hauptstadt. Am Ortseingang von Palma entdecken wir einen riesigen Supermarkt, an dem kein Langfahrtsegler ohne nähere Begutachtung vorbeikommt. Da geht Rentnix ordentlich in die Knie, als er bis in den letzten Winkel mit Proviant vollgestopft wird. Die Leihgebühr muß schließlich voll ausgenutzt werden. Und so sitzen wir zwischen Kisten und Kasten um sieben Uhr wieder im Wagen, der bis spätestens 20.00 Uhr in Maravillas abgeliefert sein muß. Das wird knapp! Überall sind die Straßen verstopft... Gehupe... Gedränge... Rushhour in Palma. Fünf Minuten vor 20.00 Uhr kurven wir vor die Tür des Autoverleihs. Doch was geschieht jetzt mit dem Rieseneinkauf? Bis zum Schiff tragen? Unmöglich! Wir haben Glück, dank unserer Kinder. Man liebt hier Kinder. Man gibt sich wortreich verständnisvoll. Und zehn Minuten später bringt uns eine flotte Mallorquinerin mitsamt unserer wertvollen Fracht zum Hafen, direkt bis vor ATLANTA. Glücklich hocken wir zwischen allen Reichtümern, die sich in der Kajüte stapeln. Und reich erscheinen wir uns auch innerlich, wegen der Fülle des Tages, der Fülle neuer Eindrücke. Wieder haben wir Mallorca als eine Insel der vielen Gesichter erlebt. Sie ist weitaus mehr als eine Ferienfabrik mit Bettenburgen und sonnengebräunten Massen im Küstensand. Sie ist ein Kontinent en miniature.

Mäusejagd auf mallorquinisch

Funkelnde Sterne, mildes Mondlicht und ein laues Lüftchen schenken mir eine friedliche Geburtstagsabendstimmung. ATLANTA schwojt bedächtig um ihren Anker in der Bucht von Puerto de Andraitx.

Krusch... Knispel, knister, kratz... „Hast du das gehört? Was war das?“ flüstere ich Werner zu und fahre erschrocken aus meiner Koje hoch. „Och, das hab' ich gestern nacht schon gehört“, murmelt der Skipper unter seiner Bettdecke und will sich aus der kuscheligen Behaglichkeit nicht herausreißen lassen. „Schlaf ruhig weiter. Laß uns morgen darüber nachdenken.“ – „Du bist vielleicht 'n Gemütsmensch! *Da!* Da raschelt schon wieder was. Hör doch mal hin! Was ist das bloß?“ flüstere ich entgeistert ins Dunkel. „Ganz einfach. Ne Maus wird's sein... Behalt die Fassung. Ich hab' in den letzten Tagen so verdächtige Köttel gefunden“, erklärt meine bessere Hälfte seelenruhig. „Ich hab' dir nur nichts davon gesagt, weil ich dir den Geburtstag nicht verderben wollte. Wahrscheinlich ist sie an der Pier von Ratjada an Bord gekrabbelt."

Für Werners rührende Rücksichtnahme bin ich zwar dankbar, aber schlafen kann ich in dieser Nacht nur in Mäuseetappen. Immer wenn es in dieser sonst so herrlich ruhigen Nacht irgendwo kratzt und knuspert, schalten sofort alle meine Sinne auf Empfang. Wie angenagelt klebe ich rücklings auf meiner Koje. Nur keine Bewegung! Vielleicht kann ich die Geräusche orten. Da – im Brotschapp – verflixtes Biest! Nein, jetzt beim Mülleimer... Dann wieder Stille... Die Müdigkeit siegt, ich schlafe ein.

Fröhliche Kinderstimmen wecken mich: „Mutti! Papi hat gesagt, wir brauchen eine Falle. Wir fangen heute eine Maus. Stimmt das? Knabbert die Maus auch mein Monchi an? – Komm, steh auf! Papi hat was geseh'n!"

„Ja, ihr Räuber, ich wach ja schon auf. Was hat Papi denn so Spannendes gesehen?" Noch ein wenig schlafzerknittert rolle ich mich aus der warmen Koje. Ach du liebe Güte! Das Sonnensegel sieht aus wie ein Schweizer Käse. Zellophantüten mit Reis sind angenagt, eine Mehltüte ist zerlöchert, Äpfel und eine Mettwurst sind angeknabbert. Mehr Beweise brauchen wir nicht. Alle Indizien sprechen dafür: Wir haben eine Maus an Bord. Hoffentlich nur eine!

Nach dem Frühstück bleibe ich mit dem allesfressenden Vierbeiner alleine an Bord, während die Mannschaft zur Fallensuche ausrückt. Ein glücklicher Zufall führt sie zu einem österreichischen Fleischer, der zur Zeit ebenfalls mit Nagetierproblemen kämpft. Doch Fallen gibt es nur im zehn Kilometer entfernten Andraitx. Kurzentschlossen und mit dem Segen seiner mallorquinischen Ehehälfte gondelt der Fleischermeister mit ATLANTAs Crew per Auto in den Ort. Zu viert stehen sie schließlich in einem großen Haushaltswarenlager zwischen Hammer, Wasserhähnen und Kaffeetassen. Höflich erkundigt sich die einheimische Verkäuferin nach den Wünschen. „Ja, dös is' fesch. Ich hoab vögössn, wia des Ding in spanisch heißn tuat", klopft sich der sonst recht ortskundige Fleischer vor die Stirn.

Schnell kramt Werner Papier und sein Zeichentalent hervor und malt im Handumdrehen eine Mausefalle. Rasch verwandelt sich das zurückhaltende Kichern der Malloquinerin in schallendes Gelächter. In einer dunklen Ecke steigt sie auf eine klapprige Leiter und holt Fallen in verschiedenen Größen aus dem Regal. „Komisch, die sind ganz anders gebaut als unsere deutschen – viel schwerfälliger. Sind die Mäuse hier dümmer?" begutachtet Werner die Konstruktion. „Na, spätestens morgen wissen wir Bescheid."

Inzwischen habe ich sämtliche Schapps untersucht, gesäubert und alle

Trockenvorräte zusätzlich in Behälter und Plastiktüten verpackt. Nach der Großputzaktion bereiten wir gemeinsam die Attacke auf den blinden Passagier vor. Zwei Fallen mit Apfel und Speck werden postiert. Und bei Anbruch der Dunkelheit belauschen wir den nächtlichen Nascher. Da! Sein Hunger treibt ihn zur ersten Falle. Lautes Geraschel in der Bilge. Knusper, knäusper, krrr! Jetzt *muß* sie doch an den Speck gehen! Stille... Vorsichtig hebt Werner die Bodenplatte zur Bilge. Der Speck ist weg, aber die Maus auch. „Verflixter spanischer Fallenklapperatismus! Er hat nicht zugeschnappt! Mit 'ner deutschen wär' das nicht passiert", ärgert sich der Skipper.

Wieder warten wir, aber es rührt sich nichts mehr. Erst im Morgengrauen verspürt der ungebetene Gast wieder Appetit. Jetzt wird's uns zu bunt. Auf zum Angriff – Mann gegen Maus! Vor der Pantry legt Werner ein Netz aus, das ich, auf meiner Koje hockend und leicht zitternd, an meiner Seite hochhalte. Lustig spaziert die Maus von einer Schublade in die nächste, und ihr Jäger zieht eine nach der anderen vergeblich heraus. Husch, flitzt sie weiter und flüchtet unter den Mülleimer. Jetzt gibt es kein Entrinnen mehr. Mit dem grellen Lichtstrahl der Taschenlampe treibt Werner sie aus der hintersten Ecke heraus. Sie jagt auf das Netz zu. Reflexartig werfe ich es über sie. Und bevor sie durch die Maschen huschen kann, findet sie durch einen Schlag mit der Bratpfanne ein jähes Ende. Groß sind die malloquinischen Mäuse zwar nicht, aber zu verfressen für einen blinden Passagier.

Sitzen wir in der Falle?

Im letzten Mondlicht, das durch ein Wolkenfenster blinzelt, tastet sich ATLANTA in die Einfahrt von Portinatx auf Ibiza. Bei Rumbaklängen aus dem nahe gelegenen Restaurant gehen wir im hintersten Zipfel der Bucht vor Anker und begrüßen diese Baleareninsel mit einem *Moondowner*, Kieferndurft in der Nase und Zikadenzirpen im Ohr.

Bewaldete Hügel umrahmen die Bucht, und in glasklarem Wasser sehen wir beim Schnorcheln erstaunlich viele Fische. Bei den Kindern wächst die Beziehung zum Wasser von Tag zu Tag. Tims Schwimmtechnik nimmt allmählich erkennbare Formen an. Wenn er jetzt auch noch den Kopf über Wasser halten würde, wäre die Sache perfekt. Im

Augenblick schwimmt er mit der Brille eher tauchenderweise und kommt nur zum Luftschnappen prustend an die Oberfläche – wie ein Walbaby. Andererseits ist er beim Mähen von ATLANTAs grünem Teppich schon eine große Hilfe. Eifrig schrubbt er den Bewuchs vom Rumpf, während sein Bruder das Festmahl der Fische lieber noch von höherer Warte aus beobachtet. Ganze Schwärme werden angelockt.

Benni bewegt sich noch hundepaddelnd im nassen Element. Er hat festgestellt, wie hervorragend tragfähig Salzwasser ist, und will seinen individuellen Stil unter gar keinen Umständen aufgeben. Bequemlichkeit geht ihm vor Schönheit.

Ganz und gar unbequem und ungemütlich wird in der Nacht zum Sonntag, dem 26. September 82 ATLANTAs Ankerplatz in Portinatx. Das Bordbarometer gewinnt mit seiner Vorhersage gegen den Wetterbericht. Denn das Radio kündigte für die Balearen südwestliche Winde um 4 Beaufort an; der starke Barometerfall droht uns jedoch etwas anderes an. Und tatsächlich steht gegen Mitternacht starker Schwell in die Bucht. Wir finden keinen Schlaf. ATLANTA stampft wild auf und nieder. Böses ahnend, verstauen wir tastend und fast blind das Beiboot und machen alles seeklar. Der Wind frischt weiter auf und dreht über West auf Nordwest ... Und die Cala Portinatx öffnet sich genau nach Nordwest bis Nord.

Aus dem Schwell wird allmählich Seegang. Es ist nicht zu fassen! Wieso müssen ausgerechnet wir miterleben, daß diese herrliche Bucht zur heimtückischen Falle wird? Wie beneide ich in diesem Moment heimlich die Hoteltouristen, für die ein solcher Spuk höchstens willkommene Erfrischung bedeutet. Von uns aber fordert jede Wetterverschlechterung ihren Preis: erhöhte Wachsamkeit, innere Unruhe (zumindest bei mir), gestörte Nachtruhe, notfalls schnelles Handeln. Und dieser Notfall rollt gerade auf ATLANTA zu. Zunehmend hohe Wellen wälzen sich in die Bucht. Wild zerren die Yachten an ihrem Geschirr. Einige Anker schlieren schon bedenklich nahe auf den Strand zu. Im ersten diffusen Dämmerlicht erschrecke ich beim Anblick der ungestümen See, die draußen steht. Meterhoch zerstäuben die Brecher an den Klippen der äußeren Landzunge. Die ersten beiden Schiffe gehen ankerauf. Mit mulmigem Gefühl in der Magengegend beobachte ich ihr Verhalten in der groben See. Sie sacken in ein Wellental, verschwinden. Nur ein Teil der Masten späht spargeldünn über die Wellenkämme, um dann wieder hochgerissen zu werden, wenn das Boot für Sekunden auftaucht.

„Komm, es geht los! Ich hab' so weit alles klar. Wir müssen schnell hier raus!" entscheidet Werner.

„Gibt's denn keine andere Möglichkeit?" Aber ich erwarte keine Antwort, denn ich weiß, daß es keine Alternative gibt. Aber verflixt noch mal – ich habe Angst!

Erst jetzt regen sich die Kinder und wollen erstaunt wissen, warum ATLANTA so schaukelt. „Gleich wird's noch ein bißchen mehr schaukeln", erklärt ihnen der Skipper. „Wir müssen in eine andere Bucht segeln, wo wir wieder glattes Wasser haben. Lange wird es nicht dauern. Aber ihr müßt schön in der Kajüte bleiben, am besten in euren Kojen. Wir segeln nur eben um die Ecke."

„Nur" ist gut! Ich kämpfe noch mit Magen- und Darmkrämpfen und Durchfall (mit einem Eis eingehandelt) und als Zugabe jetzt so was. Mir ist eher nach Aussteigen zumute...

„Klar bei Maschine?" höre ich Werners Ruf vom Vorschiff. Zweifach gerefft, knattert über mir zornig das Großsegel. Wie hypnotisiert unterstütze ich mit dem Motor das Ankerauf-Manöver... Langsame Fahrt voraus... Wellen reißen den Bug hoch. Heulender Wind, knatternde Segel und die ratternde Maschine liefern ein ohrenbetäubendes Konzert. Der Bug steigt ruckartig an und zerrt den Anker endgültig aus dem Grund. Jetzt motore ich gegen den Wind. Ein paar hundert Meter – und wir sind aus der Bucht. ATLANTA fällt ab und legt sich gehörig aufs Ohr. Es steht zuviel Segelfläche. Aber wir müssen uns erst freikreuzen, bevor wir gefahrlos ablaufen können. Mein Gott, was steht hier draußen für ein Seegang! Böen reißen die Schaumkämme von den Wellen, in die ATLANTA ihre Nase steckt. Bis ins Cockpit schaufelt sie das Wasser und würfelt ihr ganzes Innenleben durcheinander. Alles, was nicht richtig verstaut ist, macht laut krachend auf sich aufmerksam.

Bäuchlings auf ihren Kojen liegend, feixen Tim und Benni herum, als ob sie eine Runde Karussell führen. „Yippieh!" Der Wasserkessel kann fliegen! Klirr, schepper... Was is'n das? Schwarze Körners! Ganz viele, zehnzigmillionenhundert..." Sie bejubeln die umherkullernden Pfefferkörner und raten, was wohl als nächstes durch die Kajüte katapultiert wird. Nicht zu fassen... Wenn ich doch in diesen Augenblicken nur ein Fünkchen ihrer Unbefangenheit, ihres festen Vertrauens haben könnte.

„Die Segel müssen runter, sonst fliegen sie uns gleich um die Ohren!" schreit Werner. Der heulende Wind zerreißt seine Worte. In mir wühlt sich eine bisher unbekannte, höllische Angst hoch. „Bleib hier!" flehe ich Werner an und packe seinen Arm. „Du kannst dich doch gar nicht an Deck halten – wenn dir was passiert..." schluchze ich völlig aufgelöst. Nackte Angst – Todesangst – jagt durch meinen Körper.

„Ich hänge am Gurt, mir passiert nichts. Aber du mußt dich jetzt zusammenreißen! Du mußt die Pinne übernehmen." Ohne auf meine Reaktion zu warten, rutscht der Skipper am Ruder vorbei, ergreift meine Hand und legt sie um die Pinne. Neptun läßt alle seine Kräfte spielen und spritzt mir kalte Duschen ins Gesicht. Krampfhaft halte ich das Ruder und mich fest. Werner kriecht durch ATLANTAs Schaufelwasser mühsam zum Mast; zieht sich daran hoch, sucht Halt. Er löst das Fall. ATLANTA reitet gegen den Wind. Ich bete... Das Großsegel saust herunter. Werner hängt halb über dem Baum, um das schlagende Tuch zu bändigen. Immer wieder fetzen es ihm grimmige Böen aus den Händen. Von unten mischt sich fröhliches Quietschen in das wütende Getöse. Gott sei Dank! Den Jungs geht's gut.

Endlich sind die letzten Zipfel des Segels festgezurrt. Da reißt eine überkommende See Werners Beine weg, er verliert die Balance, stürzt und rutscht auf Deck bis kurz vor die Reling. Ein heftiger Ruck bremst seine Schlidderpartie: Der Lifebelt hält ihn fest. Puuh! Ein wenig benommen, aber unversehrt krabbelt er auf allen Vieren ins Cockpit zurück. Geschafft.

„Du kannst abdrehen, aber bitte mit Gefühl", weist er mich an und nimmt mich in den Arm. „Hat doch prima geklappt, Kapitenöse. Wirst noch'n richtiger Seebär... Und gleich gibt's ein wohlverdientes Supergalasonntagsfrühstück, okay?"

Meine Angstkrämpfe lösen sich, mein Blut zirkuliert wieder. Abermals bewährt sich der forsche, tatkräftige Optimismus meiner besseren Hälfte als heilende Medizin.

Vor Topp und Takel geigt ATLANTA um die Nordostspitze Ibizas. Unter Landschutz motoren wir in die Cala San Vincente. Grauweiß weht das Oberflächenwasser über die Bucht, aber hier steht kein Seegang mehr. Trotzdem sprüht uns Gischt ins Gesicht. Böen reißen Wasserflagen aus der glatten Fläche und zerstäuben sie: ein sonderbares Schauspiel.

„Mutti! Gibt's endlich was zu essen? Gleich verhungert mein Magen!" krähen zwei Blondschöpfe in ATLANTAs Bauch, während sie in den Schapps nach Eßbarem wühlen. Inzwischen ist es fast Mittag, und das langersehnte und hart erkämpfte Frühstück wird ein großartiger Genuß. Wie anders verliefe ein Sonntagmorgen jetzt zu Hause! Langes Ausschlafen, trockene, aufgeräumte Wohnung, Schmusen mit den Kindern, lesen, Ruhe... Ich überlege, ob ich tauschen möchte. Nein, wahrscheinlich nicht. Zu Hause gäbe es zwar kaum Anstrengung und Anspannung, aber hier ist mein Leben. Ich fühle mich, als hätte ich es gerade neugeschenkt bekommen. Typische Seglerschizophrenie? Vielleicht. Meine Angst war unbegründet. Der immer noch heulende Wind weht sie mit sich fort. Es klart langsam auf.

Etwas ist mir durch die Sturmfahrt klar geworden: Mir fehlte noch das Vertrauen zur Stärke des Schiffes und zu mir selbst. ATLANTA hat ihre Schwerwettertauglichkeit bewiesen. Und ich habe meine Angst überwunden, die Situation gemeistert. Dieser ungemütliche Sonntagmorgen wird zum Schlüsselerlebnis. Wir haben uns aus der Falle befreit, liegen in Sicherheit in einer ruhigen Bucht und schmieden Pläne für die Weiterreise.

Land- und Seewidrigkeiten

Von Ibiza lernen wir nur kleine Ausschnitte kennen, weil ich für große Ausflüge zu sehr geschwächt bin. Seit Tagen quälen mich schlimme Magenkrämpfe und Durchfall. Ob ich etwas Unbekömmliches gegessen habe? Allmählich müssen sich doch Antikörper gegen Unsauberkeit in Eisbuden und ungewohnte Lebensmittel (insbesondere Öl) gebildet haben.

Der Griff in die Bordapotheke kuriert mich noch einmal ohne Arzt. Zu einer kurzen Genesungskur schippern wir acht Seemeilen weit zur Insel Espalmador. Leider trügt das malerische Bild der Ankerbucht, in der wir fast einsam liegen. Wir schwimmen erwartungsvoll zum Strand hinüber und erkennen enttäuscht den Grund für die Einsamkeit unseres Ankerplatzes: Dreck, Müll, Plastikberge, tennisballgroße Ölklumpen. Entsetzt schlängeln wir uns durch das Labyrinth von zertrümmerten Flaschen und Grillstellen bis zur kiefernbestandenen Anhöhe. Weit weg vom Strand wird es sauberer. Wann werden es die Menschen lernen, mit ihrem Abfall umzugehen, ohne die Natur zu ersticken? Die Verantwortung für das Entstehen der „Mülldeponie Espalmador" liegt eindeutig bei den Seglern und anderen Wassersportlern. Das ist die traurige, aber bittere Wahrheit. Sicherlich gehört die Abfallbeseitigung zu den täglichen Bordproblemen. Es dürfte aber nicht schwerfallen, den Bordmüll bis zur nächsten Deponie zu sammeln. Eine Mülltonne findet man im Mittelmeer auf den größeren Inseln und am Festland überall. Und wenn gar nichts anderes möglich ist, wäre ein Vergraben immer noch die bessere Lösung. Besonders die Segler sollten doch das

Kernstück des „grünen Gedankens“ mit an Bord nehmen und nicht an Land vergessen.

Hilflos gegenüber der totalen Verschandelung, verlassen wir schon am nächsten Tag dieses wehrlose Inselchen; denn es ist ein Ort, der meine Magenkrämpfe eher fördert, als sie auszumerzen.

Wir feiern Käptns Geburtstag im *high life* von San Antonio, wo sich auch etliche Langfahrtsegler treffen, und schippern danach ohne längere Landaufenthalte an der südspanischen Küste entlang. Unser Weg Richtung Gibraltar führt in kleinen Etappen immer gegenan. Es scheint, als käme der Wind im Mittelmeer für uns stets aus der falschen Richtung. Fast regelmäßig lockt uns morgens eine herrliche Ostbrise aus dem Hafen, und genauso regelmäßig verwandelt sie sich im Laufe des Tages in südliche, ab Garrucha in westliche Beauforts von 5 bis 7 und mehr – oder in eine Flaute. Eine goldenes „Mittelbeaufort“ aus passender Richtung stellt sich für uns nicht ein. So schieben wir denn auch die Probleme mit der Selbststeueranlage immer wieder auf die zu leichten oder zu starken Winde. Täglich ärgert sie uns bei endlosen Trimmversuchen. Meist funktioniert sie nur auf Kursen am Wind, ATLANTA läuft aber auch dabei häufig aus dem Ruder. „Die scheint ihren eigenen Dickschädel zu haben“, verzweifelt der Skipper. Betretene Mienen ringsum – schließlich ist er zuständig für die Lösung solcher verzwickten Probleme. Doch Tim beruhigt ihn: „Papi, laß mal, die ist eben wie Goofy. Aber irgendwann hat sogar der mal Glück. Dann macht er's auch ein bißchen richtig...“

Mickymaus-Geschichten gehören zur Lieblingslektüre unserer Kinder. Von morgens bis abends könnten wir ihnen aus diesen Heften vorlesen. Darum sind ihnen die Eigenarten bestimmter Charaktere sehr geläufig. Und Goofy ist nun mal die typische Figur, die immer versucht, ihr Bestes zu geben, ohne viel Erfolg dabei zu ernten. „Mensch, Kinder, der Name paßt haargenau!“ lacht Werner. „Ab sofort taufen wir unsere Aries Goofy. Hoffentlich verrät er mir nun bald sein Geheimnis; denn eigentlich müßte er schon ein bißchen mehr richtig machen.“

Und tatsächlich! Der arme, oft beschimpfte und verwünschte Goofy kann jeden Kurs mühelos steuern, wenn man nur seine Steuerleinen richtig über Kreuz trimmt... Zum Glück findet Werner sehr bald die Lösung des Rätsels. So ergeht es Autodidakten wohl häufiger: durch Fehler werden sie klug.

Goofy macht seine Sache jetzt hervorragend. Dennoch wird sein Name nicht geändert. Ebensowenig ändern sich die Windverhältnisse und Segelbedingungen: Kreuzen bei kabbeliger See, mal für ein Stündchen ein Glückspüster aus Ost; dann wieder Flaute oder knackige Siebenerbrise mit ungemütlichem Seegang gegenan.

So hangeln wir uns also vom 2. bis 21. Oktober 1982 etappenweise nach Gibraltar vor. Stippvisiten an Land, Arbeiten am Schiff und Segeltage lösen einander gleichmäßig ab: Altea – ein sehr alter Ort auf einem Berg, wo sich viele Künstler niedergelassen haben –, Alicante, Torrevieja, Cartagena – sehr geschichtsträchtig; interessantes Stadtbild durch die Castellos, die auf jedem Hügel stehen und ihre Gipfel einrahmen –, Aguilas, Garrucha – hier dreht sich alles um den Fischfang –, Almerimar, Motril, Málaga, Fuengirola und Estepona heißen unsere Zwischenaufenthalte. Tourismus, Bettenburgen und alte Ortskerne, denen noch typisch iberischer Lebensduft anhaftet, prägen das Bild der südspanischen Mittelmeerküste. Ursprüngliches versteckt sich allerdings häufig hinter der Kulisse des geldsegensreichen Fortschritts. Man muß Wege abseits des Bequemlichen beschreiten, um Spanien zu finden.

ATLANTA hingegen wird von der spanischen Realität in jeder Hafenecke und zu jeder Tages- und Nachtzeit eingeholt. Dumpfes Klopfen gegen die Bordwand schreckt uns in Almerimar um Mitternacht aus der Koje, gerade als wir einschlafen. Wir fühlen uns belästigt. Ungeduldig klopft es ein zweites Mal sehr herausfordernd. Werner rappelt sich auf und lugt auf den Steg. „*Buenas noches! La documentation, por favor*... Die Papiere, *Señor!*“ begrüßt ihn eine amtliche Stimme. „Mitten in der Nacht noch? Geht's nicht *mañana*?“ antwortet Werner müde. „*No, no, Señor, ahora!* (jetzt)“, beharrt der Beamte der Guardia Civil.

Mit süßsaurer Miene kramt der Skipper ATLANTAs Dokumententasche hervor und überreicht sie der spanischen Obrigkeit. Pingelig wird alles im Schein der Taschenlampe überprüft. „*Ahora, formulario!*“ grunzt der Staatsdiener militärisch und drückt Werner einen Stapel Formulare in die Hand; dessen süß-saure Miene beginnt zu gären. „Hier ist aber dreimal dasselbe. Kann ich Kohlepapier dazwischen...“ Er kommt nicht dazu, die Frage auszusprechen. „*No-no-no-no!*“ fuchtelt der Uniformierte wild mit den Händen, als er die schwarzen Blätter sieht. „Jedes einzeln?“ Werner kann nur mit Mühe Gelassenheit vortäuschen. Aber Sankt Bürokratius ist den Spaniern ohne Zweifel noch heiliger als den deutschen Beamten. Länge, Breite, Tiefgang, Gewicht und Besatzung des Schiffes werden für die Akten gefordert, alles schriftlich und in dreifacher Ausfertigung. Weitere Zahlen und Daten folgen auf anderen Formularen, in dreifacher Ausfertigung, um Mitternacht. Nicht einmal unsere viersprachig vorgefertigte Crewliste mit allen notwendigen Informationen und bordeigenem Stempel vermag es, die Formalitäten abzukürzen. Der Polizist bestaunt zwar die Genauigkeit der Liste, doch die Vorschrift (es muß sich dabei um ein höheres Wesen handeln) fordert Genauigkeit auf staatseigenen Papieren – auch um Mitternacht. Das Franco-Regime scheint in den Köpfen seiner Untertanen weiterzuspuken.

Ein Märchen aus Tausendundeiner Nacht? – Durch die Sierra Nevada zur Alhambra

In Motril trifft man auf eine erstaunliche Anzahl von Langfahrtseglern. Sie wollen ebenso wie wir nach Gibraltar und von dort aus weiter zu den Kanarischen Inseln. Vielleicht auch wir? Unbewußt werden wir Träger eines Bazillus, der hier beginnt, um sich zu greifen. Von Stunde zu Stunde breitet er sich immer hartnäckiger aus: die Atlantikepidemie grassiert im Hafen. Alle Gespräche beginnen und enden bei demselben Thema: Das Mittelmeer ist kein ausgesprochen gutes Segelrevier sondern eher eine Geduldsprobe. Gemeinsam warten wir hier in Motril alle auf Ostwind. Aber ein dickes Sturmtief über der Nordsee schickt uns seine Ausläufer mit starken Westwinden. Wir nutzen die Zeit, um ATLANTA zu verschönern – mit Rostkosmetik, Ganzdecksbemalung, etwa für den Atlantik? – und um neue spanische Eindrücke zu sammeln.

„Stop, Señor!" Eine Maschinenpistole hält uns auf, als wir das Hafengelände verlassen wollen. Die Kinder erschrecken. Der furchterregende Lauf senkt sich. Diesmal will uns die Guardia Civil in die Taschen sehen. Verständnislos lassen wir den neugierigen Mann zwischen Käsebroten, Äpfeln, Keksen und Fotoausrüstung wühlen. Er lächelt achselzuckend. Ist er nun enttäuscht, daß er nichts gefunden hat?

„Jetzt aber schnell! *Rapido, rapido!* Sonst fährt der Bus ohne uns", feuern wir uns gegenseitig an: „Doofer Soldat! Wollte der schießen?“ ächzt Tim. „Ach was, aber die ganze Guardia Civil müßte man auf den Mond schießen“, ärgert sich Werner. Einerseits wird man in spanischen Häfen ständig beobachtet und mit Papierkrieg belästigt, andererseits liegt man entsprechend sicher. Für Landausflüge kann man beruhigt das Schiff verlassen, immer mit der Gewißheit, daß bei der Rückkehr kein einziger Schäkel fehlt.

Gleichzeitig mit einem Bus biegen wir um die letzte Ecke vor der Haltestelle. Uns auf den Fersen trabt ein australisches Seglerpaar, das in den Sechzigern sein mag. Wo ist die Bushaltestelle? Ein Schild gibt es nicht. Eingeweihte kennen die Stelle, und der Bus hält vor Wartenden am Straßenrand. Stehend schaukeln wir durch die Straßen bis in die Ciudad von Motril. Knoblauchwolken durchziehen den Bus, Schulkinder, Marktfrauen mit Hühnergepäck, streng duftende Männer reden mit ausladender Gestik aufeinander ein. Südliches Temperament. Gibt es da einen Streit? Die Stimmen überschlagen sich, werden lauter, keifen. Auch Unbeteiligte hören hin. Aber nein, herzhaftes Gelächter löst das Stimmengewirr ab. Schade, daß unser „spanisches Ohr“ zu klein ist, um in solche Situationen hineinzuhören.

Endstation. Am Busbahnhof ist der Fahrkartenverkauf nach Granada eingestellt. Was nun? Eine Menschentraube wartet auf Einlaß in den Neun-Uhr-Bus. Alle haben Platzreservierungen, wir noch nicht. Aber wir haben Glück. Wie ein Marktschreier preist der Fahrer vier Plätze auf der Rückbank an, die freigeblieben sind. Merkwürdig. Niemand sonst will sie haben. Wir freuen uns, mitfahren zu können, und schlängeln uns durch den Mittelgang nach hinten. Es ist ein komfortabler Reisebus mit hohen, verstellbaren Rückenlehnen. Die Fahrgäste, bis auf uns alle Spanier, machen es sich bequem. Manche holen sich vom Fahrer Spucktüten. Komisch. Aber sie werden wohl wissen, warum.

Audrey und Fred, das australische Ehepaar winkt uns nach. Auch sie hätten im letzten Augenblick einsteigen können, denn zwei Plätze sind frei geblieben. Doch sie überlassen freundlich lächelnd zwei jungen Mädchen den Vortritt und rufen uns durch die Scheibe zu: „*See you later.* Wir haben Zeit. Wir kommen mit dem nächsten Bus um zwölf.“

Wir bewundern die heitere Gelassenheit der beiden. Wir wären sicherlich verärgert, wenn wir jetzt nicht hätten mitfahren können. Typisch deutsch? Oder liegt es an der Ruhe des Alters und an ihrer langjährigen, fahrtengereiften Gelassenheit? Seit fünf Jahren ziehen sie mit ihrer 8,60 Meter langen Sloop COORONG durch die Weltmeere.

„Mutti, Papi! Es geht los! Wir legen schon ab!“ haspeln Tim und Benni. Sie fahren für ihr Leben gern Bus und können es nicht verstehen, daß anderen Leuten diese Art des Reisens auf den Magen schlägt. „Kuck mal“, flüstert Tim. „Die Frau da vorne ist seekrank, die spuckt in so 'ne Tüte.“ Es muß an den heftigen Schlingerbewegungen des Busses liegen. Gleich zu Beginn quält er sich nämlich über endlose Serpentinen in die Sierra Nevada hinauf. Und der Fahrer behandelt seinen Bus und die Fahrgäste nicht gerade zimperlich. Er rast, als wolle er ins Guinness-Buch der Rekorde. Alles schaukelt: nach vorne, nach hinten, nach rechts und nach links. Alles federt auf und nieder: ein „Bus-Shake“. Auf der Rückbank rüttelt und schüttelt es natürlich am stärksten... *Darum* waren diese Plätze noch frei! Gut, daß unsere Crew, einschließlich Tim, mittlerweile seefest ist. Manchmal müssen wir uns sogar an den Haltegriffen festklammern, um nicht von den Plätzen geschleudert zu werden. Die Jungs knien, zwischen uns eingekeilt, auf den Sitzen und schauen aus dem Fenster.

In steile, karstige Berge eingebettet, grünen fruchtbare Täler. Orangen, Zitronen, sogar Bananen gedeihen hier. Weite Ebenen, steile Höhenzüge, Wasserfälle, dürre Landstreifen ziehen an uns vorbei, meist viel zu schnell. Ein Leihwagen wäre für uns vorteilhafter gewesen. Gern führen wir langsamer durch die grauschwarzen Felsschluchten, über denen weiße Gipfel leuchten. Wir möchten anhalten, eine bunte Eselkarawane bestaunen und vieles mehr.

Da rauscht der Bus in einem rasanten Schlenker haarscharf am nächsten Abgrund vorbei. Ängstlich krallen sich einige Kinder und Frauen in die Lehnen. Übler, säuerlicher Geruch verpestet die ohnehin stickige Luft. Ungerührt packt ein Mann seinen Proviantbeutel neben einem leichenblassen, jungen Mädchen aus.

Nach 70 Kilometern weichen die Felsschluchten Häuserschluchten. Apathische Fahrgäste erwachen zu neuem Leben. Sie räkeln sich und packen in ihren Tüten zusammen, was sie der Sierra Nevada geopfert haben. Gewohnheitsmäßig? Es scheint nichts Neues zu sein, gehört einfach dazu. Endlich rollt der Bus in Granada in die *estacion de autobusses*. Jetzt erscheint mir unser Reisebus gar nicht mehr so komfortabel wie zu Beginn der gut zweistündigen Tour.

Dann stehen wir in einem Gewimmel von Bussen und Reisenden. Hektische Wartehallenatmosphäre, Benzin- und Abgasgestank. Laut schreiend stürzen Kinder auf uns zu. Kinder in zerschlissener Kleidung, schmutzig von Kopf bis Fuß, spindeldürr, mit Hunger in den Augen. Sie halten die Hand auf und betteln uns an. Ratlos sehen wir uns dieser elenden Armut gegenüber. Eine grün-lila-orange berockte Frau, von einem schwarzen Kopftuch halb verhüllt, schlurft auf uns zu. Wimmernd hängt ein Baby auf ihrem Arm, und an ihrem Rockzipfel kleben zwei barfüßige Kleinkinder. *„Peso, Señor, peso, dinero, dinero, ha?"* krächzt sie heiser und blitzt Werner mit ihren dunklen Augen herausfordernd an. Ein paar Münzen wandern in ihren Geldbeutel, den sie flink wieder in der Bluse verschwinden läßt. Bevor wir weiter umzingelt werden, müssen wir hier raus! Helfen können wir diesen Menschen nicht. Unsere Gabe hilft ihnen nur heute weiter – und morgen? Vielleicht finden sie dann wieder jemanden, der Mitleid hat ... Doch es sind zu viele. Sie betteln sich durchs Leben und sorgen dabei für die nächste Generation, die in diesen fatalen Kreislauf hineinwächst.

Mit unseren Jungs fest an der Hand, drängeln wir uns in Richtung Ausgang. Die Frau verfolgt uns, einige Kinder ebenso. Vor der Tür drücke ich ihnen noch ein paar Pesos und eine Kekstüte in die Hand. Mir tun die unschuldig ins Elend hineingeborenen kleinen Wesen leid. Der Anblick belastet, macht beklommen ... Die Armut bleibt in der Halle zurück. Erdrückend. Männer mit Flaschen in der Hand oder am Mund torkeln benebelt hinein – in eine Wartehalle, wo das Warten ihr ganzes Leben lang dauert.

Draußen lauern Taxischlangen auf Kundschaft. „Zur Alhambra *quwanto kosta?*" fragt Werner in eine heruntergekurbelte Türscheibe. *„Dzwei undert peso* ... Sind deutsch? Steigen ein! Ich fahren", verspricht ein seehundsbärtiger Mann recht freundlich. „Okay, die Hinstrecke fahren wir", entscheidet Werner. „Sonst kommen wir schon fußkrank an."

Im Großstadtgetriebe Granadas erzählt uns unser Taxifahrer in gebrochenem Deutsch, daß er Stuttgart kennt, weil er kurze Zeit dort gearbeitet hat. Zwischendurch macht er uns auf sehenswerte Bauwerke und Plätze aufmerksam. Stolz wie ein siegreicher Torrero kutschiert er uns durch „seine" Stadt. Die Häuserreihen enden, eine schmale Straße führt durch parkähnliche Anlagen. Nach zwanzig Minuten erreichen wir die „Krone" Granadas, die Alhambra. Dort lassen wir die Realität hinter uns – Autoschlangen, Gehupe, Gedränge, Geschäftstreiben und Armut bleiben unten in der Stadt zurück. Vor uns erhebt sich eine Kombination aus Festung, Stadt und Palast. Die historische Vergangenheit wird hier zu neuem Leben erweckt. Ein klotziger, einfacher Renaissancebau, die Puerta de las Granadas (das Granatapfeltor) bietet nüchternen Einlaß in eine Zauberwelt. Über die Terrassengärten mit murmelnden Wasserspielen und paradiesischer Blütenpracht wandern wir in die maurische Blütezeit des 14. Jahrhunderts. In dem Netzwerk aus Palästen, Türmen, Höfen und Arkaden wird man zum Träumen angeregt. Jede Säule, jede Wand, jedes Stück Marmor wirkt mit seinen hochkünstlerischen Verzierungen zart und zerbrechlich. Mit primitiven Mitteln schufen unzählige Menschen ein monumentales Werk graziler Kunst ... Filigran in Marmor. Wir lassen unsere Finger über die Ziselierungen gleiten, um die unfaßbare Fülle, den unschätzbaren Reichtum zu begreifen. Kalt ist der Marmor, und angenehm kühl empfinden wir die schattenspendenden Arkaden. Hinter jeder Säule, an jedem Brunnen tauchen Bilder sinnenfrohen Lebens auf. Orientalische Märchen aus Tausendundeiner Nacht werden lebendig: Prinzessinnen und Haremsdamen schweben durch prunkvolle Gemächer. In hauchfeine Schleier gehüllte Bauchtänzerinnen schwingen ihre Hüften zur Unterhaltung eines Emirs und seines Gefolges. Wir glauben, das Glöckchengerassel zu hören, und fühlen uns wie in eine andere Welt gezaubert, eine Welt des großen Glanzes, der reichen Herrscher. Wir träumen ...

Auch die Kinder werden in der Alhambra zu phantasievollem Spiel angeregt. „Benni, du bist Ritter Kunibert ... Paß auf! Mach die Kanone klar! Die Piraten greifen an! Gebt Feuer!“ Donald Duck, Piratengeschichten und Märchen verschmelzen zum Abenteuer Alhambra. Sie mag in früheren Tagen in der Tat oft abenteuerliche Szenen erlebt haben: Kampf, Eroberung, Räuber- und Bettlerbesetzung, das Wüten napoleonischer Truppen. Heute wird sie als Kunstwerk geschützt, restauriert und gepflegt, zur Bewunderung ihrer Besucher. Und unsere Bewunderung bleibt letztlich sprachlos, fast ehrfürchtig. Jedes Fenster, jeder Erker oder Bogen gibt den Blick frei auf eine einzigartige Landschaft: im Hintergrund schneebedeckte Gipfel und zu unseren Füßen das weite Tal, in dem das Häusermeer Granadas zerfließt.

„Hello, here we are!“ erschallt es plötzlich im Prinzessinnenturm, der gerade meine Gedanken gefangenhält. Fred und Audrey holen uns in die Wirklichkeit zurück. Sie erzählen von ihrer aufregenden Busfahrt und daß sie in Granada übernachten wollen. „Wir haben Zeit und Zahnbürste immer mit im Gepäck“, lacht Fred mit jungenhaftem Erlebnisdrang. Wird einem so viel Vitalität in späteren Jahren einfach geschenkt, oder trägt man überwiegend selbst dazu bei? Fred meint: „Du mußt das Geschenk nur nicht achtlos in eine Ecke legen, sondern es rechtzeitig auspacken und seinen Wert achten. Das Meer, das Leben mit der Natur und der ständige Wechsel der Eindrücke schenken mir

jeden Tag neue Kraft. Das Ziepen hier und das Wehwehchen da, *die* pack' ich ein und schmeiße sie über Bord. Müde werde ich noch früh genug, wenn ich alt bin. Aber noch haben wir keine Zeit zum Altwerden . . ."

Ich denke lange über diese Antwort nach. Sollte unsere Reise nicht doch über den Atlantik weitergehen? Neuen Zielen entgegen?

Am späten Nachmittag machen wir uns zu Fuß auf den Rückweg zur Busstation. Gemächlich schlendern wir durch die Cuesta de Gomerez, eine Künstlerstraße. Schmale Lädchen und winzige Werkstätten reihen sich hier aneinander. In manchen wird der übliche Touristenschnickschnack verkauft, anderswo widmet man sich mit Akribie seiner Herstellung. Gitarrenbauer und Intarsienkünstler arbeiten im Freien oder in kleinen Hinterzimmern. Sie lassen sich bei der Arbeit auf die Finger sehen und sind freundlich, lassen ihre Werke bewundern und natürlich auch kaufen. Bei Antonio Gonzales Ramos bleibt mein Blick an einem phantasievoll gestalteten Schachtisch hängen. In ihm spiegelt sich die reiche Ornamentik der Wandmosaike der Alhambra (etwa im Erker der Lindaraja). Hingerissen mustere ich jedes Detail und würde ihn am liebsten . . . „Nein, Smutje, es geht nicht. Sei nicht enttäuscht", flüstert mir Werner von hinten zu.

„Kannst du etwa Gedanken lesen? Woher weißt du . . ."

„Kunststück! Deine Blicke haben das Schmuckstück schon an Bord gehievt und verstaut. Aber, sei vernünftig. ATLANTA ist kein Frachter. Wir werden jeden Winkel für Proviant brauchen."

Es fällt mir schwer, vernünftig zu sein. Aber wo der Skipper recht hat, da gibt es mit zugekniffenem Auge höchstens einen kleinen Kompromiß. Ich möchte später wenigstens ein paar Erinnerungen befühlen können, um zu begreifen, daß unsere Reise nicht nur ein Traum war.

Antonio schielt uns aus dem Augenwinkel an und schmunzelt. Dann zeigt und erklärt er uns die vielen Arbeitsgänge, in denen eine Intarsie entsteht. *„Muchas gracias, Antonio! Adiós!"* verabschieden wir uns mit dem Kompromiß unterm Arm: ein Tablett und ein zierliches Kästchen – prachtvolle Schmuckstücke!

Adiós, Granada! Wir haben so viel von dir gesehen und doch noch so wenig. Aber um überall alles in sich aufzunehmen, würde ein Menschenleben nicht ausreichen. Darum genießen wir *jetzt* unvergeßliche Kostproben.

„Gib“ – ein Treffpunkt von Kosmopoliten?

Delphine und kleine Wale füllen das Meer mit Leben, Wesen, die ihre Bahnen durch die Weltmeere ziehen . . . Kosmopoliten. Immer häufiger begegnen wir ihnen. Sie begleiten ATLANTA auf dem mühsamen Weg nach Gibraltar. Wind und See richten sich gegen uns, besonders auf den letzten Etappen. Strom setzt aus der Straße von Gibraltar seit Motril gegenan. Es bildet sich Seegang, der mit der Windstärke überhaupt nicht in Einklang zu bringen ist. Zusätzlich bauen Gezeitenströme schäumende Barrieren von meist 800 Meter Länge auf. Auch bei Flaute richtet sich urplötzlich steiler Seegang auf. Und weiß leuchtend warnen uns Schaumkronen, den kabbeligen Flutgürteln näherzukommen. Manchmal wird ATLANTA einfach umschlungen und mit Gischt eingedeckt, dann zwängt sie sich reichlich bockig aus dieser lästigen Umklammerung.

Delphine! Da spritzen sie wieder durch das glatte Wasser am Rumpf unseres Schiffes. Mit akrobatischer Wendigkeit springen sie ihre Bögen durch die Luft und tauchen blitzschnell vor dem Bug ein. „Flippi, komm her! Spring noch mal!“ kreischen Tim und Ben über die Reling. Aufgeregt turnen sie kreuz und quer über Deck und hängen sich in den Bugkorb, um das Spiel ihrer Freunde besser beobachten zu können. Verspielt sausen zwanzig, dreißig quirlige Leiber schillernd durch das Wasser und bringen es zum Brodeln. Kaum können Worte dieses einmalige Schauspiel beschreiben. Es ist viel zu elegant, gewandt, kraftvoll – eben hautnah lebendig.

Eine Stunde später verschwindet die Delphinschule in der Weite des Meeres und hinterläßt traurige Stille. „Warum bleiben meine Flippis nicht hier?“ fragt Benjamin. „Ja, wenigstens einer oder zwei . . .“ stimmt Tim verständnislos zu. Wie andere Kinder an Land sich einen Hund als Spielgefährten wünschen, so liebäugeln ATLANTAs Leichtmatrosen jetzt mit einem liebenswerten Vertreter des nassen Elements.

„Delphine schwimmen immer zusammen in einer großen Familie“, versuche ich zu erklären. „Einer allein würde sich bestimmt einsam fühlen. Bis auf ein paar Ausnahmen natürlich. Und sie haben irgendein Ziel, vielleicht eine besondere Stelle im Meer, wo sie ihre Babys bekommen. Aber sonst sind sie immer auf Wanderschaft ... Eigentlich leben wir im Augenblick ein bißchen wie diese Tiere. Wir sind ständig zusammen und unterwegs."

Benni protestiert: „Flippis sind keine Tiere! Haste nich' gehört? Die ha'm eben gesingt und gesprecht!"

Tims Augen leuchten. „Mutti! Und wo kriegen *wir* ein Baby?"

Funkstille ...

Der Skipper kann sein herzhaftes Lachen nicht unterdrücken. Irgendwie hat mein Vergleich zum Schluß wohl gehinkt ...

Trotzdem versteht meine Räuberbande nun, daß wir keinen Borddelphin anheuern können.

„Gib", der Affenfelsen, taucht schemenhaft aus herbstlichem Dunst auf. Gibraltar ist nicht irgendein Kap. Es ist der „Grenzstein" zwischen Mittelmeer und Atlantik. Für uns endet hier der zweite Teil unserer Reise. Wie wird sie weitergehen? Zurück ins Mittelmeer? Oder wird „Gib" für uns zum Kap der Entscheidung werden ... Vielleicht zum *point of no return?*

Zwei Strich an Backbord neben dem klotzigen, kegelförmigen Felsen erscheint ein zweiter Buckel – Afrika! Wir sind glücklich und fasziniert, schon so weit gesegelt zu sein. Na ja, um ehrlich zu sein, hielt sich die Segelei bisher in bescheidenen Grenzen. Oft mußte der Motor nachhelfen. Das Mittelmeer offenbart seine Reize wohl eher beim Lust- und Badesegeln, ein paar Stunden, ein paar Meilen lang. Eine launische, durchwachsene Großwetterlage hängt sich an unseren Kurs wie eine Entenmuschel an ATLANTAs Bauch. Beides läßt sich nicht verhindern.

Überall schwört man, daß es der ungewöhnlichste und schlechteste Herbst seit Jahren sei. Umspringende Winde – von SW 6 bis 7 nach W bis NW 6 und mehr – haben uns oft innerhalb einer Stunde zumindest abwechslungsreiche Segelmanöver beschert, ergänzt durch Flauten mit Regen. „Nein, so ein verrücktes Wetter hat es hier noch nie gegeben!" Sollen wir diesen Spruch glauben? Das Wettergeschehen läßt sich eben doch nicht – oder nicht mehr? – in statistische Tabellen pressen. Wir erwischen jedenfalls außergewöhnlich häufig die „seltenen" Zwei-Prozent-Fälle der Pilot Charts. Auch unsere letzten Meilen im Mittelmeer passen in dieses Bild. Schließlich motort ATLANTA bei Flaute und kabbeliger See um den Great Europe Point, einen kleinen, weiß-rot gestreiften Leuchtturm, in die neue Marina neben der Flughafenlandebahn von Gibraltar. Nach erstaunlich unkomplizierten Einklarierungsformalitäten bei königlich-britischen Beamten reihen wir uns in den bunten Reigen der Yachten aus aller Herren Länder ein. Eine große, vielsprachige Familie, aus einer Vielfalt von Individualisten und Mitläufern zusammengefügt, versammelt sich in „Gib". Obwohl jeder hier seine eigene Weltanschauung hat, mit unterschiedlichen Motiven sein bewegtes Leben auf dem Wasser begründet, fühlen sich fast alle als Kosmopoliten, schwärmen fast alle über den Atlantik aus. Eben noch begleitete uns eine Delphinschule ... jetzt befinden wir uns im Pulk einer „Yachtie-Schule" ...

„Keep smiling" ...

Inder, Schwarzafrikaner, vornehm blasse Engländer, Spanier, Franzosen, Mischlinge – ein bunter Menschencocktail bevölkert die Main Street von Gibraltar. Es sind Geschäftsleute, Vagabunden, Hausfrauen, Kinder, Kneipiers, Punker-Hippie-Verschnitte – und wir.

Langsam ziehen wir mitten durch das vielfältige Treiben. Gitarre klampfend hocken junge Leute in Fransenjeans und Afro-Look an einer Straßenecke. Ihre Blicke verlieren sich – irgendwo. Ein käsigbrauner „Gib-Inder" wechselt an einem zur Straße hin offenen Schalter unser Geld in Pfund und Pence. Straße für Straße, Haus für Haus fragen wir uns durch zum Royal Gibraltar Yacht Club. An einer Uferstraße, eingekeilt zwischen Lagerschuppen und Schiffen, auf einem tristen, schmuddeligen Hafengelände, finden wir ein altehrwürdiges, noch schmuckes britisches Klubhaus. Auf unser zaghaftes Klingeln öffnet eine blasse Lady. Werner stellt ihr ATLANTAs Crew vor und fragt nach zwei Päckchen, die für uns hierher geschickt werden sollten.

„Tut mir leid, aber Paketpost für durchreisende Segler nehmen wir nicht mehr an, weil so vieles nie abgeholt worden ist. *Sorry.* Aber lassen Sie mich nachsehen, ich glaube, es sind Briefe für Sie da." In ihrem englisch strengen, eleganten Kostüm stolziert sie majestätisch von dannen – und läßt uns für eine Weile in den Räumen der Vergangenheit zurück. Blankpoliert strahlen dunkle Mahagonimöbel Noblesse und Erhabenheit aus. Die Vergangenheit scheint noch gegenwärtig zu sein, man will sie hier offenbar festhalten. Ein Gästebuch kündet von hoheitlichem Besuch in glanzvollen Tagen. „Wir sind stolz darauf, die Tradition erhalten zu haben, und pflegen das Andenken an die gute alte Seefahrt", sagt die Lady in unser ehrfürchtiges Schweigen hinein. Sie erzählt von aktiver Jugendarbeit im althergebrachten Sinne, von königlichem Besuch und Admiralitäten. „*Sorry,* aber mit Briefen und Paketen kann ich Ihnen nicht dienen", beendet sie ihren aufschlußreichen Monolog. So wird unsere Suche nach der ersehnten Post stattdessen zur kleinen Bildungsreise.

Erst am nächsten Morgen erfahren wir im Postamt, daß alle postlagernden Sendungen beim Waterport Parcel Service am Queensway gesammelt werden. Also marschieren wir hoffnungsvoll zum Hafengelände und finden tatsächlich einen Schuppen und ein Zollbüro. Dort aber wächst sich unser kleines Anliegen zu verzwicktem Bürokratismus aus. Unzählige Male erklären wir unzähligen Beamten, wer wir sind, woher wir kommen, wonach wir suchen und wohin wir wollen. Jeder hört äußerst gespannt zu – und schickt uns dann zu einem zuständigen Kollegen. Der „Zuständigste" nickt wissend und verständnisvoll, verschwindet zwischen paketbeladenen Regalen und zaubert – o Wunder – zwei gelbe Kartons mit vertrauten Handschriften hervor. Die Pässe händigt uns der gewissenhafte Beamte sofort wieder aus, unsere Päckchen aber noch lange nicht. Es fehlen die Zollerklärungen, die wir normalerweise per Brief erhalten haben müßten. Haben wir aber nicht – wie auch? Also setzt sich das Formalitätenkarussell erneut in Bewegung. Jeder der vernehmenden Zoll- und Postbeamten kennt unsere Geschichte bereits, wiederholt trotzdem das Verhör und läßt uns Vordrucke ausfüllen. Ich denke an Fred und Audrey. *„Keep smiling!"* Geduld und Gelassenheit braucht man in solchen Situationen pfundweise. Innerlich haareraufend, äußerlich freundlich lächelnd, lassen wir alle bürokratischen Schikanen über uns ergehen.

„Können wir jetzt . . .?"

„No, Sir!" wird Werner energisch unterbrochen. „So ohne weiteres geht das nicht! Ein Zollbeamter muß Sie zu Ihrem Boot begleiten. Das ist Vorschrift. Es muß sichergestellt sein, daß die Pakete an Bord gebracht werden. Und der Inhalt muß natürlich überprüft werden. Auch Vorschrift. *That's it.*"

Leider sind gerade alle zuständigen Zöllner unabkömmlich. Unser Lächeln verfinstert sich allmählich.

„Okay, okay!" Ein mitleidiger Entscheidungsbefugter hat einen Gedankenblitz. „Nehmen Sie alles mit und gehen Sie sofort zum Schiff. Aber ohne Umwege! Ich schicke gleich jemanden."

Geduldig warten wir geschlagene drei Stunden auf diesen Jemand. Nichts geschieht. Kein Zollbeamter ist weit und breit in Sicht. Kurz vor

Dienstschluß stehen wir wieder höflich nachfragend im Waterport. Zuerst will sich niemand an uns erinnern, dann meldet sich lachend ein Beamter: „Haben Sie die Päckchen etwa immer noch nicht aufgemacht? Unglaublich! *Sorry,* das war wohl ein Mißverständnis. Es ist alles okay. Packen Sie aus. Kontrolle ist nicht nötig. Wir haben gleich Feierabend."

Uns fehlen die Worte. Aber wir lächeln . . .

„Sailing is sacrifice" – aber wir segeln weiter

„Hallo, Mutti! Hier ist Gaby. Kannst du mich verstehen?" . . . „Ja, Gaby. Mädchen, wo seid ihr? Wie geht's euch? Vati, komm schnell! Die Kinder sind dran!" . . . Es knackt und piept in der Leitung, aber ich versuche es weiter: „Wir sind auf Gibraltar. Euer Päckchen haben wir bekommen. Auch das von Werners Eltern mit dem Petro-Brenner und dem nautischen Jahrbuch." . . . „Gaby, segelt nicht weiter! Nicht auf den Atlantik!" Die Stimme meiner Mutter zittert beschwörend. „Denk an Tim und Benjamin. Das könnt ihr doch den Kindern nicht zumuten!" . . . „Doch, Mutti. Den Kindern geht's prima! Wir segeln weiter. Morgen schon. Im Mittelmeer wird's im Winter zu kalt." . . . „Ja, aber . . ." „Wir haben alles gut überlegt. Erst mal geht's bis zu den Kanarischen Inseln." . . . „Ja, aber bloß nicht weiter. Nicht über den Atlantik! Hoffentlich passiert euch nichts!" . . . „Macht euch keine Sorgen. Wir melden uns von Lanzarote wieder . . ."

Nach dem ersten Drei-Minuten-Takt wird das Gespräch unterbrochen. Beim Auflegen des Hörers denke ich, daß es eigentlich auch nichts mehr zu sagen gibt.

Nun ist es heraus. Morgen geht's vielleicht los – zum ersten Mal auf den Atlantik. Muten wir den Kindern wirklich zuviel zu? Wir werden es erst wissen, wenn wir in Lanzarote angekommen sind.

Proviant zu astronomischen Preisen wird an Bord geschafft, weil wir Ceutas ölverschmierten Hafen (angeblich spanischer Billigprovianthafen an der afrikanischen Mittelmeerküste) nicht anlaufen wollen.

„Sailing is sacrifice – but it is life (Segeln bedeutet Verzicht – aber es ist Leben" (Fred Green))

Allmählich läßt der unverdrossen starke Westwind nach. Der alles durchschaukelnde Schwell im Hafen beruhigt sich. Ein ungemütliches Tief zieht ab, hinterläßt aber eine Abkühlung auf 18 Grad Celsius (nachts nur 10 Grad – lausig kalt!).

„Morgen gibt's Ostwind. Morgen *müßt* ihr raus!" ruft Fred, auf ATLANTAs Bugreling balancierend zu mir ins Cockpit. Werner hört diese Meldung vor dem Motor hockend und vergißt augenblicklich seinen schweißtreibenden Ärger über die wie üblich nicht ganz problemlosen Wartungsarbeiten.

„Kommt nachher zu einer Abschiedsfeier zu uns an Bord", lädt uns Audrey ein.

Ein paar Stunden später sitzen wir in der recht winzigen Kajüte der COORONG. Bis in den allerletzten Winkel, auch unter dem Tisch und neben dem Niedergang, ist Proviant gestaut. „Eigentlich sind wir fertig zum Auslaufen." Fred deutet auf Kisten und Kasten. „Wir müssen nur noch auf ein paar Ersatzteile warten. Aber *ihr* solltet die Chance nutzen."

Ostwind gilt für jeden Absprung in den Atlantik als Geschenk des Himmels. Schon viele Segler scheiterten in der Meerenge von Gibraltar an den widrigen Verhältnissen von Strom und Wind. Darum sollten wir den gutgemeinten Rat annehmen, obwohl wir uns den Affenfelsen gerne noch näher angesehen hätten.

„Es ist diesmal nicht so wichtig für euch. Ihr seid jung und könnt Gib noch mal sehen", meint Fred. „Der Atlantik wird für euch ein viel größeres Erlebnis sein. Macht *jetzt* den Sprung! Ohne Wenn und Aber. Ihr werdet das Segeln auf dem Ozean lieben. Und erst das Ankommen ..."

Audrey unterbricht Freds Schwärmereien. „Du hast recht, mein Lieber. Auch wenn's am Anfang ein paar Opfer erfordert. Es ist einfach phantastisch. Eine erlebenswerte Erfahrung. Man hackt nicht so durchs Wasser wie im Mittelmeer. Das Boot segelt, es rauscht, es gleitet, es schleicht durch große, weite Täler und über hohe Berge. Man reist durch 'ne richtige Landschaft. Und ..."

„Mutti, ich muß mal", lenkt Benni uns ab.

„Aber du warst doch gerade erst!?" frage ich erstaunt zurück.

Audrey lacht: „Es scheint ein Ritual zu sein. Fast alle Kinder müssen zuerst die Toilette inspizieren, wenn sie auf anderen Schiffen zu Besuch sind. Ich hab' schon darauf gewartet. Laß nur, Benjamin, ich zeig's dir."

Während dessen toben Fred und Tim miteinander.

„Das hört sich ja alles ganz prima an; ob's aber auch so sein wird?" Ich stupse Werner an.

„Ich weiß nicht... Aber es klingt sehr verlockend. Laß es uns probieren. Ich möcht's selbst erleben."

Lange klönen wir noch über die Heimat der beiden Australier, knabbern „Yacht-Curries" (Gemüsereste vom Mittagessen, in Teig mit Curry-Würzmischung gewälzt und fritiert), spielen mit den Kindern und philosophieren über den Sinn und Unsinn des Bordlebens.

„Ihr habt zu Hause eure gesicherte Existenz aufgegeben, euer Haus verkauft, eure Freunde zurückgelassen und eure Kinder... Warum? Vermißt ihr das nicht?" möchte ich wissen.

„Alles nicht", erklärt Fred nachdenklich. „Aber eins sehr: unsere Kinder und unsere Freunde. In den fünf Jahren unserer Reise haben wir gelernt: *Sailing is beautiful, sailing is life, but sailing is sacrifice.* Wir haben die gute alte Erde gesehen, unseren Horizont erweitert und mehr Zeit füreinander gefunden. Aber es war nie möglich, Freundschaften zu anderen Menschen wachsen zu lassen, sie zu pflegen. Beziehungen können jetzt zwar so intensiv sein, wie man es sonst kaum kennt, aber sie sind immer viel zu kurz."

„Morgen müssen wir uns auch von euch trennen. Wir sind traurig darüber. Daß Segeln auch Verzicht bedeutet, spüren wir in letzter Zeit immer deutlicher. Muß wohl 'ne Alterserscheinung sein", fügt Audrey hinzu und zeigt uns ein Album mit Fotos ihrer Kinder und ihres jüngsten Enkels, den sie nur per Bild kennen und aus Erzählungen von Segelfreunden. Klick. „Da kommt ihr nun auch hinein; dann können wir euch nach Australien mitnehmen..."

Kleine Statistik zum zweiten Teil der Reise
77 Fahrttage, davon 39 Hafen- bzw. Ankertage

Zurückgelegte Strecke

insgesamt:	895 Seemeilen
davon unter Motor:	627 Seemeilen (70%)
davon unter Segeln:	268 Seemeilen (30%)

Zeitablauf

10. August bis 28. August 1982:	südfranzösische und südspanische Mittelmeerküste bis Blanes
29. August bis 1. Oktober 1982:	Balearen: Mallorca, Ibiza, Espalmador
2. Oktober bis 20. Oktober 1982:	Altea bis Gibraltar
21. Oktober bis 24. Oktober 1982:	Aufenthalt in Gibraltar

DER REISE DRITTER TEIL

Gibraltar – Lanzarote – Gran Canaria

Odyssee in Nebel, Flaute und Sturm

Montag, 25. Oktober 1982: Nun soll es also wirklich weitergehen, hinaus auf den Atlantik. Was das bedeutet, was uns dort erwartet, können wir nur ahnen. Da helfen auch keine Beschreibungen und keine Schwärmereien anderer Segler, die ohnehin recht schwammig bleiben. Präzision wäre dabei genauso unmöglich wie der Versuch, einem anderen den Geschmack eines besonderen Gerichts zu erklären. Es sagt sich so einfach dahin: Wir segeln zu den Kanarischen Inseln. Das ist der meistgehörte Seglerspruch in Gibraltar. Aber 650 Seemeilen bis Lanzarote, auf einem unbekannten Revier, wollen von einer unbedarften Familiencrew erst einmal bewältigt sein. Ein Kinderspiel? Nichts Besonderes mehr? Wir werden diese geringschätzigen Behauptungen segelnd überprüfen.

Erwartungsvolle Aufregung, leicht mulmige Gefühle prägen die Stimmung auf ATLANTA. Wird alles gutgehen?

Der Wetterbericht verkündet ein Hoch südwestlich von Portugal. Bis Mittag sind die Reisevorbereitungen getroffen: Wasser gebunkert, Liegegebühren bezahlt, für die letzten englischen Pfunde Obst, Gemüse und Kekse gekauft; der Abschied von COORONG (liebe Menschen – ob wir sie jemals wiedersehen?) fällt uns nicht leicht.

„Komm an Bord! Mach die Leinen los! Sonst verabschiedet sich der Ostwind gleich auch noch“, drängt Werner. Die Kinder holen die Fender ein und winken Audrey und Fred. Sonnenschein und Ostwind Stärke 4, was wollen wir mehr? Gib wandert achteraus. Verschwimmt.

ATLANTA rauscht mit sieben Knoten unter zwei Boostern als Passatsegeln vor dem Wind durch die Straße von Gibraltar. Aber sie rauscht langsam, macht wenig Fahrt über Grund. Erst kurz nach 20.00 Uhr ist Hochwasser, also läuft die Strömung gegenan. Tim und Benni reißen an den Schoten, kurbeln an den Winschen. Sie wollen beim Segelwechsel helfen. Der auffrischende Wind bläht die Booster, als wolle er sie platzen lassen wie Luftballons. Zwei normale Focks ersetzen sie bald. Die Abenddämmerung taucht Afrika und Spanien in rötliche Schleier. Nachtkühle kriecht in die Hosenbeine. Bereitwillig kuscheln sich unsere eifrigen Helfer in ihre molligen Kojen. Werner und ich verpacken uns in dicke Socken und Thermojacken. Lebhafter Schiffsverkehr, Hunderte von Lichtern ringsum und Segelmanöver lassen vorerst keinen Wachwechsel zu. Wie durch eine Düse wird unser Boot in die erste Nacht auf dem Atlantik hinausgepustet. Gegen Mitternacht haben wir endlich das Verkehrstrennungsgebiet passiert und den nordwestlichen Zipfel Marokkos – Cabo Espartel – erreicht. Der Wind wird schwächer. Freies Wasser liegt vor uns – pechschwarz. Der Lichterreigen zahlreicher Dickschiffe tanzt in der Straße hinter uns auf und ab.

Müde, mit brennenden Augen, verhole ich mich in die Koje, aber von Schlaf kann keine Rede sein. „Goofy" steuert Kurs Südwest. Werner kontrolliert ihn und behält ausschwärmende Fischerboote im Auge. „Auf Goofy kannst du dich jetzt hundertprozentig verlassen, er macht seine Sache prima. Ausguck reicht", flüstert er mir bei der Wachablösung zu.

„Warum sprichst du so leise? Hier drin platscht und knackt's sowieso, aber die Jungs schlafen wie die Murmeltiere. Da kann man richtig neidisch werden."

Dienstag, 26. Oktober 1982: Grauschleirig quillt die Morgendämmerung herauf. Ein winziger Hauch atmet mühsam einen schlaffen Bauch in die Segel. Mit brennenden Augen suche ich den Horizont, den eine mächtige Westdünung verdeckt. Respektvoll beobachten wir die majestätischen Auf- und Abwärtsbewegungen.

„Mein Gott – hast du dir die Wellen so riesenhoch und lang vorgestellt?" frage ich in die fassungslose Stille hinein. Keine Antwort, nur abschätzende Rundumblicke des Skippers. „Nein, so was kann man sich kaum vorstellen, schon gar nicht bei so wenig Wind", räumt er schließlich ein. Wir reisen tatsächlich durch eine gigantische Wasserlandschaft: Berge und Täler – unendlich lang, unendlich breit, unendlich erhaben.

„Wir sind noch nicht weit genug draußen. Hier baut sich wohl diese riesige Grunddünung auf, weil die Wassertiefe noch so gering ist", erklärt der Skipper schließlich recht nüchtern den ersten imposanten Eindruck vom Atlantik. „Guck mal auf die Karte."

„Ja, es stimmt, wir haben nur etwa 60 Meter Wasser unterm Kiel", bestätige ich aus der Geborgenheit der Kajüte. Der kleine, enge Raum ist ein wohltuender Kontrast zur endlosen Weite ringsum.

Tim und Benjamin begrüßen den neuen Tag in dieser unbekannten Welt putzmunter und fidel. Das gleichmäßige Schlingern des Schiffes in der hohen Dünung stört ihr Gleichgewicht nicht im geringsten. Sie nehmen zwar die mächtige Weite des Ozeans zur Kenntnis, zeigen jedoch erst in dem Augenblick intensive Emotionen, als das Meer lebendig wird. Pfeifend schießen Delphine aus dem Wasser und geben uns eine übermütige Vorstellung. Ihre Wendigkeit verscheucht mit einem Flossenschlag das Gefühl der Einsamkeit. Später gesellt sich noch ein winziges Federknäuel zu uns, ein lerchenähnliches Vögelchen; es hüpft mit letzter Kraft auf die Sprayhood, ruckt mit dem Kopf panikartig hin und her, um dann schlagartig in sich zusammenzusakken.

„Is' der Piepmatz jetz' gesterbt?" zetert Benni.

„Nein, er atmet. Also lebt er noch", kann ich die Kinder beruhigen.

„O ja, da! Er macht die Augen wieder auf", quietschen beide Jungs durcheinander. Besorgt krümeln sie dem erschöpften Gast ein paar Brotbröckchen vor den Schnabel und stellen ein Wasserschälchen hin. Schneller als gedacht verstreicht die Erholungspause, und – schwupp – breitet das Federknäuel die zarten Flügel mit neuer Kraft aus, um auf seinem eigenen Kurs davonzufliegen. Hoffentlich vernavigiert es sich nicht!

Die Nachtwachen im Zwei-Stunden-Rhythmus beginnen wir müde, weil es tagsüber keine ausgleichenden Schlafphasen gegeben hat. Es war zu lebhaft, zu neu, zu phantastisch, um Ruhe zu finden.

Mittwoch, 27. Oktober 1982: „Mensch! Verflixt!" flucht Werner beim Auswerten der Standlinie. „Die liegen zu weit auseinander. Das gibt's doch gar nicht!" Verärgert rauft er sich die Haare und rechnet ein zweites und drittes Mal – mit demselben Ergebnis. Lange diskutieren wir über mögliche Fehlerquellen, zumal es vorher nie Probleme gegeben hat. Ist es die extrem hohe Dünung, die beim Schießen der Sonne immer noch einen Wellenberg vor den Horizont hebt? Oder liegt es an der schlechten Sicht überhaupt? Die Sonne war, durch Wolken verdeckt, nur als verschwommenes Scheibchen zu erkennen. Vorerst bleibt die Lösung des Rätsels ungewiß. Ich bin zuversichtlich, daß morgen alles besser klappen wird; doch Werner fühlt sich ein wenig verunsichert.

Von unseren Überlegungen angeregt, navigieren die Kinder fleißig mit. Tim malt seine eigene „Seekarte“, perfekt mit Längen- und Breitenlinien, und schreibt *seine* „Koppelnavigation“ darauf. Und unser Kleinster kopiert mit persönlichen Variationen alles, was sein großer Bruder fabriziert. So basteln sie sich ihre Welt auf See zurecht und kommen in jeder Beziehung gut klar. Ich freue mich über die Harmonie, sie schenkt mir viel Zuversicht für unser schwankendes Dasein.

Donnerstag, 28. Oktober 1982: Der Ozean will wohl testen, wie es bei uns mit einer der wichtigsten Tugenden und Voraussetzungen für unser derzeitiges Leben bestellt ist: der Geduld. Er läßt uns auf Wind warten, anscheinend endlos.

Während der ganzen Flautennacht lärmt das rollende Boot in der Dunkelheit: Flapp, flapp, krach! Lustlos schlagen die Segel zu den Bewegungen der toten Dünung einen nervenzermürbenden Takt. Werner setzt das Groß als Stützsegel, was zumindest etwas Halbschlaf zuläßt. Flapp ... flapp ... Wenn sich nicht das Scheppern losgerüttelter Töpfe oder das Klappern anderer bewegungsfreudiger Teile dazwischengedrängt hätte, wäre es sogar ein einschläfender Takt gewesen.

Im Gegensatz zu uns müden Wachgängern sprühen die beiden ausgeruhten Freiwächter tagsüber vor Temperament. Tim entdeckt eine neue Leidenschaft. Er komponiert stundenlang Mundharmonikakonzerte. Mit Instrument und Papier verkrümelt er sich in eine Ecke des Cockpits. Dort pustet er lustige und traurige Töne in die Luft, malt Notenlinien und schreibt Lieder hinein: „Lieber, lieber Rasmus – tralala –, schick ein bißchen Wind zu uns ... Es muß ja gar nicht viel sein ... Mutti, haste gehört, das klingt sich!“ ruft er, von seinem Werk begeistert.

„Meins is' ganz zerschmottet“, trauert Benjamin kurze Zeit später über einem Bild, das seiner Meinung nach mißlungen ist. Eifrig bemalt er reihenweise Blatt um Blatt, um ein Bilderbuch daraus zusammenzustellen.

Beide Jungs spielen mit uns oder allein, malen, „lesen“, basteln, haben ständig neue Ideen, sind ununterbrochen aktiv. Wie häufig auf den sonst kurzen Törns bleibt bislang sogar die Frage aus: „Wann sind wir endlich im Hafen?“ Wir gewöhnen uns recht gut an die kleine Welt in der rollenden Weite, haben sehr viel Zeit füreinander und miteinander und fühlen uns wohl.

Freitag, 29. Oktober 1982: Casablanca – am späten Nachmittag stehen wir vor der afrikanischen Küste, wo sich die mächtige Dünung schwerfällig krachend bricht. Casablanca und Mohammedia dehnen sich entlang der Küste als zusammengewachsene Silhouette. Hochhäuser, gigantische Fabrikanlagen, Raffinerien reihen sich aneinander, in eine allesumfassende, grau-gelb-blaue Dunstglocke gehüllt. Von Öl überzogene, schillernde Wasserflächen weisen uns den Weg zum Hafen. Doch wir wollen nicht einlaufen. Wir haben diesen Landfall nur gemacht, um endlich unsere Navigation zu überprüfen. Ja, die Sonne läßt sich im Atlantik eben nicht so einfach auf die Kimm setzen. Dazu gehört neben theoretischem Wissen auch Fingerspitzengefühl und der ausgefeilte Sextantenblick, der bei extremen Bedingungen viel Übung erfordert. Da nutzen unsere positiven Erfahrungen mit richtigen Messungen im Mittelmeer überhaupt nichts.

Umlaufende, schwache Winde haben uns seit dem ersten Tag auf dem Atlantik südwestwärts eher treiben als segeln lassen. Geduldig haben wir Tag für Tag vergeblich auf Wind gewartet, ohne den Motor zu benützen. Wieder einmal müssen wir ein Ausnahmewetter erwischt haben. Nur 3% Windstille sind hier normalerweise verzeichnet. Und ausgerechnet die lasten auf uns. So laufen wir in den Abendstunden ganz gegen unseren Vorsatz unter Maschine seewärts, um wieder freies Wasser zu gewinnen.

Samstag, 30. Oktober 1982: „Pah! 650 Meilen bis Lanzarote sind 'n Klacks. Die schafft ihr spielend in einer Woche", versicherten in Gibraltar großtuerisch „erfahrene" Seebären. Schön wär's, wenn man alles glauben könnte, was Insider so überzeugt von sich geben. Es mag ja im Normalfall auch stimmen; ATLANTA jedoch wird von der Ausnahme begleitet. Es soll uns eine Lehre sein: Will man segelnd ein Ziel erreichen, darf man auf keinen Fall mit festen Reisezeiten und Ankunftsterminen rechnen. Wind und Wetter lassen sich eben nicht vorherbestimmen. Jede Planung bleibt Spekulation.

ATLANTAs Etmale halten sich in äußerst bescheidenen Grenzen: 55, 16, 40, 25, 16 Seemeilen . . . Wie gut, daß die Strömung mitschiebt. Sie versetzt uns mit etwa 0,5 bis 0,8 Knoten süd- bis südwestwärts. Also immerhin auch bei Flaute ein paar Meilen!

Doch trotz der guten Stimmung an Bord sollte es nicht unbedingt in 20-Meilen Schritten weitergehen. Auf dieses Schneckentempo haben wir den Proviant nicht abgestimmt, zumindest nicht die Frischvorräte. Darum hilft der Jockel, wenigstens ein paar Meilen gegen die Flaute gutzumachen.

Werner liest den Jungs die spannenden Abenteuer des Käpt'n

Konny vor und findet ein begeistertes Echo. Ich stehe an der Pinne, höre mit einem Ohr den Geschichten zu und glaube, an der schlierig schwankenden Kimm Land zu erkennen. Aber da kann kein Land sein! Lichtreflexe zaubern die Illusion von Landmassen auf das Wasser – eine richtige Fata Morgana.

„Äeii! Hallo!" erschreckt mich ein plötzlicher Schrei aus dem Nichts. Ungefähr zweihundert Meter an Backbord hebt eine Welle eine offene, schwimmende Nußschale in Hörweite. Ein Wellental verschluckt sie sofort wieder. Ein winziges Fischerboot so weit draußen, 10 Meilen von Land entfernt? Ist meine Phantasie durch die Abenteuerstories überdreht?

„Äeiih! *Avez-vous des cigarettes* ..." kreischt die Stimme wieder, und das Bötchen wird von einem überdimensionalen Außenborder auf uns zugedroschen. Zwei dunkle Gestalten gestikulieren wild und reiten rasant näher. Schon längst steht Werner neben mir im Cockpit und versucht, sie zu taxieren.

„Die wollen was tauschen. Sieht aus wie ein Hummer."

„Ja, ich glaube, der eine schreit was von Zigaretten ..."

„Haben wir noch welche?" (Zum Verschenken oder Tauschen hatten wir stets einen kleinen Zigarettenvorrat an Bord.)

„Klar. Soll ich sie holen?"

„Halt! Warte mal! Der eine geht irgendwie auf Tauchstation. Merkwürdig ..."

„Was meinst du, sind die nicht echt?"

„Weiß nicht. Der versteckt seine Hände jetzt unter einer Decke ..."

„Mensch, die sind gleich da, was sollen wir tun?"

Aufdringlich und unheimlich umkreisen die Männer unser Boot. Einer steuert und winkt mit einem prächtigen Hummer. Der andere hockt mit versteckten Händen auf den Bodenbrettern und brüllt: *„Cigarette, cigarette!"* Auf mich wirken beide angsteinflößend, als wären sie zu allem fähig. Zitternd schiebe ich Werner die Signalpistole hin. Neugierig springen unsere Blondschöpfe ins Cockpit, bevor ich sie zurückhalten kann. Eilig fliegen Wortfetzen zwischen den grimmigen Fremden hin und her. Als Werner ablehnend winkt, reagieren sie wütend, fuchteln mit den Armen, schimpfen, schreien ... *Merde!* Eine Hand bleibt unter der Decke.

ATLANTA macht einen Satz nach vorn, gerade als das Bötchen längsseits gehen will. Mit voller Kraft läßt Werner sie seewärts dampfen. Die winzige Nußschale mit dem schweren Außenborder bleibt zurück, wird von den Wellen verschluckt, verschwindet im Nichts.

Gespannt suche ich die blauschwarz wogenden Wasserberge ab. Keine Fata Morgana. Kein Boot. Wir sind wieder allein. Und trotzdem sitzt mir noch lange ein bleiernes Gefühl im Nacken. Was waren das für Menschen? Wollten sie wirklich nur ihren Hummer gegen Zigaretten tauschen? Oder verbarg der mit den unsichtbaren Händen eine Waffe? Sind wir durch Überfallgeschichten aus dem Mittelmeer und der Karibik übertrieben mißtrauisch geworden? Wir diskutieren über die mysteriöse Begebenheit und kommen dabei zu dem Ergebnis: Auf See müssen wir bei jeder Begegnung mißtrauisch bleiben, denn wir sind hier vogelfrei. Und wir lieben unser Leben und sind auch verantwortlich für das unserer Kinder.

Am Abend schweigt die Maschine – und der Wind auch. Wie kann man diesen Hauch von Brise nur am besten ausnützen? – Segelwechsel – Ausprobieren – Ruderwachen. Erschöpft und durchfroren beobachte ich um sechs Uhr morgens, wie der Vollmond beginnt, sich auf die Kimm zu senken – bleischwer im Zwielicht. Dann erlöst Werner mich. Schnatternd krieche ich in die vorgewärmte, nach Schlaf und Ruhe duftende Koje. Ist das eine Wohltat! Augenblicklich falle ich in traumlosen Schlaf.

Sonntag, 31. Oktober 1982: Die See hält immer neue Überraschungen für uns bereit. In den zunächst heiteren Vormittagsstunden wachsen über dem Wasser kleine Dunstfladen empor. Und wie in einer Hexenküche umwallt uns plötzlich dicke Nebelsuppe. Angestrengt lauschen wir in die weiche, weiße Undurchdringlichkeit. Ein Dickschiff tutet in einiger Entfernung. Es scheint ATLANTA auf seinem Radar zu peilen. Mit dem Nebelhorn signalisieren wir unser winziges Dasein. Die Antwort kommt tief brummend und beruhigt ein wenig.

„Papi, warum is' jetz' alles so vernebelt?“ fragt Tim.

„Tja, ich versteh's eigentlich auch nicht. Aber vielleicht wollen Rasmus und Neptun sich vor euch Seeräubern verstecken. Heut' ist nämlich Sonntag, und sie sehen nicht gerade hübsch aus, eher scheußlich und furchterregend. Sie wollen euch eben nicht erschrecken ...“

Die Jungs bekommen große Augen, denn sie lieben Überraschungen und spannende Geschichten. Also glauben sie das Seemannsgarn, mit dem wir der faden Nebelsuppe ein wenig Geschmack abgewinnen wollen. Schon in Spanien habe ich ein paar Kleinigkeiten gekauft und gut versteckt, um sie auf See als Abwechslung hervorzuholen. Es gibt immer mal tote Punkte, die durch kleine Überraschungen schnell überwunden werden können.

„Is' Rasmus wie Nikolaus? Bringt der uns Geschenke?“ fragt sich Tim.

„Juhuuuu! Tim, komm schnell! Ich hab' was gefindet – der Augustin war da!“ jubelt Benni im Cockpit. Tim saust nach oben. „Papi-Mutti-Papi! Bei der Pinne liegt ’n kleines Päckchen mit so glitzrigen Fäden dran!“

Unsere Leichtmatrosen machen Freudensprünge und tanzen mit Indianergeheul in die Kajüte.

„Da drin rappelt’s! Dürfen wir das auspacken?“ fragt Tim skeptisch, während Benni schon ungeduldig am Papier zerrt.

„Na klar. Eine Seeschlange wird schon nicht drin sein“, ermuntere ich die Kinder. Vor Aufregung merken sie überhaupt nicht, daß das Geschenk aus Neptuns nassem Reich knochentrocken ist. Zum Vorschein kommen zwei süße Kleinigkeiten – Raritäten auf See – und ein magnetisches Würfelspiel. Überglücklich würfeln Tim und Ben um die Wette, genießen die Naschereien und probieren das Spiel auch gemeinsam mit uns. Ihre Begeisterungsfähigkeit zaubert strahlende Orientierungspunkte in den Nebel. Werner dankt Neptun für die Sonntagsüberraschung mit einem zeremoniellen Schluck Bier, den er außenbords in die Fluten spritzen läßt. Das scheint auch Freund Rasmus zu schmecken; denn plötzlich kräuselt sich die Wasseroberfläche, und wie von Geisterhand wird der Nebelvorhang beiseitegeschoben. Windstärke 4 aus Nord! Jetzt sind zur Abwechslung Werner und ich ganz aus dem Häuschen vor Freude. *Endlich!* Rasch werden beide Booster ausgebaumt, und ab geht die Post!

Glücklich ungläubig schauen wir zu, wie ATLANTA aus ihrem Flautenschlummer erwacht und durchs Wasser pflügt. Zur Krönung gibt es Kaffee und Kuchen. Herrliches Segeln! Eine Stunde, zwei Stunden ... Sieben Uhr, aus der Traum! Nebelschwaden ziehen auf, der Wind verhaucht. Wir müssen die Segel bergen. Mein Gott! Ich merke, wie müde ich bin ... Wie soll das nur weitergehen?

1. bis 3. November 1982: Sehr nebelnasse, anstrengende Wachen, Schlafmangel, geisterhafte Schiffsbegegnungen und anhaltendes Flautentreiben loten unsere Kräfte aus. Weil wir uns vorgenommen haben, auf dem Atlantik zu segeln, nicht zu motoren, driften wir auf einem unbeabsichtigten Kurs, viel zu nahe an der afrikanischen Küste.

Zwischen Nebelschleiern und Sonnenlöchern kann Werner am Montag ein paar Sonnenhöhen nehmen, und die Standlinien stimmen mit dem gegißten Ort überein. Seine Navigation klappt jetzt problemlos, wenn nicht dichter Nebel die Sonne versteckt.

Am Mittwoch stehen wir gegen 20.00 Uhr etwa sieben Meilen querab von Cap Sim. Dieser Standort ist das Ergebnis einer mühseligen Navigationsmethode mit Reihenlotung, denn undurchdringliche

Watte verhüllte alle anderen Möglichkeiten. Vom Koppelort aus motorten wir in Richtung Kap, denn genau auf dieser Linie mußte ein Flach mit Wassertiefen zwischen 40 und 60 Metern liegen. Nach jeder halben Fahrtstunde loteten wir die Tiefe aus. Aber nicht mit dem Echolot, nein, das hatte ja schon längst den Dienst quittiert. Die Angel mit schwerem Bleigewicht übernahm seine Aufgabe mit großem Erfolg: Hinein mit dem Gewicht, und Rolle abspulen lassen. Tack – Grundberührung! Per Körpermaß (von der rechten Schulter bis zu den Fingern des linken ausgestreckten Arms) wurde die ausgerauschte Angelschnur jedesmal abgemetert. 54, 55, 60 Meter. Kein Zweifel. Nach der sechsten Messung fanden wir den Schiffsort bestätigt. Weit und breit gab es nur dieses eine Flach mit diesen Wassertiefen.

Nun drehen wir auf Südwestkurs, Richtung Lanzarote. Goofy steuert 240 Grad, zuerst bei Flaute motorend, weil wir die Hoffnung auf Wind allmählich aufgeben. Doch dann erbarmt sich ein leichter Nord und treibt uns in die milchige Nacht. Nur dick eingemummelt in Faserpelz, Pullover, Ölhose, Thermojacke, Handschuhe und Wollmütze lassen sich die kalten Wachen aushalten. Nebelfeuchtigkeit perlt aus den Maschen der Mütze auf meine Nase. Hoppla! War ich eben eingenickt? Sofort scheucht mich ein innerer Befehl von der Cockpitbank in die Senkrechte: „Es ist deine Wache! Paß auf! Siehst du irgendwo Lichter?"

Meine Augen brennen. Trübes Grau überzieht teilweise die schwarzen Wellenberge, eine optische Täuschung, die mir ein ständiges Bergaufsteigen vorgaukelt. Entsetzliche Müdigkeit zittert wie Schüttelfrost im Körper. Zwei bis drei Stunden Schlaf, verteilt auf 24 Stunden (mehr bekamen wir in den letzten Tagen nicht zusammen), reichen eben nicht aus.

„Nur noch eine halbe Stunde, gleich löst Werner mich ab... Gleich... Nur noch eine halbe Stunde... Lichter voraus – weg sind sie wieder – ein Diesel brummt, hämmert näher – da! Das Licht schimmert trübe jetzt an Backbord... Nicht schon wieder! Ich bin zu müde... Dreh doch endlich ab, du blöder Trawler..."

Ein dunkler Schatten zeichnet sich in der nächtlichen Milchsuppe ab. Er wird achteraus verschluckt. Jede Nacht geistern marokkanische Fischer, ab und zu auch Dickschiffe, um uns herum. Hoffentlich sind wir bald allein auf dem Wasser, denke ich zermürbt. Hoffentlich kann man bald wieder sehen... Und hoffentlich hört diese endlose Flautentreiberei auf!"

Donnerstag, 4. November 1982: Meine Hoffnungen erfüllen sich unerwartet schnell. Schon in den frühen Morgenstunden blubbert das Wasser nicht mehr träge gegen ATLANTAs Bauch, sondern plätschert munter daran entlang. Herrlich! Wir haben Wind! Wenn er sich mit seinen zwei bis drei zarten Beauforts aus Nord bloß nicht gleich wieder verkrümelt! Aber ATLANTA läuft, wenn auch langsam. Es geht endlich weiter...

Es muß auch weitergehen, sonst kommen wir mit unserem Proviant in arge Bedrängnis. Die Frischvorräte gehen zur Neige. Der Käsenotstand ist bereits ausgebrochen. Wir haben uns mit der Reisedauer eben vollkommen verschätzt. Aber so lernen wir den Wert der Lebensmittel und des Süßwassers erst richtig schätzen. Jeder Krümel wird gegessen, jeder Schluck bewußt getrunken. Wie anders geht man zu Hause damit um...

„Trotzdem, das geht mir zuweit! Igitt!" protestiere ich beim ersten Knäckebrotfrühstück und werfe angewidert eine Brotscheibe über Bord.

„Was hast du?" will die erstaunte Mannschaft wissen.

„Habt ihr das nicht gesehen? Im Brot krabbelt's! Da kommen Maden raus! Pfui Teufel!"

„Wo? Zeig mal! Gib her, ich will die Käfers auch mal sehn!" Benni grabscht gierig nach der Knäckebrotschachtel. Sorgfältig inspizieren wir Scheibe für Scheibe und finden in fast jedem Stück lebendes Inventar, winzige Kostgänger.

„Wir können das unmöglich alles wegwerfen", entscheidet der Skipper mit betretener Miene. „Die nächste Packung ist auch schon befallen. Backen können wir nicht, und das Frischbrot ist verbraucht. Also denkt mal an die alten Tage der christlichen Seefahrt..."

„Du meinst allen Ernstes, wir sollen..."

„*Klopfen!* Du hast's erfaßt. Wir sollen nicht, wir müssen das bewegte Innenleben herausklopfen, wenn wir's nicht mitessen wollen."

Appetitlos gehe ich mit einem Brettchen und dem Brot ins Cockpit und bearbeite unser Frühstück. Komisch, die Kinder scheint das nicht anzuekeln, denke ich, als Tim ruft: „Mutti, komm runter! Wir haben Hunger. Ich hab' schon ein Brot für dich durchgeklopft und geschmiert."

„Ach ja?" Eigentlich ist mir der Appetit vergangen. Oh, die alten Freuden der Seefahrt... Nie hätte ich es für möglich gehalten, daß sie mir heute noch so lebendig begegnen würden...

Werner nimmt mit dem Sextant die Mittagsbreite. Im nächsten Augenblick hält er abrupt inne und ruft eine neue Entdeckung aus: „Ein Wal! Eine Fontäne – riesenhoch!"

Zu dritt stürzen wir ins Cockpit. Zweihundert Meter an Backbord liegt ein schwarzer, ungestümer Berg, atmet und speit Wasser in die Luft. Schläft er? Was sollen wir tun? Gelesen haben wir über Wale und ihre Begegnungen mit Schiffen schon viel, aber in natura stehen wir diesem gigantischen Exemplar zunächst verunsichert gegenüber. Da setzen sich plötzlich tonnenschwere Massen in Bewegung – auf ATLANTA zu. Überrascht legt Werner die Kamera weg und ändert den Kurs. Aber wohin? Die mächtige Schwanzflosse schwingt in einer Drehung – noch in beruhigender Entfernung – hoch über die Wasseroberfläche und taucht spritzend ein. Wieder wälzt sich der Koloß weich in die nächste Welle, wieder in unsere Richtung. Unbefangen staunen die Jungs. Eher ängstlich beeindruckt von der unfaßbaren Größe (mehr als zweifache Schiffslänge), sitze ich stocksteif auf der Cockpitbank. Werners Mimik kann ich nicht deuten. „Wo bleibt er denn? Warum taucht er nicht mehr auf?“ fragt er mit leicht nervösem Unterton. Jetzt habe ich das Gefühl, jeden Moment abzuheben. Aber es geschieht nichts. Nur die Wellen tragen uns auf einen Wasserberg und lassen uns wieder ins Tal gleiten. Der Wal bleibt in der Tiefe. „Schade, daß ich ihn nicht besser filmen konnte“, erklärt der Skipper sachlich. Aber mein Herz klopft noch lange.

Freitag, 5. November 1982, 30°32′ Nord/11°35′ West: Es ist, als ob einem Blinden das Augenlicht geschenkt würde: Endlich weht der leichte Nordwind die letzten hauchfeinen Nebelvorhänge auseinander. Nach einer Woche hochgradiger Kurzsichtigkeit wird die Sicht wieder klar. Strahlend wärmt uns die Sonne und saugt die letzten Nebelperlen aus den dicken Wollsachen. Da übersehen wir großzügig, daß wohl zum hundertsten Male totale Flaute eintritt. Zufrieden meldet der Navigator ATLANTAs Position. Noch 90 Seemeilen bis Lanzarote. Die gute Laune an Bord überstrahlt auch die Zirren, die das wolkenlose Blau des Himmels zerschneiden.

Die Kinder sind dauernd beschäftigt. Sie verarbeiten viele Eindrücke mit Papier und Buntstiften, wobei erstaunliche Bilder entstehen. Sie spielen und hantieren ohne Pause und helfen ganz selbstverständlich mit, wo sie nur können. Bennis Lieblingsbeschäftigung ist der Abwasch, wobei er nach Herzenslust in den ins Cockpit gestellten Pützen mit dem Geschirr planscht. Tim dagegen kurbelt lieber an den Winschen und freut sich über jedes Segelmanöver. Keinen Handgriff darf ich dann beitragen, das würde seine Manneskraft beleidigen. Stolz zeigt er mir beim Segelwechsel sein Können: „Na, Muttichen? Du kannst ruhig weiterlesen. Papi und ich machen das schon ...“

Oft bin ich verwundert über den auffällig veränderten Wortschatz der Jungs. Da kann der eine Wortwechsel ganz kindgemäß verlaufen, während die nächste Äußerung das tatsächliche Alter weit übersteigt. Ist es nur altklug, als Tim beispielsweise beim Betrachten des Mondes durch das Fernglas beeindruckt meint: „Mensch, ist das enorm, was das Fernglas dem Auge alles näherbringt!“ Es ist mehr; seine Äußerung spiegelt in erster Linie das reiche Erleben, wobei der ständige Kontakt mit uns der Auslöser ist. Ein Wort fehlt allerdings im Sprachschatz unserer Kinder, worüber wir sogar glücklich sind: Langeweile. Sie kommt gar nicht erst auf. Niemand fragt: „Wann sind wir endlich da?“ Das Leben an Bord ist für uns zum zeitlosen Zusammensein geworden, ohne Langeweile, ohne Zwistigkeiten. Wir fühlen uns ganz einfach wohl.

Was bedeutet da schon das Fallen des Barometers? Wir ignorieren es heute . . .

In den späten Abendstunden regt sich ein Lüftchen, das schnell zur handigen Brise heranwächst und zunehmend stärker wird: Richtung Südwest, uns genau auf die Nase. Wir philosophieren über die extreme Häufigkeit der Gegenwinde auf unserer bisherigen Reise. Sollen sie uns eine Warnung sein, nicht weiterzusegeln? Alberne, abergläubische Gedanken! Das Wetter kann man doch wahrhaftig nicht persönlich nehmen. Immerhin macht ATLANTA endlich Fahrt.

Um 23.00 Uhr wird es Zeit, ein Reff einzudrehen. Südwest Stärke 7. Nur drei Prozent der Winde hier werden in den Pilot Charts für November mit Südwest ausgewiesen, und sollen maximal Windstärke 4 erreichen. Doch nun zerrt es schon mit 7 Beaufort am Block der Fockschot.

Samstag/Sonntag – 6./7. November 1982: Da haben wir nun so oft über Flauten gejammert und uns nach Wind gesehnt, daß Rasmus sich endlich aufrafft. Aber was sollen wir mit diesem ruppigen Südwester? Er bedeutet unzählige Segelwechsel. Immer noch ist die Fock zu groß. Ins Großsegel muß ein weiteres Reff. ATLANTA liegt schließlich gut und ruhig, aber viel zu träge. Sie quält sich über eine holprige Chaussee: Windsee aus Südwest, dazu lange, hohe Standarddünung aus Nordwest und Strömung in Richtung Südwest – und das nur 70 Meilen vor Lanzarote.

Rumpelnder Seegang und Krängung machen das Vorschiff unbewohnbar. Ich quartiere die Kinder in die Backbordhundekoje um – Fuß an Fuß –, das paßt gerade noch. Sie blättern in Bilderbüchern. Draußen wird aus dem anfänglichen Singen des Windes ein an den Nerven zerrendes Kreischen. Aber hier gibt es zu dieser Jahreszeit doch keinen Sturm, oder? Unsichere Blicke prallen auf die schwarze Wand der Nacht. Wo bleibt der Mond? Kein Schimmer. Pechschwarze Dunkelheit deckt alles zu. Darunter brodelt das Meer. Wind- und Seegeräusche verstärken sich in unserer Blindheit unheimlich. Ungemütlich. ATLANTA wird geschüttelt.

„Jetzt reicht's! Laß uns beidrehen", entscheidet Werner. Das Großsegel, dreifach gerefft, holt er ganz dicht. Vertrauensvoll überlassen wir Goofy die Pinne. Und er meistert seine Aufgabe hervorragend. Hoch am Wind steuert er die Wellenberge hinauf und bringt wieder mehr Ruhe ins Schiff. Dabei schlummern die Kinder selig. Ach, wenn ich doch auch einmal wieder so herrlich entspannt schlafen könnte ...

„Komm mal eben raus!" Werner holt mich aus der Koje. „Entschuldige, Smutje, aber ich brauche deine Hilfe. Der Anker schlägt so komisch, ich muß nach vorn, nachseh'n."

„Schon gut, ich hab' ja nur geträumt, daß ich schlafe ..." Brummend schlüpfe ich in warme Sachen und Sicherheitsgurt. Im Schneckentempo kriechen wir zum Bug. Gischt weht übers Deck. Brrr, ist der salzig! Er beißt in den Augen, Wind peitscht ins Gesicht. Im Schein der Decksbeleuchtung wuchtet Werner den Anker aus seiner Halterung, die sich irgendwie gelockert hat. Gischtflagen überfallen uns. Wir zurren mit klammen Fingern die schwere Pflugschar an Deck fest.

Wieder in der warmen, trockenen Koje, denke ich an den Sturm auf Ibiza und bin fest entschlossen, der Situation diesmal ruhiger entgegenzusehen. So schlimm wird es schon nicht werden ... Aber es pfeift, platscht und rauscht viel zu laut, als daß ich Ruhe finden könnte.

Sonntag: „Eins – zwei – drei – krachbumm! Wenn du dich nicht duckst, wirste bei die nächste Welle naß!" triumphiert Benni und wirft sich über mich in die Mittschiffskoje. „Da! Paß auf! Gleich geht's los!" kommt Tim dazugeschossen. Ich rapple mich aus dem Halbschlaf hoch und begreife das Spielchen. Es gilt den heranrollenden Wellen. Gespannt, aber unerschrocken stehen die kleinen Rabauken auf den Kojenpolstern, klammern sich an den Handläufen fest, kommentieren die Schiffsbewegungen wie den Verlauf eines Rennens und wetten, ob sich der nächste Wellenkamm unmittelbar neben ATLANTA bricht und an die Scheiben klatscht. Wer sich nicht rechtzeitig duckt, hat verloren.

Zwei- bis dreimal muß ich mir noch die Augen reiben, um zu begreifen, welches Ausmaß das wilde Wellenspiel inzwischen angenommen hat. Wir kriegen – verflixt noch mal! – nun doch einen Südweststurm auf den Pelz, den es laut Pilot Charts eigentlich gar nicht geben darf.

Wirr kreuzen sich die Seen aus drei Richtungen, prallen aufeinander, brechen sich. Bei einer Breite von etwa 300 Metern schätzen wir die Standarddünung aus Nordwest auf eine Höhe von 8 bis 10 Metern. Die Windsee aus Südwest türmt sich mit fünf Metern dagegen, und die Strömung kabbelt dazwischen. Welch gigantische Gewalten! Der Himmel ist blankgefegt, und der Sonne gelingt es, den Sturm schönzufärben. Sie durchstrahlt die brechenden Wassermassen, verwandelt sie in transparentes Grün und läßt die Schaumstreifen höhnisch glitzern, bevor sie der Wind zornig zerreißt.

Ich denke an Ibiza ... Wird es so schlimm werden? Ich habe meine Wette verloren, denn dieser Sturm entfaltet viel größere Kräfte. Aber etwas habe ich gewonnen: Selbstvertrauen. Vielleicht bewirkt der Sonnenschein meine optimistische Einstellung, eine kuriose Kraft, die auch das Gemüt der Menschen erwärmt.

Werner versucht, die Sonne zu schießen und keilt sich in der Luke des Achterschiffs mit der Hüfte fest. Ich kniee unter ihm und halte seine Beine. Im Fernrohr des Sextanten wird die Sonne zu einem springenden, tanzenden Punkt, der sich kaum einfangen läßt. Es vergeht eine halbe Stunde, bis eine brauchbare Messung zustandekommt. Gischt weht den Sextanten ein, nun muß er sorgfältig mit Süßwasser gereinigt werden. Dann versuchen wir's mit der Mittagsreite. Achtung, eine Welle – runter mit dem wertvollen Stück, aber bloß nicht fallen lassen. Luk zu, platsch! Das war knapp! Luk wieder auf, Kopf raus, Sextant raus und pendeln ... Trimm-dich an Bord. Zur Belohnung gibt es einen exakten Standort.

Obwohl ATLANTA immer wieder ruhig und gleichmäßig die Wasserberge erklettert, fallen ihr hinterhältige Querschläger ins Genick oder vor den Bug. Die Bewegungen werden unberechenbar. Normales Leben ist nicht mehr möglich, kaum ein Schritt ohne Anstrengung. Alles schleicht im Kriechgang. Hält man sich nicht richtig fest, wird man unversehens in eine Ecke geschleudert. Das kostet Kraft und verpaßt blaue Flecken. Sitzend, besser noch liegend ist es am einfachsten. Und zum Essen versammeln wir uns auf dem Boden, weil der Tisch wie ein bockiger Esel sowieso alles abwirft. Dabei packt uns im ersten Moment die Wut, aber im zweiten schmieden wir Pläne für unser Traumschiff, das auch bei Schwerwetter menschenwürdigere Lebensbedingungen bieten würde.

Tim und der Skipper werden zeitweise ein wenig blaß um die Nase. Aber bis zur Seekrankheit läßt sich keiner hinreißen.

Die erstaunliche Zufriedenheit der Kinder wirkt äußerst beruhigend auf mich. Und die Ruhe der Eltern wiederum motiviert sie zur Gelassenheit und zum weitgehend normalen Spiel, soweit die Schaukelei das zuläßt. Dieses „Psycho-Pingpong“ schmettert fast jeden negativen Gedanken nieder und läßt Angst diesmal gar nicht erst aufkommen.

Für ein aufregendes Intermezzo sorgt am späten Nachmittag die Begegnung mit einem Trawler, der sich mühsam durch die tobende See kämpft. 300 Meter backbord reitet er in wilden Bocksprüngen durch schäumende Gischt. Wassermonster verschlingen ihn mitsamt Rumpf und Aufbauten. Wo bleibt er nur? Wir suchen ... Nichts ... Sekunden vergehen wie Minuten ... Er muß doch endlich auftauchen! – Da! Die See spuckt ihn wieder aus, beutelt ihn; sein Kurs führt dicht an uns vorbei.

Rot leuchtend zieht die untergehende Sonne ihre Furchen in die Wellentäler und durchglüht die Gipfel der Wellenberge. In der Dämmerung brüllt Rasmus mit gut neun Windstärken auf und zerwühlt das Meer mit harten Böenhieben. Einige Seen brechen und schießen wie Breitseiten quer über das Schiff. Wir nähern uns der Grenze des Beidrehens und hoffen, daß die Kraft dieses Sturms nicht noch größer wird.

Erschöpft ruhen wir uns unter Deck aus, liegen, dösen, nicken ein – taumeln wieder zum Ausguck ins Cockpit und bleiben schließlich liegen. Ein Schiff wäre ohnehin nicht auszumachen. Die Wellen verschlucken alles.

Die Kinder schlafen friedlich.

Um Mitternacht hört der Spuk auf. In der Takelage läßt das Kreischen nach und stimmt tiefere Tonlagen an. Kann es morgen endlich weitergehen? Endgültig Richtung Lanzarote? Mir kommt diese Fahrt allmählich vor wie eine Odyssee ...

Ein Ohr entspannt sich, das andere bleibt auf Empfang, scheint mir. Entwickeln Segler auf Langfahrt im Lauf der Zeit eine spezifische Anatomie? Wie heißt es so schön? Eine Hand fürs Schiff, die andere für dich selbst. Zur Vervollständigung müßte ergänzt werden: ein Ohr horcht an der Matratze, das andere ist auf Horchstation nach ungewohnten Geräuschen. Die Augen sind selbstverständlich überall. Außerdem entwickelt sich ein siebter Sinn für die Wehwehchen der Maschine und Fingerspitzengefühl fürs Wetter ... Und wie wär's mit autogenem Training zur Entspannung? Bei diesem Gedanken falle ich in ohnmachtsähnlichen Schlaf. Manchmal brechen eben alle Kräfte und Fähigkeiten zusammen ...

Montag, 8. November 1982, 29°05′ Nord/12°16′ West: Das ist unsere

Position vom Sonntag. Von ihr müssen wir ausgehen, den Kurs auf Lanzarote absetzen; denn Wolken verhindern heute jede Standortbestimmung. Rückseitenwetter mit 3 bis 5 Beaufort aus Nordwest bis Nord mit Schauern ermöglicht es immerhin, direkten Kurs anzuliegen. Aber ist es wirklich der richtige Kurs? Waren die Messungen unter den gestrigen unberechenbaren Bedingungen exakt? Bange Fragen, die sich der Navigator stellt. Bei Nord 3 und noch wirrem Seegang segeln wir westwärts in die Nacht hinein. Nach Koppelnavigation von der Sturmposition aus müßten wir etwa 35 Seemeilen vor dem Ziel stehen.

Dienstag, 9. November 1982: Tanzende Lichter tauchen rings um uns herum auf. Seit Anbruch der Dunkelheit sind sie da, diesmal als hoffnungsvolle Zeichen: Fischer. Was ist das an der Kimm – wieder eine Sinnestäuschung? Ein schwacher, halbkugelförmiger Lichtfleck schimmert im tiefschwarzen Nachthimmel genau voraus. Sollte?... Könnte?... Fast beschwörend starre ich während meiner Wache den wachsenden hellen Schein an. Kein Zweifel, das ist was! Wachwechsel? Jetzt in die Koje? Nein dafür bin ich viel zu aufgeregt, viel zu neugierig. Ich will den Landfall miterleben.

In den frühen Morgenstunden strahlt uns ein Lichterreigen entgegen, aber ein unbeweglicher! Und bei Sonnenaufgang malt sich die Silhouette Lanzarotes an den Horizont. Arrecife, die Hauptstadt der Insel, liegt nur acht Meilen voraus. Nach allen Unsicherheiten legen wir eine perfekte Punktlandung hin. Mit großer Erleichterung beim Navigator und jubelnder Freude der Mannschaft nähert sich ATLANTA dem Puerte de Naos.

Beißender Fischgeruch mischt sich in mein Glücksgefühl. ATLANTA pflügt durch den Schmutz des Fischerhafens. Wracks zahlreicher Schiffe ragen mit ihren Aufbauten kreuz und quer aus dem Wasser.

„Paß auf! Ruder hart Steuerbord, hier liegt auch eins“, melde ich von meinem Ausguck am Bug und hangle mich schnell ins Cockpit. Entgeistert rüttle ich Werners Arm: „Hier sollen wir ankern? Zwischen rostigen Wracks, dem Gestank der Fischfabrik und... Nun guck dir bloß diese Schleimsuppe an!“ In maßloser Enttäuschung vergesse ich alle Müdigkeit und Strapazen der vergangenen zwei Wochen. „Am liebsten möchte ich wieder raus. Wenn's geht, sofort! Das hier ist doch schrecklich! Können wir nicht...?“

Werner sieht mich ungläubig an, kraftlos. Die Übermüdung zeichnet ihm schwarze Ringe unter die Augen. „Laß uns erst mal ausschlafen. Du bist genauso geschafft wie ich“, seufzt der Skipper.

„Na ja...“

Kurz vor dem Mastbruch: Werner
otografiert die Regenwalze

Unter Aufbietung aller Kräfte
auen wir ein Notrigg und können
amit sechs Stunden nach der Hava-
e unseren Kurs wieder anliegen

17

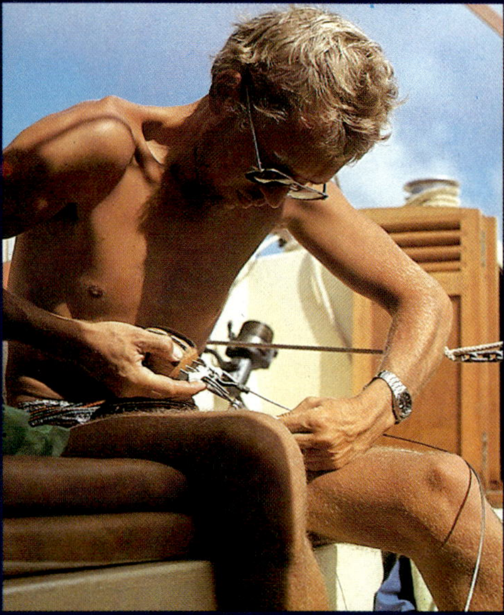
18

19

20

21

22

17-18 Unermüdlich führt Werner Veränderungen am Notrigg durch

19 Sextant-Haltung Marke Scheurer – bei extrem instabiler Schiffslage hilft der Mund als Stütze

20-21 Nach der Ankunft auf Martinique

22 Wie von Geisterhand gehalten, finden wir in einem kleinen Werftschuppen auf Martinique einen „neuen“ Mast

23

24

23-24 Atempause nach dem Mastbruch – zu Weihnachten genießen wir frisch gebackenes Brot und Überraschungen vom Christkind

„Gib's ruhig zu. Also, wenn du mich fragst, ich finde diesen Hafen einfach herrlich!"

„Ich auch! Ich auch!" schnattern die Jungs eifrig dazwischen. „Klasse, die kaputten Wrackschiffe! Vielleicht finden wir da drin ein' Schatz?"

Im hintersten Zipfel des zweiten Hafenbeckens, in Höhe der *Escuela de pesce* (Fischereischule), fällt um 11.00 Uhr der Anker – auf fünf Meter Wassertiefe ohne Schmierteppich. Auch der penetrante Gestank dringt nicht bis hierher. Und die Entspannung ist einmalig wohltuend.

Wir bleiben an Bord und verdauen zunächst einmal unsere erste Bekanntschaft mit dem Atlantik. Merkwürdig. Niemand verspürt den Drang, an Land zu gehen. Wir genießen die Ruhe, sind froh, angekommen zu sein; froh, daß der Käsenotstand ein gutes Ende gefunden hat.

Die Reise in Zahlen

Reisedauer:	vom 25. 10. 82 (14.30 Uhr)	
	bis 9. 11. 82 (10.30 Uhr)	
	= 14 Tage 20 Stunden = 356 Stunden	
Gesamtstrecke:	667 Seemeilen	
	davon gesegelt:	474 sm = 71%
	davon motort:	193 sm = 29%

Durchschnittliches Etmal: 45 Seemeilen

Durchschnittliche Reisegeschwindigkeit: 1,9 Knoten

Die letzte Zahl dürfte man eigentlich gar nicht laut aussprechen, geschweige denn zu Papier bringen. 1,9 Knoten im Schnitt! Dazu muß man berücksichtigen, daß der Strom noch mit 0,5 Knoten mitgeholfen hat. Es gab wohl zwei entscheidende Ursachen für die langsame Fahrt:

1. Widrige Windverhältnisse, meist Flauten
2. Das Unterwasserschiff war stark bewachsen und hatte einen grünen Zottelbart.

Lanzarote – gestern Ärger und Arbeit, heute Spaß und Spotlights

Nach zwölf Stunden Tiefschlaf kehren die Lebensgeister langsam wieder zurück. Längst pulsiert das Leben im Hafen am Rande der Stadt. Welcher Stadt? Ach ja, Arrecife!

Unser Ankerplatz liegt auf der östlichen Seite Lanzarotes, einer der sieben Inseln des kanarischen Archipels. Auf 28 Kilometern Länge und 12 Kilometern Breite dehnt sich ihre markante Vulkanlandschaft zwischen 28°49′ und 29°14′ nördlicher Breite und 9°45′ und 10°15′ westlicher Länge, bezogen auf den Meridian von Madrid. Denn die nationalstolzen Spanier, die sich auf Lanzarote niederließen (hauptsächlich Andalusier und Kastilianer), kennen nur *ihren* Null-Meridian. Greenwich wird ignoriert. Heute noch stellt man in historischen Abhandlungen das räuberische Unwesen von „englischen Figuren" wie Blake und Nelson sehr negativ heraus. Als lanzarotischen Helden hingegen preist man Don Diego de Herrara, der von Arrecife aufbrach, um „das Banner Kastiliens in afrikanischer Erde aufzupflanzen". Wohl friedlich, wie? Objektive Geschichtsbeurteilung fällt selbst noch den Nachkommen der alten Erzfeinde schwer. In ihrem Innern scheint es nach wie vor zu grollen wie in den Vulkanen Lanzarotes. Hartnäckig wird in den Wunden der Geschichte gebohrt, so daß sie kaum endgültig verheilen können.

Wir stellen unsere Uhren um eine Stunde zurück – auf GMT, Greenwich Mean Time.

„Kinder, ich hab' die ersten Attraktionen dieser Insel in der Tasche: Frisches Brot, Käse, Eier, Obst und Gemüse!" rufe ich der hungrig wartenden Mannschaft glücklich zu. Vorbei ist der Frischenotstand und das Madenklopfen! Das wirft sogar auf den nicht übermäßig attraktiven Ankerplatz ein freundliches Licht. Beim knackfrischen Frühstück und feierlichen Captain's Dinner im Restaurant an Land futtern wir genüßlich die ersten Gramm der verlorenen 14 Pfund wieder an Bauch und Taille.

Einkaufstage, Haushaltstage, Waschtag in der Großwäscherei, Arbeitstage in Sachen Elektrik, Motor und Instandhaltung reihen sich zwar mühevoll, aber wie selbstverständlich aneinander. Eine Proviantfuhre nach der anderen wird per Taxi von der Stadt zum Hafen und per

Pützchen vom Kai zum Ankerplatz geschafft, wobei die letzte Etappe bei Ebbe immer zum akrobatischen Akt wird. Jeder Karton schwebt in Gefahr, in Matsch und Modder zu landen; denn das tidenentführte Beiboot erreichen wir nur über eine algenbewachsene, glitschige Treppe an der Hafenmauer, durch Schlick und über scharfkantiges Lavagestein. Wir hamstern und hamstern und belustigen dabei ein dankbares Publikum. Das Kichern und Feixen halbwüchsiger Fischereischüler begleitet jeden unserer Ausflüge. Zunächst warten sie vergeblich auf eine Schlammschlacht. Dann helfen sie tatkräftig mit, alles trocken an Bord zu schaffen. Auch Wasser bekommen wir aus der Küche ihrer Schule, Kanister für Kanister. Füllen, Schleppen, Übersetzen – ATLANTA geht in die Knie. Bilgen, Backskisten und Tanks füllen sich, ich lege seitenlange Staulisten an – für eine Atlantiküberquerung? Seltsamerweise wird mir der Gedanke immer vertrauter, während der Skipper sich in skeptischer Zurückhaltung ausschweigt.

Mich lockt der verheißungsvolle Reiz der Karibik immer stärker. Werner aber fragt: „Wie hoch wird der Preis für dieses Paradies sein? Wird das Segeln wieder so anstrengend werden?“ Für und wider, hin und her. Wieder beschwören uns die Eltern telefonisch: „Geht nicht über den Atlantik! In Portugal gab's schwere Stürme, als ihr zu den Kanaren unterwegs wart. Mehrere Schiffe sind untergegangen! Wir machen uns Sorgen um euch ...“ Aber Eltern machen sich immer Gedanken und Sorgen um ihre Kinder, auch wenn sie längst erwachsen sind. Darum hören wir ihnen zu, beruhigen sie, suchen aber nach einer eigenen Entscheidung. Denn nur des Menschen eigener Wille ist sein Himmelreich.

Zur Hölle werden bei uns an Bord nur Dinge, auf die wir keinen Einfluß haben, oder höchstens durch Unachtsamkeit.

Wir stürzen uns in eine allgemeine Kram- und Werkelphase; der Wind heult im Rigg, und im Hafenbecken bilden sich kleine Wellen. Wir merken uns eine Peilung und kontrollieren sie abwechselnd. Ansonsten geht jeder einer anderen Beschäftigung nach. Werner erneuert den Stecker vom Kühlschrank und hat alle möglichen Werkzeuge, Kabel und Ersatzteile in der Pantry ausgebreitet. Die frischlackierte Pinne baumelt über dem Cockpit, wo ich gerade einen Eimer zwischen den Knien habe und Wäsche wringe. Auf dem Kajütstisch gruppieren die Kinder Indianer um ein Lagerfeuer und lassen Cowboys zur Ranch reiten. Kurzum: ein typisches Bordstilleben. Seit zwei Stunden läuft die Maschine zum Stromerzeugen und knattert gegen den weiter auffrischenden Wind. Von meinem Wäscheeimer aus peile ich hoch. Was ich sehe, will ich im ersten Moment nicht wahrhaben. Aber da stürzt Werner auch schon aus der Kajüte: „Schiet! Die Peilung steht nicht mehr. Der Anker schliert. Wir müssen verholen." Ausgerechnet jetzt! Jeder fühlt sich in seiner Beschäftigung gestört. Aber danach fragt der Wind eben nicht. Alles bleibt stehen und liegen.

„Tim, komm, du kannst die Trippleine aufholen. Und du kannst uns gleich mit dem Jockel unterstützen", dreht sich der Skipper zu mir.

„Ohne Pinne?"

„Ach du liebe Zeit, die hab' ich ganz vergessen."

ATLANTA sackt haltlos zurück. Wracks und das vulkanische Riff rücken näher. Nun aber schnell und trotzdem ohne Panik! Pinne anschrauben, Werkzeug in die Ecke, zum Bug flitzen, Ankerkette und Trippleine einholen... Alles klappt wie am Schnürchen. „Mensch, toll! Wir sind ja doch schon ein prima eingespieltes Team", freue ich mich und gebe mit dem Motor einen kleinen Schub voraus, schalte in den Leerlauf, schiebe den Hebel erneut langsam nach vorne und – dem Jockel geht die Puste aus. Ein Blick auf den Tourenzähler, ein Sprung zur Dieselanzeige. Ich fange an, böse zu fluchen, und schreie nach vorn: „Wir Hornochsen! Leergefahren! Komm schnell... Der Diesel is' alle!" War uns das am Rhein nicht schon einmal passiert? Hatten wir nicht hoch und heilig geschworen, ständig die Tankanzeige zu kontrollieren? Eine fatale Situation...

„Heute morgen wollte ich die Reservekanister einfüllen... Mist!" brüllt Werner verärgert. Zu spät. Jede kleinste Lässigkeit rächt sich sofort, schlägt wie ein Bumerang zurück.

ATLANTA driftet etwa zwanzig Meter vor dem spitzgezackten Riff. Es eilt! In wilder Hast kramt Werner tausend Utensilien aus der Hundekoje, um in Rekordzeit an die Dieselkanister zu gelangen: Einfüllen, Motor starten. Motor springt selbstverständlich nicht an, denn ohne Entlüftung stellt er sich bockig. Segel hoch? Zum Entlüften bleibt keine Zeit. Drift nach Lee können wir uns nur noch für Augenblicke leisten. Der schwere Danforth muß her. Im Sprint: Kram raus, Kram raus... Endlich Anker mit Kette an Deck, Hand gequetscht, egal – Schmerz schlucken, Anker ins Beiboot und rudern, rudern, *rudern.* Mit acht Beaufort drückt der Wind gegen jeden Riemenschlag. Drei Meter vor, einen zurück. Tim und Ben suchen aus allen Ecken sämtliche Trossen zusammen, ich stecke sie aneinander. Der Danforth klatscht ins Wasser, seine Kette rauscht. Beharrlich pullt Werner zum Schiff zurück. Jetzt läuft die Ankerleine aus, zieht quer durch das aufgepeitschte Wasser.

„Ich hab' sie!"
„Dann zieh durch, soweit es geht, und beleg!"
Ich zerre an der Trosse, Tim zerrt mit, Werner setzt seine Kraft ein, holt sie über die Winsch dicht und belegt. Keine Leedrift mehr. Trotzdem braucht ATLANTA sichereren Halt. Mit der aneinandergesteckten Superlangleine kämpft sich der Skipper zu einer weiter entfernt in Luv liegenden Boje. Beinahe hat er sie, da springt wieder eine Bö dazwischen. Pützchen macht einen Satz, drei Meter weit nach Lee. Warum haben wir bloß keinen Außenborder? Mit aller Gewalt pullt Werner erneut zur Boje und stürzt sich auf sie – fällt um Haaresbreite ins Wasser. Messerscharfer Muschelbewuchs zerkratzt ihm die Hände, aber die Trosse ist fest! Daran können wir ATLANTA sichern. Eine dritte, zweihundert Meter lange Leine zu einer weiteren Boje bringt die „dreifache Marinesicherheit". Danach fehlt Werner fast die Kraft, um zum Boot zurückzurudern.

An Deck, im Cockpit, in der Kajüte liegt alles durcheinander: Werkzeug, schmutziges Geschirr, Segelsäcke, Wäsche, Wasserkanister, Spielzeug, Trossen ... Es herrscht der totale Zustand!

Werner entlüftet den Motor, ich räume auf. Die Kinder helfen eifrig. Werner schweigt, aber ich schimpfe wie ein Rohrspatz über unsere Dummheit. Schließlich übertönt mich das Tuckern der Maschine. Wir können ATLANTA zur Hafenmitte verholen.

Vier Stunden Lehrgeld mußten wir für eine kleine Unachtsamkeit bezahlen: harte Plackerei für eine Lektion, die wir eigentlich längst begriffen haben mußten. Doch wer nicht hören will, muß fühlen. Völlig erschöpft fallen wir in die Kojen.

Donnerstag, 18. November 1982: Nach drei eingewehten Tagen drückt der Wettergott beide Augen zu und beschert uns Sonnenschein, herrlich warme Luft und kaum Wind – *die* Gelegenheit für einen Landausflug ohne Befürchtungen. Ein Fahrgestell mit vier Rädern schaukelt und klappert mit uns los. Nordostwärts rollen wir, vorbei an den ersten Vulkankegeln; weißgetünchte Häuser, grüne, fruchtbare Anbauflächen, eine Fülle von Blumen in gepflegten Patios kontrastieren mit dem Malpais, einer Erdschicht aus Asche und Schlacke der unzähligen Vulkane. Diese Landschaft seltsam harmonischer Dissonanzen beeindruckt uns.

Am Fuß einer Mühle pirschen wir in ein Kakteenfeld und beobachten die huschenden Bewegungen kleiner Echsen, die in eine unwirkliche, lautlose Stille hineinrascheln. Ob die orangeroten Früchte der

Kakteen nach gründlicher Rasur tatsächlich genießbar sind? Mich treibt die Neugier, lockt der Reiz der stacheligen Fremden. Zu Versuchszwecken dreht Werner so einen Stachelhäuter von einem dickfleischigen Kakteenohr ab. An Bord soll später der Geschmackstest stattfinden.

Weiter geht die Fahrt durch flimmernde Hitze, die vom Asphalt in durchsichtigen Schleiern zum wolkenlosen Himmel aufwallt.

Von Sphärenklängen begleitet, steigen wir hinab in die angenehme Kühle der Kraterhöhle Los Jameos del Agua. Den Boden bildet zur einen Hälfte ein See mit kristallklarem, grünem Wasser, in dem sich ein Krustentier erhalten hat, das auf der Welt einzigartig ist: winzige, weiße, blinde Krebse, deren Sehorgane durch das jahrtausendelange Leben im Dunkel verkümmert sind (munidopsis polimorpha). Man vermutet, daß es sich um Nachkommen einiger Exemplare handelt, die bei einer der zahllosen tektonischen Bewegung vor Tausenden von Jahren in der Höhle eingeschlossen wurden. Dort überlebten die widerstandsfähigsten Gefangenen und vermehrten sich.

Am liebsten würden die Kinder zu ihnen ins erfrischende Naß springen, um sie aus nächster Nähe zu betrachten. Doch der Touristenstrom zu dieser Attraktion Lanzarotes läßt solche Wünsche nicht zu. Wenn eine Schönheit der Natur mit dem gestalterischen und technischen Geschick des Menschen massentouristisch erschlossen wird, kann es – wie hier – eben nur ein „Feenreich“ zum Anschauen sein, nicht zum Anfassen – ein Schaufenster ohne Glas, das zusätzlich als Vergnügungsstätte kommerzialisiert wird. Allabendlich treten hier Folkloregruppen zur Unterhaltung auf, denn Geld ist Geld und seine Macht ist groß. Immer häufiger wird so der Zauber der Natur zu Profit gemacht.

Langsam streifen wir vorbei an Palmen, Kakteen, Farnen und riesenhohen Christrosenbüschen. Aus einem schwarzen Kraterschlund schuf man hier ein grünendes, blühendes Kunstwerk. Umgaukelt von leiser Orgelmusik und Harfenklängen aus gut getarnten Lautsprechern, erreichen wir den Ausgang.

Unser Autochen ächzt tapfer zur hochgelegenen Nordspitze der Insel hinauf. Vom Mirador del Rio haben wir einen herrlichen Blick auf die Insel Graciosa, die zur einen Hälfte aus Sand, zur anderen aus Vulkanen besteht. Nur ein paar Fischerfamilien fristen dort ein bescheidenes Dasein.

Die Gangschaltung klemmt. Hau ruck! Es kann wieder weitergehen – südwestwärts an der steilen Felsküste entlang. Die Bremsen quietschen verdächtig. Nur nicht hinhören, alles Bluff! Verschwiegene

Dörfchen durchklappern wir, sehen das Tal der zehntausend Palmen – eine Oase mit unzähligen Königspalmen – und staunen über schwarze Felder, auf denen das erste zarte Grün zu sprießen beginnt. Immer bergauf, bergab.

Bei einem Weinbauern gönnen wir dem erschöpft hustenden Auto eine Ruhepause. Freundlich zeigt uns der „Mago", wie er hier den Kampf gegen die Unbill der Natur führt und meistens gewinnt. Für jede Pflanze muß eine Grube ausgehoben werden, die von einem Kreis aus Stein und Lava eingefaßt wird. Auf ihrem Grund wächst jeweils nur eine kräftige Weinrebe, die aber hundert bis zweihundert Kilo Trauben bringen kann. Das Geheimrezept dieses Wachstums: Der Bauer hat den offenen Trichter mit Asche gefüllt, und diese zieht während der Nacht Luftfeuchtigkeit an, erfrischt die Erde und läßt die Pflanze wachsen. Wenn dazu noch der Wind aus der Sahara den feinen Sand ablagert, wird die Ernte merklich verbessert.

Zu seiner eigenen Erfrischung benutzt der Mago das Prinzip der Verdunstungskälte. In einem Tongefäß mit zwei kleinen Öffnungen steht selbst in praller Sonne stets ein kühler Schluck Wasser bereit. Uns aber bietet er nicht Wasser, sondern seinen Wein zum Probieren an. In einem dunklen kühlen Gemäuer mit drei riesigen Holzfässern schenkt er uns ein Glas Rotwein ein, nicht nur einen Schluck, sondern randvoll. Wir erleben einen neuen Weingeschmack, lassen ihn auf der Zunge zergehen. „Hm, schmeckt nicht nur nach Wein, sondern irgendwie anders . . . Bloß nach was?" schnalzt Werner.

„Nach Erde", meine ich und kaue auf dem zweiten Schluck herum. „Aber ganz schön gehaltvoll! Der Alkohol kommt bei mir schon in den Zehenspitzen an. Wenn wir den weiter probieren, kommen wir heute nicht mehr heil zum Schiff zurück."

Zum Erstaunen des Weinbauern lehnen wir nach einer zweiten Kostprobe eine dritte ab, kaufen aber ein paar Flaschen des Roten mit dem edlen Namen El Griffo. So können wir später die Erinnerung an Lanzarote – diese Insel von herber Schönheit – noch einmal als Gaumenfreude schmecken.

Bei Uga, einem Dorf afrikanischen Flairs mit weißgetünchten, palmenumstandenen Häusern, nimmt die Landschaft mondähnliche Gestalt an: Vulkankegel, Kraterschlünde, Schlackenfelder, aufgerissene, schwarze Erde. Titanische Kräfte haben hier noch bis ins 19. Jahrhundert ein trostloses Chaos geschaffen. Urgewalten werden sichtbar, doch die lanzarotischen Bauern schrecken in ihrer unermüdlichen Beharrlichkeit nicht davor zurück. Trichter für Trichter treiben sie in die unwirtliche Erde. Jeden Vulkanhang erobern sie und machen ihn zu einem überaus fruchtbaren Weinberg. Ihre Strategie ist bewundernswert zähe Geduld.

Für uns neigt sich ein Tag vielfältiger Eindrücke seinem Ende zu. Wir spüren, daß wir für mehr Neues nicht mehr aufnahmefähig sind, und kehren nach Arrecife zurück. Mit einem dreifachen Lob auf unsere standhafte Klapperkiste, die entgegen aller Erwartungen durchgehalten hat, rudern wir „nach Hause". Die Wracks (Schiffe, die bei einem schweren Sturm im Hafen gesunken sind), die unser Boot umgeben, erscheinen uns inzwischen seltsam vertraut. Irgendwie spiegelt der Hafen erst mit diesen Wracks das typische Bild Lanzarotes wider... das Bild einer Insel voll seltsam harmonischer Dissonanzen.

Gran Canaria – und was kommt danach?

Launische, umspringende Winde zwischen 1 und 7 Beaufort treiben ATLANTA in drei Tagen und zwei Nächten zur Südostspitze Gran Canarias. Dunkle Gewitterwolken lösen sich in sonniger Wärme auf. Eine Küste mit mächtigen Sanddünen und Hotelkomplexen zieht an uns vorbei. Urlauber sonnen sich und surfen in der leichten Nachmittagsbrise. Und im Süden und Westen rollen glitzernd die Wasserdünen des Atlantiks. Das Spiel der Wellen, die unendlich erscheinende Weite dieses Ozeans wirken auf uns fast hypnotisch. Wir schauen auf das Wasser und lassen die Gedanken darüber hinweggleiten. Für mich läuft ihr Kurs westwärts, der untergehenden Sonne nach – und am Horizont leuchtet in klaren Linien und tropischen Farben lockend das Ziel: die Karibik. „Laß uns das Schiff in Ordnung bringen! Und dann sollten wir's versuchen, mit ATLANTA über den großen Teich zu segeln", höre ich mich plötzlich laut sagen.

Erstaunt fährt Werner hoch. „Ist das dein Ernst?"

Ich staune selbst über meine Entschlossenheit. „Ja. Ich möchte von den karibischen Inseln nicht immer nur träumen. Laß uns diesen Traum in die Wirklichkeit holen!"

Als wir in den Hafen von Pasito Blanco einlaufen, werden wir in unserem eben gefaßten Entschluß noch bestärkt. Steganlagen fressen sich in Reih und Glied in eine Hügelwand, deren braunrote Erde nach Regen lechzt. Repräsentative Ferienhäuser mit sorgsam gepflegten Gärten beginnen die Urlaubskulisse zu prägen, bleiben aber ohne jede Ausstrahlung. Hier können wir ohne reizvolle Ablenkungen ATLANTA für einige Tage „trockenlegen". Mit Pott und Pinsel und Proviant machen wir sie atlantikklar. Das sagt sich so einfach in einem Satz und ist doch mit so viel Schweiß, Arbeit und freundlichen Flüchen verbunden. Auf ungefähr zehn anderen Yachten (der erste große Schwung ist bereits unterwegs) arbeiten die Crews ebenso fieberhaft für den Aufbruch – tagsüber. Sobald sich die Sonne zur Ruhe begibt, klönt man von Bord zu Bord, tauscht Erfahrungen aus, bekommt von den „alten Hasen" tausend Ratschläge und begießt die vielen Räuberpistolen über die Karibik mit einem Schluck Wein – oder auch mit zweien. Da rauchen manchmal die Köpfe; denn es gibt auf die lebenswichtigsten Fragen bei einer Atlantiküberquerung natürlich die gegensätzlichsten Antworten. Welchen Kurs läuft man am besten? Direktkurs auf eine karibische Insel oder den historischen Kurs (Süd bis die Butter schmilzt, und dann erst der Sonne nach), also über die Kapverden?

Wir werden es direkt versuchen.

Wie navigiert ihr über den Teich? Mit Satnav oder „zu Fuß"?

Wir machen's konservativ, mit Sextant und selbstgestrickten plotting sheets (Leerkarten mit Mercatorprojektion für bestimmte Breiten).

Welche Inseln sollte man zuerst anlaufen?

Wir entscheiden uns für einen Landfall auf Martinique, weil uns das französische Flair der Insel lockt und gleichzeitig gute Versorgungsmöglichkeiten verspricht (was nach einer langen Reise wichtig und in der Karibik nicht selbstverständlich ist).

„Und wie macht ihr es mit dem Wachegehen und der Lichterführung?" möchte Ed wissen. Er ist ein kauziger Musikprofessor aus Atlanta im US-Staat Georgia. Zusammen mit seiner Frau Fran, die für alles, was er sagt und tut, ein liebevolles Lächeln hat, wird er etwa zur selben Zeit aufbrechen wie wir.

„Wenn wir Wache gehen, brauchen wir Positionslichter nur, falls sich ein Schiff nähert. Dann machen wir selbstverständlich großes Lichterfest", ulkt Werner.

„Oh, boy!" Ed hebt beschwörend die Arme. „Dann schlaf nicht ein bei deiner Wache und – *by God, don't run over me!*"

Neben vielen anderen wichtigen und unwichtigen Fragen wird auch das Segeln in den Gewässern des Kanarischen Archipels diskutiert. Es stellt sich heraus, daß es hier nur wenige gute Ankerplätze gibt und die Gebühren in den Häfen gesalzen sind. Außerdem liegen die Temperaturen während der Wintermonate nur bei etwa 15 Grad und die See- und Windverhältnisse können durch die Düsenwirkung zwischen den Inseln unberechenbar sein. Für unseren Weg zurück ins Mittelmeer (nur über Madeira möglich) kämen nur wenige Wochen Anfang März in Frage, weil wir sonst gegen Strom und Wind segeln müßten. Kurzum: Die Canaries sind keine Alternative für das, was wir uns von der Karibik versprechen.

Wir betrachten Gran Canaria als Ausgangspunkt für einen neuen Reiseabschnitt.

Hier bekommen wir auch unseren lang ersehnten und sehr benötigten Außenbordmotor für das Beiboot sowie ein wichtiges Pantryrequisit – eine Backhaube. Brot und Kuchen sollen darin gelingen und die Mannschaft auf See bei Laune halten.

Die Adventszeit beginnt. Doch statt Lebkuchen- und Tannenduft schnuppern wir Antifouling und Petroleum. Anstelle des leise rieselnden Schnees rieselt uns abgeschmirgelte Farbe auf den Kopf. Es herrscht Betriebsamkeit bei 25 Grad Celsius statt Besinnlichkeit bei Temperaturen um den Gefrierpunkt. Und mit der ersten Kerze beginnt diesmal das Reisefieber zu brennen.

„Hallo, Madame, where are Tim et Benni?“ ruft der sechsjährige Florent schon von weitem. Er will mit ihnen spielen, gibt er mir dreisprachig zu verstehen.

„Sie verstecken sich. Du sollst sie suchen“, antworte ich auf französisch.

„Okay, bin schon unterwegs! Aber du darfst ruhig englisch mit mir sprechen, das kannst du besser“, erklärt der Dreikäsehoch mit pfiffiger Miene und saust wie ein geölter Blitz zwischen die aufgebockten Schiffe. Florent gehört zur fünfköpfigen Familiencrew eines 8,60 Meter langen Stahlbootes, das bereits seit fünfzig Tagen für Überholungsarbeiten an Land liegt. Als die Familie in Pasito Blanco ankam, schien der Fall hoffnungslos zu sein. Ihr Boot war eher reif für den Schrott als für eine Atlantiküberquerung. Rost fraß am Stahl von innen und außen. Nur ihr eiserner Wille, ein zweites Mal zu den Bahamas zu segeln, brachte sie in mühevoller Arbeit Tag für Tag einem kleinen Wunder näher. Nun fiebert auch in ihnen die Reiselust, sie werden den Törn in ein paar Tagen beginnen – und sind voll ungeduldiger Erwartung wie Kinder am Heiligen Abend. Nur ihre Sprößlinge sehen das mit anderen Augen. Sie sind über jeden Tag froh, an dem sie noch miteinander spielen oder stromern können. Traurig nehmen unsere beiden zur Kenntnis, daß ihre dicke Freundschaft mit Florent morgen zu Ende sein wird.

Am Nikolausabend ist ATLANTA reisefertig und bis zum Schandeckel mit Proviant für neunzig Tage gefüllt. Diesmal soll es keine Engpässe in der Verpflegung geben. Morgen werden wir die Landverbindung kappen. Ich fühle kribbelnde Unruhe. Warum eigentlich? Eine Atlantiküberquerung ist doch heutzutage keine Pioniertat mehr. Von eingefleischten Transozeanseglern wird sie sogar als „eingefahrene Strecke" abfällig und abwertend „E 4" genannt. Aber wir wollen zu keiner aufsehenerregenden seglerischen Leistung starten sondern nur zu einer persönlichen Erfahrung. Für ATLANTAs Familiencrew (wie für die meisten Segler, wenn sie ehrlich sind) bleibt auch der Atlantik zwischen 35° und 14° Nord ein ungewisses Abenteuer auf wackeligem Boden. Da läßt sich Nervosität vor dem Start nicht vermeiden. Ich bin eben noch keine abgebrühte, mit allen Wassern gewaschene Blauwasserseglerin und singe bei einem Gin Tonic: „Morgen, Kinder, wird's was geben . . ."

DER REISE VIERTER TEIL

Von Gran Canaria bis Martinique

Atlantik – wir kommen!

Nebelhörner tuten zum Abschied. ATLANTA dreht im Hafen von Pasito Blanco eine feierliche Ehrenrunde. „Gute Reise! *Bon voyage! Have a good trip!* Drüben sehen wir uns wieder!“ rufen sie uns zu, Menschen, die wir hier kennenlernten, die mit uns klönten, mit uns lachten, die uns tatkräftig halfen. Nun sind wir wieder ganz auf uns allein gestellt. Wir winken zurück und werden auch schon von einer langen Welle aus dem Hafen gehoben. Der Atlantik wird für die nächsten Wochen unsere Schaukel sein. Von der ersten Minute an wackelt ATLANTA – hinüber, herüber – wie eine müde Ente. Sonnenschein und leichter Nordostwind tragen zu einem friedlichen Start bei und stimmen uns zuversichtlich.

Gleich am ersten Tag beschäftigt uns die Astronavigation. Das „amerikanische Verfahren“ zur Bestimmung der Mittagslänge aus zwei gleichen Höhenmessungen vor und nach dem Schiffsmittag klappt einwandfrei. Der Skipper schießt die Sonne und erklärt mir schließlich das Geheimnis der Berechnungen. Gar nicht so schwierig, wie ich dachte. Mir erscheint es wichtig, daß auch ich im Notfall unseren Schiffsort bestimmen kann. Darum werde ich alles Notwendige weiter lernen und üben.

Gran Canaria verschwimmt achteraus im Dunst. Jetzt gibt es kein Zurück mehr, ATLANTA ist auf ihrem großen Törn.

Mittwoch, 8. Dezember 82: ATLANTA dümpelt aus einer Flautennacht in einen sonnigen Tag hinein. Beide Booster schillern in ihren Regenbogenfarben und spiegeln sich in der ruhigen See. Eine Delphinschule kreuzt in eleganten Bogensprüngen unseren Kurs. „Warum schwimmen sie heute nicht mit uns?“ wollen die Kinder enttäuscht wissen.

„Wir segeln ihnen wohl zu langsam. Es scheint ihnen keinen Spaß zu machen, ein Schiff ohne Bugwelle zu begleiten“, fällt mir als Erklärung ein.

„Dann müssen wir mal Rasmus Bescheid sagen, daß er uns Wind macht“, schlägt Tim vor. „Papi, du hast den Bierschluck für den Augustin vergeßt“, ereifert sich Benni und setzt hastig hinzu: „Aber ich hab' was gefindet. Kuckt mal!“ Stolz präsentiert er ein Päckchen. Große Kulleraugen der kleinen Crew bestaunen die „neptunische“ Überraschung.

„Na, euch hat der Meeresgott wohl nicht vergessen“, spiele ich Verwunderung. „Nee, der kennt uns schon! Mutti, fühl mal! Is' ganz trocken. Mann, Rasmus is' aber lieb!“ schnabbeln die Jungs aufgeregt durcheinander.

Ein Buch mit Weihnachtsgeschichten und Basteleien kommt nach dem wilden Auspackmanöver zum Vorschein. Und gleich wird vorgelesen und gewerkelt. Herrlich, diese Mußestunden nach der arbeitsreichen Zeit an Land! Jetzt können wir die Adventszeit gemeinsam mit den Kindern genießen, ohne Hast, ohne tausend Einkäufe und Verpflichtungen, ohne Back- und Kochstreß, ohne jede Überflutung mit Geschenken. Endlich einmal lassen wir all die negativen Begleiterscheinungen an Land zurück und rücken den ursprünglichen Sinn des Weihnachtsfestes in den Mittelpunkt.

Aber die Navigation darf darüber nicht vergessen werden. Sie nimmt im Tagesablauf einen wichtigen Stellenwert ein. Ich möchte von Kreuzchen zu Kreuzchen segeln, jeden Tag ATLANTAs Position wissen, wenigstens auf der Karte eine klare Linie als Wegweiser durch die Unendlichkeit wachsen sehen, um nicht ein Gefühl der Verlorenheit aufkommen zu lassen. Darum mache ich heute auch selbst eine Reihe von Messungen mit dem Sextanten und übe die Rechenaufgaben.

Eine Uhr haben wir auf Bordzeit um eine Stunde zurückgestellt, die andere bleibt auf GMT. So ist es schon um 18.00 Uhr dunkel oder vielmehr pechschwarz; denn der Mond geht erst um drei Uhr auf und beleuchtet mit seinem milden Schein die Wellenkulisse.

Tagestemperatur:	25° und Sonnenschein
Etmal:	61,5 Seemeilen
Bordklima:	überwiegend freundlich, gut gelaunt; es fehlt nur eine Mütze voll Schlaf von der letzten Nacht
Tagesgericht:	Fleischbällchen in Sauce, frische Salzkartoffeln, frisches Paprika-Zwiebel-Gemüse

Donnerstag, 9. Dezember 82: Es muß der Passat sein! Gegen 10.00 Uhr morgens bläht ein Ostnordost mit Windstärke vier beide Booster und läßt ATLANTA rauschen. Kleine, tiefhängende Wattebauschwölkchen ziehen unter dem Blau des Himmels dahin. Solange sich unser Boot platt vor den Laken (mit Passatsegeln) im Sektor zwischen dem Direktkurs auf Martinique und dem Kurs auf die Kapverden bewegt, wollen wir dem Wind die Kurswahl überlassen. Langsam kommen wir der Sonne näher – die Latitude nimmt schneller ab als die Deklination.

Das Lied des Passats rauscht am Nachmittag schon nicht mehr so zaghaft. Und bald gleitet ATLANTA mit 6 Knoten, trotz ihres schwer beladenen Zustands, in zügiger Fahrt dahin. Manchmal gibt es einen Ritt auf der Welle. Naa? Nicht doch zuviel Segelfläche? Gegen abend tauscht Werner die Booster gegen zwei Normalfocks aus. Gleich wird es in der Kajüte um einige Phon leiser, und ich freue mich auf ruhigen Schlaf. Bei unseren Zwei-Stunden-Wachen mangelt es daran nämlich auch ohne Störungen oft genug. Aber länger halten wir beide es guten Gewissens aufmerksam wachend kaum aus. Da nützen auch keine Streichhölzer zwischen den Augenlidern.

Wetter:	Sonnenschein mit Passatbewölkung, Luft 25°, Wasser 22°
Etmal:	80 sm
Bordklima:	Heiter – Tim und Benni akzeptieren das Leben in unserem schaukelnden Zuhause als Selbstverständlichkeit. Es macht ihnen großen Spaß, von Weihnachten zu erzählen und sich auf das Christkind an Bord zu freuen. Wir basteln einen Adventskalender. Neun Türchen dürfen auf einen Streich geöffnet werden, weil wir der Zeit ein wenig hinterherhinken. Aber die spielt eben an Bord eine untergeordnete Rolle (bis auf die Minuten und Sekunden der Navigation).
Tagesgericht:	Bratkartoffeln mit Spiegeleiern auf Schinken.

Freitag, 10. Dezember 82: Wind und Seegang nehmen an Stärke zu. Segelwechsel halten uns auf Trab, wobei die Kinder immer auf ihrem Posten stehen. Bei sieben Windstärken und Seegang 4 bis 5 surft ATLANTA in die Wellentäler. Sie macht unter ihrer ausgebaumten Fock so viel Fahrt, daß der Kajütstisch brummend vibriert. Mehr sollte es nun wirklich nicht werden; denn die starken Rollbewegungen des Schiffes erschweren das Bordleben zunehmend. Alles, was nicht sofort richtig verstaut wird, rächt sich, indem es quer durch die Kajüte fliegt. Oder es bummert, rappelt, flappt und schlägt in den Schapps und Regalen. So muß ich zum Beispiel höllisch aufpassen, wenn ich einen Topf aus dem Schrank holen will. Geschieht das nicht vollkommen exakt im Schaukeltakt, poltern mir Töpfe, Pfannen und Deckel blechern entgegen.

Wetter:	überwiegend bewölkt mit vereinzelten Wolkenlöchern – Sonnenbeobachtungen daher nicht einfach – 25° Luft
Etmal:	114 sm
Bordklima:	mäßig, eher ein wenig müde. Rasende Kopfschmerzen setzen mich zum Teil außer Gefecht. Tim und Ben spielen viel miteinander und nehmen Rücksicht auf mich.
Tagesgericht:	Reissuppe mit Wursteinlage

„Kinder – auf geht's in die Karibik!"

Samstag, 11. Dezember 82: Anstrengende Nachtwachen und traumlose, erschöpfte Schlafphasen teilen die Dunkelheit in Etappen ein. Böen heulen aus schwarzen Regenwolken über uns hinweg. Dabei drücken zweimal rauschende Dwarsseen das Schiff aus dem Ruder. Aber mit Motorkraft gelingt es schnell, wieder vor den Wind zu laufen. Goofy leistet Schwerstarbeit. Er zieht und zerrt die Pinne hin und her, wobei sich ihre Arretierung allmählich lockert. Werkzeug liegt stets bereit, um den Bolzen festzudrehen.

Wir nehmen uns viel Zeit für die Kinder. Werner liest die Geschichte von Käpt'n Konny vor, einem Jungen, der mit seiner Jolle die aufregendsten Abenteuer erlebt. Ich schnipple weihnachtliche Scherenschnitte mit ihnen und nehme im täglichen Bordunterricht die Uhr durch. Tim begreift den Gang der Zeit sehr schnell. Auch mein Lernpensum in Sachen Astrorechnerei macht große Fortschritte. Zum ersten Mal präsentiere ich der Mannschaft unseren Standort, den der Skipper sogar als richtig bestätigt. Bücher über die Karibik werden hervorgekramt. Jetzt können wir anfangen, darin zu schmökern, denn wir „wackeln" ihr nun tatsächlich entgegen. Bis Martinique sind es noch ungefähr 2000 Seemeilen.

Wetter:	stark bewölkt bei Windstärken bis 7 Beaufort und Seegang 5
Etmal:	135 sm (mit nur einer ausgebaumten Fock)
Bordklima:	ausgesprochen heiter mit großem Appetit
Tagesgericht:	Nasi Goreng (Dosengericht) mit Spiegelei

Sonntag, 12. Dezember 82: Der dritte Advent wird ein herrlicher Segelsonntag. Bei fünf Windstärken setzt Werner trotz beginnender Bequemlichkeit (warum, das Schiff läuft doch auch so...) die zweite Fock. Der Seegang beruhigt sich, aber die Wackelei bleibt unverändert: hinüber – herüber... Wie ein Uhrpendel, bei dem es mit der Gleichmäßigkeit der Bewegung etwas hapert. Tim und Ben erfinden ein Spiel, das dazu paßt. Auf dem Kajütstisch werden aus quadratischen Bauplättchen Vulkane aufgestapelt, immer höher und wackeliger. Die Spannung steigt mit dem Wachsen der Berge und löst sich in donnernden Vulkanausbrüchen auf. Klirr, klang, kleng... Hundert Plastikbauteile krachen bei einem harten Ruck nach Steuerbord und fliegen in alle Ecken. Vergnügtes Kreischen der beiden Bergbauer begleitet die Szene.

Doch der Spaß hört für mich bei der Zubereitung der Mahlzeiten auf. Mit äußerster Konzentration fixiere ich den Kocher, der mit Spiritus vorgeheizt werden muß. Jede Schiffsbewegung versuche ich abzuschätzen, um eventuell zu heftige Schwingungen der Kardanik abzubremsen. Nicht auszudenken, wenn brennender Spiritus aus den Vorheizschalen schwappen würde! Und dabei hätte eine einfache Asbestschnur diese Nervenbelastung verhindern können. Doch an solche Kleinigkeiten muß man schon in Deutschland denken, weil sie anderswo meist nicht aufzutreiben sind.

Beim Essen selbst behelfen wir uns mit zwei Plastikkörben, die zwischen die Schlingerleisten des Tisches gekeilt werden. Sie halten alles einigermaßen fest: Marmelade, Margarine, Wurst und Brot, Trinkbecher und Tassen. Feuchte Tücher unter den Kaffeetassen geben einigermaßen Rutschsicherheit. Unsere Frühstückstechnik wird von Tag zu Tag ausgefeilter. „Alle Mann an die Pötte und Becher!" heißt es bald, denn gleichzeitiges Trinken läßt die Flüssigkeit am sichersten an die richtige Stelle kippen.

Wetter:	freundlich, 25° Lufttemperatur; typische, tiefhängende Passatwolken
Etmal:	128 sm
Bordklima:	ausgezeichnet. Wir sind dankbar für das gute Wetter und das gleichmäßige Schnurren der Logge. Die Jungs freuen sich über einen kleinen Nikolaus, den sie in ihren Malkisten finden, und kleben erste Weihnachtssterne über die Pantry. Und alle lauschen mit großen Ohren den Advents- und Weihnachtsliedern bzw. -grüßen der Deutschen Welle, die uns wie ein seidener Faden mit der Außenwelt verbindet. In solchen Momenten kriechen mir Tränen in die Augen. Dann vermischt sich meine positive Einstellung zum Bordleben mit einem Schuß Wehmut und Rührung – wie mein Gin Tonic mit der Zitrone, an dem ich gerade nippe. „Zum Wohl, ihr alle zu Hause!"
Tagesgericht:	Bananen im Schinkenmantel, Curryreis

Montag, 13. Dezember 82

Wetter:	ungemütlich. Stark auffrischender Ostwind läßt uns wieder ein Segel bergen. Grober Seegang verursacht starke Schiffsbewegungen. ATLANTA läuft ein paarmal am Tag aus dem Ruder, als eine steile See das Heck so anhebt, daß die Flosse der Aries aus dem Wasser kommt. Viele Regenschauer prasseln aus dem grauschwarz bewölkten Himmel.
Etmal:	130 sm
Bordklima:	wechselhaft. Schlafmangel knabbert am Nervenkostüm. Die Kinder hingegen spielen recht vergnügt. Ihr Hauptaufenthaltsort bleibt die Kajüte, die ihnen das Gefühl von Halt und Geborgenheit in den großen Wasserweiten vermittelt.
Tagesgericht:	Huhn auf Reis (Fertiggericht wegen der zu stark bewegten See)

Dienstag, 14. Dezember 82: Der Tag vergeht schneller, als uns lieb ist. Langeweile? Für uns existiert sie nur als Fremdwort. Neben der Bordroutine fordern auch die Kinder ihr Recht.

Wetter:	handig mit Sonnenschein. Es wird allmählich wärmer. Bei 26° ist es tagsüber sogar im T-Shirt schon zu warm. Häufiger Segelwechsel: Booster rauf, Booster zuviel – wieder runter...
Etmal:	107 sm
Bordklima:	müde bis heiter – Werner und ich sind nicht so frisch, wie wir es wünschen. Nächtliche Segelmanöver wegen ruppiger Regenschauer gehen auf Kosten des erholsamen Schlafes. Aber die Heiterkeit der Jungs muntert uns immer wieder auf.
Tagesgericht:	Urschlammpfanne (Paprika-Zwiebel-Gulasch mit Resten vom Vortag auf Nudeln)

Mittwoch, 15. Dezember 82: In der vergangenen Nacht haben wir uns um die Wachen herumgeschummelt. Nachdem uns fünf Tage lang kein einziges Dickschiff mehr über den Kurs gelaufen war und das Schlafdefizit auch an den physischen Kräften zu zehren begann, lockte verführerisch die Koje. Herrlich ausgeruht, aber mit schlechtem Gewissen, beschäftigen uns am Morgen Zweifel über den Sinn und Unsinn von Nachtwachen. Zu einer Lösung des Problems kommen wir vorerst nicht. Dafür klappt die Navigation ohne Schwierigkeiten. Astro-Routine: Vormittags drei Höhen nacheinander schießen; Mittagsbreite; nachmittags Zeitmessung der drei Höhenwinkel vom Vormittag; Auswertung; Etmal bestimmen (Verfahren: *longitude by same altitudes*). Das alles dauert etwa eine Stunde. Nur eine Messung vor und nach der Mittagsbreite würde das Verfahren zwar erheblich verkürzen, aber auch verunsichern; denn der vormittags gemessene Höhenwinkel erscheint nachmittags ja nur zu einer bestimmten Sekunde, die ermittelt werden muß. Wenn dann gerade die Kimm durch Wellenberge verdeckt ist – und es dauert oft zehn Sekunden, bis man wieder auf der Höhe ist –, läßt sich das Verfahren nicht praktizieren. Und die Sonne ist selbst auf der Passatroute kein Dauergast. Deshalb geht Werner mit ein paar „Reservehöhen“ auf Nummer sicher.

Wetter:	heiter bis passatwolkig; Wind 4 bis 6; Seegang 5; Temperatur 26°; nachts: pfeifende Böen aus schwarzen Wolken ohne Regen.
Etmal:	116 sm

Bordklima:	sehr ausgeglichen. Eine ordentliche Portion Schlaf wirkt Wunder. Tim und Benni igeln sich den ganzen Tag in der Kajüte ein und bauen aus Plättchen und Stäbchen die erstaunlichsten Dinge: mal ein Raumschiff, dann ein Traumschiff; mal einen Sextant oder den Kocher. Ihre Phantasie kennt keine Grenzen. Naheliegendes ahmen sie nach, oder sie schlüpfen aus der Enge des realen Raumes in weitere Lebens(t)räume. Diese natürliche Begabung erfrischt den Bordalltag, und für die Kinder scheint es ein innerer Ausgleich zur äußeren Eintönigkeit zu sein. Sie erleben das Meer anders als Werner und ich. Für uns ist es zur Landschaft geworden, jeder Berg, jedes Tal erscheint anders. Stundenlang könnten wir auf das Wasser sehen und uns darin verlieren. Aber: „Och, ... Wir sind noch nich' fertig, wir woll'n lieber drin spielen, draußen is' doch bloß Wasser", muckt Tim störrisch, als ich ihn ins Cockpit rufe.
Tagesgericht:	Rindfleischtopf mit Tomatensalat

Donnerstag, 16. Dezember, auf 22° Nord und 33° West: Sehr überzeugend erledigte sich in der vergangenen Nacht das Thema „Wache ja oder nein?" Eigentlich beschlossen wir, uns beide in die Koje zu verholen. Werner wälzte sich unruhig herum und schlich jede halbe Stunde ins Cockpit. Mein Gewissen zwickte ebenfalls und schickte mich halb schlafwandelnd zum Ausguck. Schließlich trafen wir im Cockpit überrascht zusammen.

„Mensch, hast du mich erschreckt! Ich denke, du schläfst ... "

„Na, und du?"

„Ach, ich war zufällig wach und wollte frische Luft schnappen ... Nein, stimmt nicht. Ich mußte einfach sehen, ob draußen alles klar ist."

„Mir geht's genauso", gab ich zu. „Von ruhigem Schlaf kann keine Rede sein."

„Zu Recht! Guck dir das bloß an: Da sind Lichter! Zwei Strich Backbord voraus ... "

Deutlich waren die beiden Dampferlichter und die schwarzen Konturen eines Containerschiffes zu erkennen. „Das soll uns eine Warnung sein", dachte ich laut die von Seglern oft ausgewalzte Diskussion zu Ende. „Was soll bloß all das Gerede, daß es auf dieser Route hier draußen sowieso kaum Dickschiffe gibt? Immer wieder haben sie uns diesen Unfug erzählt!"

Was half's? Ab sofort setzten wir den 2½-Stunden-Rhythmus wieder in Gang. So konnte wenigstens einer beruhigt schlafen. Noch zwei weitere Abkommen trugen wesentlich zur Seelenruhe der Freiwache bei: Zum einen betrat nachts keiner das Cockpit, ohne durch Lifebelt gesichert zu sein; zum anderen wurde jedes nächtliche Manöver nur gemeinsam ausgeführt.

Langsam kreuzte der Frachter in großem Abstand achteraus unseren Kurs.

Tagsüber gingen die Weihnachtsvorbereitungen weiter. Mit Schere, Papier, Stiften und Klebstoff werden Sterne, Girlanden, Engelchen und Wunschzettel gemalt, geschrieben, geschnippelt und geklebt. Fiebrig hantierend, verwandeln die Kinder unsere Kajüte in einen bunt glänzenden Festsalon. Und der Christstollen in der Bilge lacht uns von Tag zu Tag mehr an.

Wetter:	sonnig, zuweilen bedeckt, 27° Lufttemperatur, 3 bis 4 Beaufort
Etmal:	133 sm
Bordklima:	gut mit kleinen „Schauern". Uneinigkeiten zwischen Geschwistern sind nicht immer zu vermeiden.
Bordzeit:	12.00 Uhr gleich 14.05 GMT – wir haben die Uhren um eine Stunde zurückgestellt. So wird es um 6.30 Uhr hell und um 18.00 Uhr stockfinster.
Tagesgericht:	Spaghetti mit Käsesoße und Spiegeleiern. Bei holpriger See war die Kocherei heute ein Akrobatenstück.

Freitag, 17. Dezember 82: Anstrengende Nacht. Regenschauer auf Regenschauer pfiff und pladderte auf ATLANTA herunter, flaue Winde folgten: ein Wechsel im Halb-Stunden-Takt. Fast ein Wunder, daß die Jungs bei dem Krach nicht aufwachten. Scheibchenweise stoppelten Werner und ich immerhin fünf Stunden Schlaf zusammen. Trotzdem Schlafdefizit wegen Segelwechsels. Und dann geht die Sonne auf, färbt den Morgenhimmel so bunt, wie ihn ein romantisch-naturalistischer Künstler malen würde. Und das Wetter gibt sich friedlich, als hätten wir die ruhigste Nacht hinter uns. Bald wölbt sich der herrlichste Passathimmel über uns, übersät mit unzähligen Wattebäuschen. Keine Spur mehr von den dicken schwarzen Regenwolken der Nacht. Aber das ist ein Charakteristikum für die Passatroute auf dem Atlantik.

Etmal:	113 sm bei leichten Winden bis 4 Beaufort
Bordklima:	ruhig. Weil ich heute die Navigation bis auf die Messun-

gen alleine gemacht habe (was Werner und mir übrigens ein Gefühl der Sicherheit gibt) und zwischendurch gegen die Müdigkeit kämpfe, beschäftigen sich die Jungs größtenteils allein.

Tagesgericht: Apfelpfannkuchen. Bei dem ruhigen Wetter kann ich die Schiffsbewegungen gut taxieren, so daß ich der Crew diesen Lieblingsschmaus backen kann.

Samstag, 18. Dezember 82: Während in Deutschland der letzte „heiße" Einkaufstag vor Weihnachten die Geschenksuche auf Hochtouren treibt, wird es bei uns mehr sommerlich und entspannt. Die Tage beginnen zu verschwimmen. Das Gefühl für die zurückgelegte Strecke geht angesichts fehlender Landmarken verloren. Aber es gibt durchaus wichtige Fixpunkte in der Bordroutine: die astronomischen Beobachtungen (immer wieder ein spannender Augenblick, wenn der neue Standort ermittelt wird) und die Mahlzeiten. Sie halten Leib und Seele zusammen. Und immer wieder zieht es Werner und mich ins Cockpit. Oft nimmt uns der faszinierende Anblick von Himmel und Meer gefangen: Wolken und Wellen, immer wieder gleich, und doch ein Bild endloser Vielfalt. Einsam zieht ATLANTA ihres Weges – und doch sind wir nicht allein. Unsere starken Empfindungen erdrücken uns nicht, weil wir sie teilen können. Und die herzhafte Unbefangenheit der Kinder trägt noch zur Entspannung bei.

Nachmittags gibt es beim Segelwechsel Bruch, als hätten wir mit der Kamera ein Unglück heraufbeschworen ... Zuerst klappt alles wie bei einem normalen Segelwechsel. Darum zücke ich die Filmkamera, um die Szene für später festzuhalten. Und prompt läuft danach alles schief. Beim ersten Setzen vertörnt sich der Booster und muß noch einmal herunter. Filmschnitt. Klappe zum zweiten! Dann breiten sich seine Farben bunt leuchtend aus. Die Super-8-Rolle surrt. Manöveranweisung zum Vorschiff: „Hol dicht die Schot!" Langsam reckt sich der Spibaum nach Steuerbord. Ich ziehe noch einen Deut, schließlich soll für den Film doch alles besonders gut aussehen – da verkantet sich die Baumnock plötzlich am Ringbeschlag am Mast, platzt mit dumpfem Knall ab, und der Teleskoparm kracht neben Werner an Deck. Filmschnitt! Kamera aus! Verflixter Vorführeffekt! Provisorisch muß der Skipper den Baum mit einem Tau am Ring festlaschen. Wird diese Konstruktion weit über 1000 sm lang halten?

Wetter: heiter bis wolkig, Luft 28°; abends Schauer; Wind: Ost 4 Beaufort, in Schauerböen 7

Etmal:	123 sm
Bordklima:	ausgeglichen, zuweilen lustig, wegen Clownerien der Jungs.
Tagesgericht:	Risotto (aus Reis, frischem Gemüse und Corned beef); Schokoladenpudding

Eine schöne Bescherung: Mastbruch zum Weihnachtsfest

Sonntag, 19. Dezember 82: Der vierte Advent beschert das Bergfest auf dem Atlantik – 1369 sm von Pasito Blanco, aber nur noch 1287 sm von Martinique entfernt. Bislang hat uns der Passat auf einen Weg geführt, der recht genau dem direkten Kurs entspricht. Hoffentlich bleibt das so!

Wetter:	heiter und sehr warm, mit leichten Winden bis 4 Beaufort; *keine* Schauer!
Etmal:	128 sm
Bordklima:	ruhig, besinnlich; Werner spielt auf der Mundharmonika Weihnachtslieder, während die Mannschaft die Begleitung schmettert: „O du fröhliche ... Weihnachtszeit!“
Tagesgericht:	Bohneneintopf „Windstärke 8“ (Schnittbohnen, Rindfleisch, Kartoffeln), danach Apfelsinenspeise

Montag, 20. Dezember 82: Morgens krabbelt Werner zu den Jungs in die Vorkoje, kuschelt mit ihnen, singt mit ihnen, liest ihnen eine Weihnachtsgeschichte vor. Dieser Auftakt zum Tagesbeginn gefällt Tim und Benjamin und stimmt sie fröhlich und friedlich.

Vormittags basteln sie unter Anleitung des Skippers unseren „Tannenbaum“. Eine Papprolle wird mit Alufolie und vielen grün angemalten Papierstreifen beklebt und mit Bausteinen standfest gemacht: ein originelles Kunstwerk, das tatsächlich Weihnachtsstimmung auslöst. Tim und Ben können es bis zum Heiligen Abend kaum noch erwarten. Es stört sie nicht im Geringsten, daß sie die Ankunft des Christkindes auf See erleben werden, daß es sommerlich warm ist und daß keine echte Tanne mit duftenden Nadeln den Baum schmückt.

Die nachmittägliche Kaffeestunde im Cockpit hat sich zum gemütlichsten Teil des Tages entwickelt. Wir sitzen zu viert da und erzählen, schauen übers Wasser und träumen. Wir genießen diese Zeit ohne Hektik. ATLANTA rauscht mit 6,5 Knoten dahin. Schäumend sprudelt die Bugwelle auf. Fliegende Fische verirren sich an Deck. Intensiv spüren wir unser winziges Dasein – pur, ohne die gewohnten Ablenkungen und Beeinflussungen des Landes. Segeln soll nur die teuerste Art sein, unbequem zu reisen? Nein, man kann es auch ganz anders empfinden! Ich bin in kleinen Schritten in eine andere Auffassung hineingewachsen. Segeln um seiner selbst willen kann auch eine Frau begeistern, vorausgesetzt, daß mit Schiff und Mannschaft alles in Ordnung ist.

Wetter:	sonnig mit 28° und leichten Winden bis 4 Beaufort aus östlichen Richtungen
Etmal:	118 sm
Bordklima:	wohltemperiert
Tagesgericht:	Labskaus (mit frischen Kartoffeln, aber ohne Hering)

Dienstag, 21. Dezember 82, auf 18°58′ Nord und 42°02′ West: Der Tag beginnt ganz normal. Das Wetter sieht zwar ein wenig durchwachsen aus, aber sonst läuft die Bordroutine ruhig ab. Bereits um 10.00 Uhr nimmt der Skipper die Vormittagshöhen, weil es unsicher erscheint, daß dies auch in der nächsten Stunde noch möglich sein wird. In der Ferne beobachten wir nämlich dunkle, mächtige Regenwolken, aus denen es schon kräftig prasselt. Der Wind nimmt zu, und wir bergen vorsichtshalber eine Fock. Nun steht nur noch die Backbordfock, ausgebaumt am Spibaum. Da die fernen Unwettergebilde recht dramatisch aussehen, schießt Werner einige Fotos von ihnen. Wir sind gewappnet – denken wir. Als die erste Regenbö über uns hinwegzieht, verkrümeln wir uns in die Kajüte und schließen alle Luken. Gerade wollen wir es uns mit den Kindern gemütlich machen, da wird ATLANTA mit gellendem Pfiff von einer schweren Bö gepackt. Menschenskinners, denke ich. Warum muß uns denn aber auch *jede* Regenwalze erwischen?

Die Schauerbö von 8 bis 9 Beaufort drückt unser Schiff voll auf die Seite. ATLANTA läuft aus dem Ruder. Unsere Selbststeueranlage kann nicht schnell genug reagieren, eine Dwarssee pfuscht ihr ins Handwerk. So fällt die ausgebaumte Fock ein, schlägt mit einem Ruck back und schnellt zurück, als Goofy uns vor den Wind steuert. Ein markdurchdringender Knall reißt uns hoch, wir stürzen ins Cockpit. Im selben Augenblick wird der Mast in Höhe der Spibäume regelrecht auseinandergesprengt und schießt in zwei Teilen über die Steuerbordseite ins Wasser. Das alles geschieht in Sekunden, blitzschnell, unvorhersehbar. Ungläubig starren wir uns an, bis ich mein Entsetzen in den brüllenden Wind schreie:

„Unser *Mast*! Das kann nicht wahr sein! Unser Mast!"

Doch Zeit zum Grübeln und Ängstigen bleibt uns nicht. Der Mast hängt in zwei Teilen über Steuerbord, mitsamt dem Gewirr von stehendem und laufendem Gut, Spi- und Großbaum, sowie Segel. ATLANTA treibt nun dwars zur See, und bei jeder Welle schlägt der Mast donnernd gegen die Bordwand. Das hilft uns nach dem ersten Schreck schnell auf Trab.

Werner und ich legen die Lifebelts an und besprechen kurz, was zu tun ist. Schnell erkläre ich Tim und Benni das Geschehen und daß sie jetzt unbedingt in der Kajüte bleiben und sich selbst versorgen müssen. Ängstlichen Blicken und Fragen entgegne ich: „Es ist nicht so schlimm, wie es aussieht. Papi und Mutti gehen jetzt an Deck und bauen einen neuen Mast." Glücklicherweise nehmen die Kinder das ohne Kommentar hin. Sie scheinen nicht mehr beunruhigt zu sein. Ihr Vertrauen gibt mir Kraft.

Der Skipper hat inzwischen wichtige Werkzeuge (Hammer, Schraubenschlüssel, Spezialengländer, Wasserrohrzange und Eisensäge) in ein kleines Bündel gepackt und an seinem Lifebelt befestigt. Angegurtet kriechen wir mühsam an Deck. Auch nach der extremen Bö pfeift uns der Wind noch mit 7 Beaufort um die Ohren. ATLANTA wird zum Spielball der Wellen und wild hin und her geschleudert. Wie ein Vorschlaghammer donnert der Mast gegen die Bordwand und läßt den ganzen Rumpf erzittern. Werner ruft mir zu: „Wir müssen zuerst den Großbaum reinholen!" Aber das ist leichter gesagt, als getan. Der Bolzen am Mastbeschlag hat sich verbogen. Nur mit kraftvollen Hammerschlägen gelingt es, den Baum von den Mastfragmenten zu befreien. Mit eisernem Griff hieven wir unser gutes Stück auf die Backbordseite und zurren es sorgfältig fest. Dabei passiert es, daß wir abwechselnd, wie auf einer Eisenbahn, mit dem Achtersteven übers Deck schliddern. Gut, daß die Lifebelts halten!

Aktion „Großbaum retten" ist beendet – was nun? Über Winschen versuchen wir, den Spibaum, das Segel und den unteren Teil des Mastes an Bord zu holen. Doch viel zu groß sind die Kräfte, die alles in die Tiefe ziehen. Als die Reling wegzureißen droht, scheitern unsere Bemühungen endgültig. Nichts ist mehr zu retten.

Mit der Eisensäge kappt der Skipper nun eine Want nach der anderen. Bange Minuten folgen, denn das Achterstag hängt quer über der Selbststeueranlage und dem Walkerlog und beginnt zu zerren. Gerade noch rechtzeitig gelingt es uns, das Stag zu lösen. Goofy hat Glück gehabt – er bleibt unversehrt.

Nun hängt das gesamte Gewicht des Mastgewirrs nur noch am Vorstag. Werner turnt nach vorne. Ich traue meinen Augen nicht, als ich sehe, wie der Bugkorb plötzlich – in Bruchteilen einer Sekunde – vom Vorstag „kalt“ gebogen wird, weich wie eine Knetgummistange. Fluchend kappt Werner die letzte Verbindung zu unserem Mast. Ungläubig und wortlos schauen wir zu, wie er auf Nimmerwiedersehen in der Tiefe verschwindet. Position: 18°58′ Nord, 43°02′ West – 1100 Seemeilen vor Martinique, auf 5500 Meter Wassertiefe. Was nun?

Wir brauchen so schnell wie möglich ein Notrigg. Es muß weitergehen! Zum Verschnaufen bleibt keine Zeit. Alle noch vorhandenen Spieren, Schoten, Blöcke laschen wir nun mühsam – Stück für Stück – zusammen. Unter großen Schwierigkeiten riggen wir den Fockbaum als Notmast. Man kann sich an Deck nur im Kriechgang bewegen, denn ATLANTA giert in der groben See wild hin und her, und außer der Reling fehlt jetzt jeder Halt. Erst beim dritten Anlauf gelingt es uns, den Notmast aufzurichten. Die Großschot zurrt Werner dann als Vorstag, zwei Taljen als Wanten und zwei Trossen als Achterstage. So können wir schließlich im letzten Büchsenlicht die Sturmfock und die halbe, zusammengebundene Baumfock als Notbesegelung setzen. Den übriggebliebenen Spibaum laschen wir in der Mitte des Notmastes fest. Auf diese Weise lassen sich die Segel „ausgebaumt“ fahren. ATLANTA sieht nun aus wie ein Mini-Rahsegler. Immerhin können wir, wenn auch sehr wackelig, wieder unseren Kurs anliegen.

Nach ungefähr sechs Stunden anstrengendster Arbeit finden wir im Cockpit ein wenig Ruhe; und da erst kommt bei mir der Zusammenbruch. Plötzlich heule ich los, bin körperlich und nervlich am Ende. Da kommen Tim und Benni aus der Kajüte gekrabbelt. Du meine Güte, die Kinder! Wie lange waren sie unten allein? fährt es mir durch den Kopf.

Beide Jungs hocken sich zu uns und schauen sich interessiert das neue Rigg an. Tim wischt mir die Tränen vom Gesicht und meint: „Mutti, mach dir keine Sorgen. Der neue Mast is' große Klasse! Mit dem kommen wir auch in der Karibik an.“

„Tja“, fügt der Skipper nachdenklich hinzu. „Kopf hoch, Smutje! Es dauert vielleicht nur ein wenig länger. Wir werden eben Geduld haben müssen ... “

Unsere Kinder haben sich beide einmalig diszipliniert verhalten. Nach ein paar Tränen in den ersten Schrecksekunden spielten sie die ganze Zeit in der Kajüte, ohne sich zu mucksen. Mit Essen und Trinken versorgten sie sich selbst und keilten sogar alle Sachen fest, die in der Kajüte umherflogen. Haben sie gespürt, daß nur Zusammenhalt und Ruhe die Situation retten konnte?

Jedenfalls finden sie unser neues Rigg ganz in Ordnung. Benjamin erzählt eifrig von einem gerade erfundenen Spiel „Mastbruch“, zu dem sie um die Wette Schiffe mit riesenhohen Masten bauen. Spielend rekapitulieren sie immer wieder unsere Havarie und begreifen so, was passiert ist. Offensichtlich hilft es ihnen, ihre Ängste und Gefühle zu verarbeiten.

Etmal:	117 sm
Tagesgericht:	Kalte Küche „Havarie“

Mittwoch, 22. Dezember 82: Aus Drahttauwerk zurrt Werner gleich am Morgen zwei Vorstage, schert durch einen großen Reserveblock zwei Fallen, zieht die Normalfock und die kleine Fock hoch und bindet sie ungefähr auf halber Länge zusammen. So schustert er immerhin etwa 15 bis 20 m^2 Segelfläche zusammen, was ATLANTA mit 3,5 Knoten Fahrt belohnt. Nach den Sonnenbeobachtungen stehen wir mittags 978 Seemeilen vor Martinique. Wird uns das Notrigg diese Insel erreichen lassen?

Wetter:	weiterhin sehr launisch
Etmal:	74 sm
Tagesgericht:	schnelles Fleischgericht „Tinsdal“ (1 Dose Corned beef, einige Zwiebeln, Gewürzgurken, Margarine, Pfeffer; dazu Reis)

Donnerstag, 23. Dezember 82: Die letzte Nacht kam mit viel Wind, Regenschauern und einer mysteriösen Schiffsbegegnung. Zwei Topplichter und ein rotes Positionslicht tanzten über dem Schwarz der Wellen. Immer größer, immer deutlicher, immer näher. Gemeinsam lauerten Werner und ich in Hab-acht-Stellung im Cockpit und starrten auf jede Veränderung. „Blödes Schiff! Ich bin müde. Und jetzt geht meine Freiwache flöten!“ knurrte ich stocksauer.

Die Lichter drehten direkt auf ATLANTA zu. Wie sollten wir mit dem schwerfälligen Notrigg ausweichen – und wohin? Also gaben wir zunächst mit Festbeleuchtung unsere Position zu erkennen. Die Antwort kam spontan, aber verblüffend. Der Unbekannte löschte sofort alle

Lichter und tauchte in die Dunkelheit, verschwand spurlos. Es mochte ein anderer Segler gewesen sein. Er war nahe genug, um unsere Havarie im Schein der Starklichtlampe erkennen zu können. Vielleicht drehte er gerade deswegen lieber ab?

Bei Tagesanbruch schaukelt ATLANTA wieder allein über die Wellen. Keine Spur vom Spuk der letzten Nachtstunden. Nicht einmal der Wind ist geblieben. Mit einem Knoten Fahrt kriecht unser Boot dahin. Langsam blubbern die Wasserblasen am Rumpf entlang. Man kann sie fast zählen. Das bringt den Skipper schon bald aus der Ruhe und auf immer neue Ideen für eine Verbesserung des Riggs. Schließlich takelt er die Beibootspiere als zweiten Mast auf, setzt ihn vor die Achterkajüte und schlägt die Sturmfock an einer Bambusstange an: ein Rigg à la Lugger. Aber alle Mühe nützt nicht viel. Der Wind schläft immer mehr ein – wird es ein ruhiges, friedliches Weihnachtsfest?

Abends bereiten wir in großer Heimlichkeit vor, was das Christkind morgen in einem Seesack bringen soll. „Ich wünsch' mir den passenden Wind für Martinique", flüstert Werner. „Ob es mich auch erhört?"

Etmal:	99 sm
Tagesgericht:	„Schnusch" (Eintopf aus verschiedenen frischen Gemüsen und Kartoffeln)

Freitag, 24. Dezember 82: Heilig Abend auf See! Wir haben uns wieder gefangen. Allen geht es gut. Trotz Notrigg schaukeln wir unserem Ziel immerhin mit einem durchschnittlichen Etmal von 75 sm (augenblicklich bei Windstärke 1–2) entgegen. Der Tag ist sehr ruhig und mit 28° sehr warm. Nur ein leichter Hauch füllt die Taschentuchsegel. Die Stimmung an Bord ist ausgezeichnet. Voll gespannter Erwartung freuen sich unsere beiden Leichtmatrosen auf das Christkind. Tim zweifelt ein wenig: „Mutti, kann uns das Christkind hier auf dem Ozean überhaupt finden?" Benni antwortet gläubig: „*Ganz* bestimmt! Das Christkind hat doch auch ein' Sextant."

Das schönste Frühstück unseres Atlantiktörns trägt zu einem würdigen Beginn des Festtages bei. Es gelingt mir, in der Backhaube ein köstliches Brot zu backen. Duft und Anblick lassen uns schon vorher das Wasser im Mund zusammenlaufen. Bislang gab es nur Brot, das ein kanarischer Bäcker für uns zubereitet und wohl aus Versehen ordentlich gepfeffert hat. Auch Knäckebrot, ohne vorheriges Madenausklopfen ungenießbar, konnte uns auf Dauer nicht mehr reizen. So genießen wir das frische Weißbrot, zu dem es Käse, Marmelade, Honig und ein Frühstücksei gibt. Phantastischer Luxus!

Nun wird es Zeit, die Kajüte herauszuputzen. Mit selbstgebasteltem Weihnachtsschmuck verschönern wir gemeinsam unser Schiff. Begeistert behängen die Kinder alles mit Papiersternchen, Girlanden und Papp-Engelchen, die dank Alufolie sogar sehr schön glitzern. Ein großer, gemalter Weihnachtsbaum sowie der kleine freistehende „Skipperbaum“ mit Lametta zaubern aus ATLANTAs Kajüte eine festliche Weihnachtsstube. Ein wenig Bordroutine mit Navigation u. a. unterbrechen nur für kurze Zeit die stimmungsvollen Aktivitäten.

Dann kuscheln sich Werner und die Kinder in der Sofaecke zusammen und lesen weihnachtliche Geschichten vor. Währenddessen bereite ich unser Festmahl zu. Gerade einfach geht das bei der Wackelei nicht. Auf einem zweiflammigen Primus Optimus in vier Töpfen gleichzeitig zu brutzeln, wird ein kleines Akrobatenstück. Doch schließlich kann ich meine Lieben mit einem leckeren Essen erfreuen: Rindfleisch in Gulaschsoße mit Champignons, Rotkohl und frische Kartoffeln. Zum Nachtisch spendiere ich Pfirsiche, natürlich aus der Dose. Das Essen an Bord hat bei uns einen wichtigen Stellenwert. Es hält im wahrsten Sinne des Wortes Leib und Seele zusammen, besonders in unserer Situation. Darum machen wir immer eine kleine Zeremonie daraus und genießen, was auf den Tisch kommt. Wissen die Menschen in Deutschland eigentlich, wie gut es ihnen geht? Uns wird immer deutlicher bewußt, in welchem Überfluß man zu Hause lebt. Sehr lehrreich, solche Erfahrungen zu machen . . .

Tim und Benni werden jetzt immer kribbeliger. „Wann kommt denn nun endlich das Christkind? Hoffentlich findet es uns!“

Nun, es kommt tatsächlich sehr bald. Mit einem kunstvollen Triller auf der Bootsmannspfeife kündigt es sich an. Die Jungs hasten ins Cockpit. Sie suchen das geheimnisvolle Wesen und stolpern dabei über einen festlich ausstaffierten Seesack. Sie sind ganz aus dem Häuschen. Schnell ist der Sack aufgebunden, und zum Vorschein kommen allerhand schöne Sachen: eine winzige Matchbox-Eisenbahn, Buntstifte, für jeden einen Tuschkasten, ein Motorrad, Mickymaus-Hefte und ein paar Süßigkeiten. Benni vernascht als erstes einen Schokoladenweihnachtsmann und läßt mit vollem Mund verlauten: „*Toll!* Das Christkind ist aber lieb!“

Während die Kinder spielen, genehmigen sich die Eltern im Cockpit bei strahlendem Sonnenschein einen Cognac. Wir können eine Zeitlang die Deutsche Welle empfangen, hören Glockengeläute, Weihnachtslieder und Grüße an Seeleute in aller Welt. Unwirklich mutet der Gegensatz an zwischen dem Leben, das uns durch den Äther übermittelt wird, und dem Ungewöhnlichen, das wir gerade erfahren.

Unsere Gedanken schweifen zu den Lieben nach Hause. Wie gut, daß sie vom Mastbruch nichts wissen! Sie würden sich nur noch mehr um uns sorgen, ohne helfen zu können. Ein Funkkontakt hätte jetzt nur Verwirrung gestiftet.

Tim und Ben sind zu uns ins Cockpit gekommen. Mit einer gemütlichen Stunde zu viert beschließen wir diesen harmonischen Heiligen Abend und singen Weihnachtslieder. Der Skipper begleitet uns mit der Mundharmonika und mogelt ab und zu ein Shanty dazwischen: Stille Nacht... Kleine Möwe, flieg nach Helgoland... Gott steh uns bei auf unserem Weg...

Samstag, 25. Dezember 82: Frohe Weihnachten! Wie in Deutschland stehen unsere Kinder auch an Bord früh auf, um mit ihren Geschenken zu spielen. Von der Eisenbahn sind sie ganz begeistert. Trotz der Schiffsbewegung läßt sie sich auf dem Tisch gut aufbauen. Auch Vater findet seine Freude daran, obwohl er eigentlich noch gern geschlafen hätte; denn bei unserem zweistündigen Wachwechsel ist Schlafmangel an der Tagesordnung.

Im Lauf des Vormittags kommen Buntstifte und Wasserfarben an die Reihe. Zwischendurch lesen wir Geschichten von Mickymaus und Donald Duck. Die Kinder genießen die „Viersamkeit". Soviel Zeit füreinander haben wir vorher nie gehabt.

Mit einer zarten Brise läßt sich auch heute kaum Fahrt machen. Dennoch erreichen wir das erstaunliche Etmal von 77 sm. Nachmittags ziehen dunkle Schauer auf, verschonen uns aber diesmal. Vielleicht deshalb, weil wir vorbereitet sind und zeitig alle Segel bergen.

Nachdem Werner ein übriggebliebenes Drahtfall als Antenne gespannt hat, können wir die Deutsche Welle wieder besser empfangen, die uns nach dem Abendessen die Weihnachtsgeschichte beschert. Die Jungs hören aufmerksam zu. Wir sind dankbar für alles, was uns der heimatliche Sender übermittelt.

Der Wind frischt gegen Abend etwas auf. ATLANTA macht nun 3,5 Knoten Fahrt. Hoffentlich bleibt das so!

Sonntag, 26. Dezember, bis Donnerstag, 30. Dezember 82: Und ob das so bleibt! Auch der letzte Reiseabschnitt wird uns nicht leicht gemacht. Ein großes Tiefdruckgebiet zieht kurz nach Weihnachten heran. Vom Passat bleibt keine Spur mehr. Das Wetter macht uns zeitweise sehr zu schaffen. Wir sehen kaum noch die Sonne und zweifeln manchmal daran, ob wir uns auch wirklich auf dem richtigen Kurs befinden. Windgeschwindigkeiten bis zu 9 Beaufort lassen uns einige Male um unser Notrigg bangen. Grau in grau zeigt sich der Himmel, tagelang, eher norddeutsch als tropisch. Immer wieder regnet oder nieselt es. Immer wieder dreht sich das Schiff in Windrichtung, also quer zu den Seen. Wir müssen mit Backstagsbrise laufen, um den richtigen Kurs anzuliegen. Ständige Trimmversuche zehren an unseren Kräften. Auch die Nerven beginnen ein wenig zu flattern. Und die Kinder reagieren auf jede unserer Gefühlsregungen. Ihr Verhalten zeigt uns wie ein Spiegel die eigene Verfassung, was dazu führt, daß wir uns schnell wieder zusammenreißen und uns gegenseitig Mut machen. Wir tragen schließlich die Verantwortung für sie und wollen ihre frühen Segelerlebnisse nicht mit negativen Erfahrungen belasten.

Da kommt auch eine Begegnung mit einem Walpärchen gerade recht, die für erfreuliche Abwechslung sorgt. Ausgelassen schwimmen sie um das Schiff herum, jagen auf den Impeller des Logs zu, stupsen ihn abwechselnd hoch und in weitem Bogen nach vorn. Sicherheitshalber holt Werner den teuren „Spielball" ein. Man kann ja nie wissen... Schließlich haben diese Wale eine Länge von sieben Metern – und ein großes Maul. Aber es macht Spaß, in der Einsamkeit solch quirlige Begleiter zu beobachten.

Freitag, 31. Dezember 82: Eigentlich hatten wir uns vorgenommen, Silvester zu feiern. Das Wetter macht uns jedoch einen feucht-stürmischen Strich durch die Rechnung. Unzählige Regenschauer ziehen über uns hinweg. Wir kommen zu absolut gar nichts. Sogar unser einziges Vergnügen, Kaffeetrinken mit selbstgebackenem Kuchen, wird unterbrochen. Hohe Dwarsseen drücken ATLANTAs Heck so weit herum, daß Goofy manchmal überfordert ist und das Boot aus dem Kurs läuft. Dann heißt es: „Laßt fallen Kaffeetassen! Goofy braucht Hilfe. Ran an die Pinne!"

Meine Stimmung ist entsprechend miserabel. Schlafmangel, das Hundewetter, die anstrengenden Manöver und Wachen, problematische Navigation ohne Sonne, Nervenkitzel bei meist nächtlichen Schiffsbegegnungen (besonders kritisch wegen unserer Manövrierbehinderung) bewirken Abgeschlagenheit und Gereiztheit. Da fällt Optimismus nicht mehr leicht. Schließlich hole ich Unterstützung aus der Bordapotheke, die unsere Kräfte tatsächlich schnell mobilisiert.

Durch den Seegang mit einer Wellenhöhe zwischen fünf und acht Metern werden die Schiffsbewegungen so stark – ohne Mast fehlt jede Stabilität – daß wir uns nur mühsam durch die Kajüte bewegen können und ständig Gefahr laufen, von einer Ecke in die andere geschleudert zu werden. Meine blauen Flecken bilden fast schon eine Landkarte. Die Kinder haben da auffallend weniger Schwierigkeiten. Tim tanzt sogar stehend freihändig zu karibischen Klängen, die wir von *Big RA* – Radio Antilles – empfangen.

Mir hingegen rutscht manches aus den Händen, wenn ich mich schnell irgendwie und irgendwo festhalten muß. Auch eine Cola-Dose saust auf den Boden, explodiert und verspritzt ihren klebrigen Inhalt in der ganzen Kajüte. Beim Saubermachen lasse ich ein paar Flüche los, das hilft. Auch beim Kochen gibt es Probleme. Ab und zu gleicht der Primus trotz zusätzlichen Bleigewichts die extremen Schiffsbewegungen nicht mehr richtig aus. Das macht das Vorheizen gefährlich, denn brennender Spiritus schwappt in die Niroschale unter dem Kocher. „Herz, bleib stark!" Die Schale ist glücklicherweise so tief, daß der Spiritus darin verbrennt. Ab sofort heize ich mit Esbitwürfeln vor, was zwar nasenbetäubend stinkt, aber ungefährlich ist.

Einen weiteren Beitrag zur bedrückten Stimmung liefert die Feuchtigkeit, die bis in die Kojen vordringt. Alles ist klamm und kalt. Ungemütlich! Wir sehnen uns nach Sonne. Soll das tatsächlich die Passatroute sein?

Gewitterstürme und unaufhörliche, alles durchnässende Regenschauer machen diese Silvesternacht zur feuchtesten und einsamsten meines Lebens. Jeder muß während der Wache mit seinen Gedanken und Empfindungen allein klarkommen. Zwischendurch höre ich über die Deutsche Welle, wie ausgelassen und fröhlich die meisten Leute zu Hause feiern. Da wird's mir ganz schön trübsinnig zumute. Ich frage mich, ob diese Reise weiterhin eine „Kneippkur" für uns sein wird: mal heiß, mal kalt ... mal Freude, mal Verzweiflung ...

Landfall mit Hindernissen

Zwischen zwei Schauern stoßen wir um 24.00 Uhr Bordzeit (GMT minus drei Stunden) im Cockpit mit einer Cola an. Gegenseitig machen wir uns Mut für das neue Jahr 1983. Der ungebrochene Optimismus des Skippers hilft mir dabei sehr.

Sonntag, 2. Januar 1983: Endlich hat sich der Passat wieder eingestellt! Darum beginnt der Tag ruhig, zuversichtlich und voll Freude auf den bevorstehenden Landfall. Schon im ersten Dämmerlicht und dann wieder bei Sonnenaufgang meine ich, während meiner Wache Land

25

27

25 Marigot Bay auf St. Lucia – die Traumbucht lockt viele Segler

26 Eine Regenwaldwanderung...

27 ...führt uns durch ein abgeschiedenes Bergdorf

28

29

28 Antigua – Kapitänshaus von Admiral Nelson

29 Kanonen künden auf den Karibikinseln von einer bewegten Vergangenheit

30 Karneval in Fort-de-France, der Inselhauptstadt von Martinique

31 Fischer verkaufen ihren Fang gleich am Strand

32 Luvseite von Martinique – mit dem Notrigg gab es hier beim Landfall einige Probleme

31

30

33

34

33 Beim Karneval in Trois Ilets tanzt eine Dorfgemeinschaft in Hochstimmung

34 Zum Proviantbunkern ideal: das Bananaboot

35 In den labyrinthartigen Gassen von Charlotte Amalie findet der Skipper den verlorenen Sohn

erspäht zu haben. Auch die Peilung von 250° kann stimmen... Nur sicher bin ich meiner Sache nicht. Also schießen wir wie üblich die Sonne und beginnen mit der Standortberechnung. Als Werner die Mittagsbreite bestimmt, ruft er die Mannschaft aufgeregt ins Cockpit: „Land in Sicht!"

Von diesem Augenblick an baut sich eine unbeschreibliche Spannung auf. Tatsächlich, wir haben Land voraus! Die Kinder tanzen vor Freude, sind ausgelassen und können es – genau wie wir – doch nicht recht fassen. *Martinique* – nach 26 Tagen auf See haben wir genau die Mitte der Karibikinsel vor dem Bug. Traum oder Wirklichkeit? „Mensch, Skipper, kneif mich mal!"

Zunächst hüllen sich die Landmassen in Dunst, darum bleibt ein Schätzen der Entfernung Glückssache. Um den Abstand exakt und schnell zu errechnen, nimmt Werner eine Horizontalwinkelmessung vor. „Was? Nur 15 sm? Verflixt!" Wir sind dem Land näher als vermutet. Aber – der Strom! Er setzt uns tatsächlich mit drei Knoten auf Land zu. Alles geht nun rasend schnell.

Wir übernehmen Goofys Arbeit. Zunächst versuchen wir, die Nordspitze der Insel anzuliegen, was Wind und Seegang begünstigen. Doch schon bald sind wir dem Land viel zu nahe. Den kleinen Felsen Caravelle passieren wir mit nur einer halben Meile Abstand. Dann plötzlich... „Um Himmels willen!" An Backbord bricht sich die hohe Atlantikdünung über Korallenriffen... Und bei dem Seegang wäre es zu riskant, einen Ankerplatz auf der Luvseite anzulaufen. Was nun? Ich habe Angst um uns und ATLANTA! Werden wir auf die Riffe getrieben? Ist eine Strandung hier das Ende unserer Reise?

Mit dem Notrigg sind wir kaum in der Lage, anders als vor dem Wind zu segeln. Werner schmeißt den Jockel an. Mit vollen Touren dampfen wir von der Insel weg – Kurs NNO – gegen die Passatdünung. Wir müssen mehr Abstand gewinnen! Doch die starke Strömung stemmt sich gegen uns, Seen kommen über. ATLANTA kämpft sich Stück für Stück von Land frei, so mühsam, daß meine Angst bleibt. Ich steige zu den Kindern in die Kajüte hinunter. Sie spüren meine Unruhe. Bereitwillig ziehen sie ihre Schwimmwesten an und helfen, ein paar wichtige Habseligkeiten zusammenzupacken. Benni weint ein bißchen. Tim fragt verwirrt: „Warum ist denn das so schlimm, daß die Insel schon ganz nah' ist? Eben haben wir uns doch noch sooo gefreut... ?"

Ich gebe mir einen Ruck, spiele die Gelassene und beruhige die Jungs. Plötzlich hören wir ein fürchterliches Rumpeln an der Bordwand und Werners verzweifelten Ruf: „Fischernetze! Wir sitzen mittendrin!“

Ich hetze hinauf. Die Maschine arbeitet längst im Leerlauf. So weit wie möglich hängen wir uns über die Reling, um festzustellen, ob wir uns in den Netzen verfangen haben. Verflixt, gerade jetzt brauchen wir unseren Jockel! Am Rumpf ist nichts zu erkennen, nur einige Fischerkugeln treiben achteraus. Gelesen hatten wir schon über die wagemutigen Fischer von Trinité. Sie bringen ihre Treibnetze so weit wie möglich nach Luv aus. Dann surfen sie in ihren offenen, winzigen Holzbooten wie Torpedos mit der Atlantikdünung an den Strand zurück. Aber im Augenblick sind wir nicht besonders erpicht darauf, Bekanntschaft mit den Fangmethoden der unerschrockenen Einheimischen zu machen.

Wir können nichts entdecken. Keine Netze unter uns – wirklich nicht? Uns bleibt keine andere Wahl, wir müssen es riskieren. Werner läßt die Maschine wieder langsam voraus laufen. Bange Sekunden ... Ist nichts in der Schraube hängen geblieben? ... Aber alles geht klar. Erleichtert atmen wir auf. Auf der Cockpitbank stehend, halte ich nun Ausguck nach weiteren Netzen. Erst gegen 17.00 Uhr tauchen endlich keine mehr auf. Auch der Abstand zur Insel reicht nun für eine Kursänderung auf die Nordspitze Martiniques. Doch unaufhaltsam holt uns das nächste Problem ein: die Dunkelheit. Schon um 18.00 Uhr wird es stockfinster. Außer ein paar Funzeln an Land sehen wir absolut nichts. Das Land können wir nur ahnen. Etwa am Kap St. Martin tastet sich ATLANTA um die völlig unbewohnte, unbefeuerte Nordspitze der Insel. Nur schemenhaft, fast gespenstisch hebt sich der Umriß des Montagne Pelée vom schwarzen Nachthimmel ab. „Vollmond, wo bleibst du?“ Wieder wissen wir unseren Abstand zur Küste nicht, müssen aber ständig Kurs ändern, um die Insel zu runden – alles nach Gefühl und Wellenschlag. An Segeln ist mit unserem Notrigg schon lange nicht mehr zu denken. „Jockel, halte durch!“ beschwöre ich den Motor. Immer dunkler wird der Himmel. Der Wind frischt auf, schwere Schauerböen fegen über uns hinweg ... Und trotzdem verzaubert uns für Augenblicke der Duft Martiniques: exotisch, fremderdig, blütenschwer – ein berauschendes Parfüm. Intensive, feuchtwarme Duftschwaden wehen zu uns herüber. Da lassen wir sogar die Salzwasserduschen gelassener über uns ergehen; denn seitdem wir die Nordspitze umrundet haben, stehen Wind und See wieder gegenan. Kurze, kabbelige See löst den langen Atem der Ozeandünung ab. Nachdem wir uns auch noch an Kreuzfahrtschiffen und zahlreichen Fischerbooten vorbeigemogelt haben, schleichen wir auf die ankernden Schiffe von Fort-de-France zu.

„Laß fallen Anker! Wir haben es geschafft!"

Unsere Atlantiküberquerung hat ein gutes Ende gefunden, am 3. Januar 1983 um 03.30 Uhr.

Erschöpft, aber glücklich und dankbar sitzen wir zu zweit noch lange im Cockpit und atmen den berauschenden Duft von Erde und tropischer Vegetation. Tim und Benni träumen selig in ihren Kojen. Und wir – träumen vielleicht auch wir noch? Oder sind wir wirklich in einem Paradies angekommen?

Die Atlantiküberquerung in Zahlen

Dauer:	7. 12. 1982 bis 3. 1. 1983 = 26 Tage und 16 Stunden	
Zurückgelegte Strecke:	unter Segel	2543 sm
	unter Motor	200 sm
	gesamt	2743 sm

Dagegen hätte die Großkreisroute 2657 sm betragen. Wir sind also 67 sm mehr gesegelt.

Durchschnittliches Etmal:	103 sm
Durchschnittliches Etmal vor Mastbruch:	116 sm
Durchschnittliches Etmal mit Notrigg:	88 sm
Bestes Etmal mit Notrigg:	117 sm
Unter Notrigg zurückgelegte Strecke:	1117 sm in knapp 14 Tagen

DER REISE FÜNFTER TEIL

In den Kleinen Antillen

Gefangen im Paradies – Erst die Arbeit, dann Hängematte und Freiheit

3. bis 18. Januar 1983: *„Hey! Hello! How are you?“* wird Werner am Strand überschwenglich von zwei kanadischen Touristen begrüßt. Er nimmt die Kanister aus dem Beiboot und holt Wasser an einer öffentlichen Zapfstelle. „Sind Sie der Skipper von dem Boot mit dem winzigen Mast?“ bohren sie neugierig. „Das sieht ja abenteuerlich aus. Faszinierend! Sind Sie *damit* etwa über den Atlantik gesegelt? Unglaublich! Der Mast ist gebrochen? Ach, wären sie vielleicht so freundlich, uns in Ihrem Beiboot mitzunehmen? Das *müssen* wir fotografieren. Vielleicht können wir Ihnen dann auch bei der Suche nach einem neuen Mast helfen . . . “

Den letzten Satz hören wir von allen Seiten. ATLANTA wird sofort zum aufsehenerregenden Blickpunkt. Kaum jemand beachtet noch die schmucken Zweimaster oder andere Millionenschiffe. Man kutschiert sogar die Passagiere der Kreuzfahrtschiffe um uns herum. Sensationsgierige Blicke gaffen uns schon beim Frühstück ins Cockpit. Besichtigungsgeld sollte man nehmen; das würde im Handumdrehen für einen neuen Mast reichen!

„Oh, dear! Sie haben ja Kinder an Bord! Die armen Kleinen! Es muß ja schrecklich für sie sein . . . “ kreischt eine vornehm bleiche Dame mit weißem Sonnenhütchen. Entnervt sehen Werner und ich uns an; wir haben denselben Gedanken. Hastig riggen wir das Sonnensegel auf und verbarrikadieren uns vor der lästigen Zudringlichkeit.

Das soll nun das Paradies sein, von dem wir so lange geträumt haben? Wenn wir an Bord sind, werden wir ständig beobachtet, begutachtet. Unser Mißgeschick stempelt uns hier zur Attraktion, ohne Aussicht auf echte Hilfe. So fällt es uns nicht leicht, das bunte, lebhafte Treiben der zauberhaften Insel zu genießen; wir fühlen uns wie amputiert, in unserer Bewegungsfreiheit behindert: wir wissen nicht, wie es weitergehen soll. Aber wir sind entschlossen, alle Hebel in Bewegung zu setzen, um unsere Freiheit schnell zurückzugewinnen. Überall knüpfen wir Kontakte, hören uns um, telefonieren nach Deutschland, schicken ein Telex an eine Bootswerft in Frankreich.

Aus Deutschland kommt nach mehrmaligem Hin und Her endgültig eine negative Antwort. Werners Vater hat alle Möglichkeiten sondiert – ohne Erfolg. Ein neues Rigg könnte per Flugzeug nur über New York bis nach Miami transportiert werden. Alles weitere bliebe ungewiß, von den Kosten und der Zeit ganz zu schweigen.

Auch die hilfsbereite Martiniquaise vom Schiffsausrüstungsladen in Fort-de-France steht mit ihrem französischen Charme ratlos vor dem Fernschreiber. Frankreich antwortet nicht. Da hilft auch nicht die Zugehörigkeit Martiniques zu Frankreich. Also kein Mast für uns, trotz optimaler Direktflugverbindungen von Paris nach Fort-de-France. Ende. Von außen können wir also keine Hilfe erwarten. Deshalb müssen wir mit aller Kraft hier auf Martinique eine Lösung suchen.

Lange Fußmärsche in dampfender Hitze führen Werner und Tim zu Mr. Johns Werft. Andere Segler haben dort gebrauchte Masten liegen sehen. Enttäuscht kehren die beiden zurück. Der eine Mast ist viel zu kurz, der andere würde ATLANTA versenken. Aber unsere Hoffnung, die Reise fortsetzen zu können, ist noch ungebrochen. In der Zwischenzeit habe ich nämlich mit Benjamin im Schlepp in der amerikanischen Botschaft Visa für die USA beantragt.

Tagelang gehen wir jeder heißen Spur nach irgendwo herumliegenden Masten nach. Sogar die Lagerstelle für Telefonmasten machen wir ausfindig. Dort haben sie zwar nur Hölzer von sechs Meter Länge, doch als letzten Versuch behalten wir den Gedanken im Hinterkopf... Schließlich hat schon Moitessier die Stabilität der postalischen Übermittlungsträger bewiesen.

Einmal klappern wir in einem auto-ähnlichen Gefährt mit einem Einheimischen quer über die Insel, um in einer abgelegenen Hütte eine mächtige, 16 Meter lange Aluspiere zu bewundern. „Ein prachtvolles Stück“, bestätigt Werner dem stolzen Martiniquais. „Aber ich muß erst ausmessen, ob er auf unser Schiff paßt." Er will den Mann nicht mit einer sofortigen Absage enttäuschen, denn das Projekt stellt sich als pure Geldschneiderei heraus. 7000 Francs (ca. 2500 DM) verlangt er für diesen Mast mit völlig verrottetem stehendem Gut, den er selbst von einem gestrandeten Schiff geborgen hat.

Zum ersten Mal spüren wir die typische Einstellung der Insulaner zu den Yachties: Wer mit einem Schiff in die Karibik kommt, kann in ihren Augen nur ein reicher Mann sein. Es geht über ihr Vorstellungsvermögen, daß es Menschen gibt, die jahrelang ihre Arbeitskraft einsetzen und sparen, um dann eine solche Reise zu unternehmen. Der Sparbegriff fehlt in ihrem Vokabular. Die wenigsten wollen begreifen, daß wir keine Millionäre sind.

In Fort-de-France versuchen wir von verschiedenen Yachten aus, über Funk Nachforschungen anzustellen: Bequia, St. Lucia's Charterstützpunkt, Virgin Islands, Florida und Trans Ocean – wer hat einen Mast für uns? Aber alle Verbindungen verlaufen im Sande. Es ist zum Verzweifeln!

Zwischendurch schwimmen wir uns die Depressionen vom Leibe und nehmen uns vor, die Schwierigkeiten mit mehr Nonchalance zu meistern. Nur ein Problem steht uns dabei im Weg: Wir sind auf die Mithilfe anderer angewiesen. In Worten sind alle ganz groß, doch die Taten überläßt man lieber irgendwelchen Leuten, die angeblich *garantiert* einen Ausweg wissen.

Der einzige Lichtblick bleibt Bernhard. Hinter dem Fort St. Louis haben wir den französischen Schweizer zufällig in einer Holzhandlung aufgestöbert. Ruhig hört er ATLANTAs Geschichte an, mustert uns abwechselnd und erzählt dann in Stichworten seine eigene Geschichte: „Bin auch über den Atlantik gesegelt, mit meiner Frau. Die hatte dann genug vom Segeln und lebt jetzt in der Schweiz bei ihrer Mutter, manchmal kommt sie zu Besuch. Ich lebe seit zwei Jahren hier und bin Manager in der Fabrik, zeichne und baue Fertighäuser aus Holz. Martinique und seine Frauen halten mich hier fest... Okay, ich will euch helfen, so gut ich kann. Aber ich hab' in einer Woche Urlaub – dann kommt meine Frau. Entweder schaffen wir's vorher, oder ihr müßt sechs Wochen warten. Okay?" Während er spricht, kritzelt Bernhard eine Skizze vom Mast und Mastfuß auf einen Notizblock.

„Abgemacht", nickt Werner. „Morgen verholen wir ATLANTA vor die Holzfabrik. Wir bauen den Mast. Zusammen schaffen wir's bestimmt in einer Woche."

Zwischen zwei heftigen Regengüssen fällt der Heckanker in den weichen Modder vor dem Fabrikgelände. Philipp, ein Franzose, macht ATLANTAs Bug an seinem schwimmenden Fragment (neues Rigg mit wrackverdächtigem Rumpf) fest, weil es zum Ufer hin für uns zu flach wird. Er begrüßt uns unrasiert, aber liebenswürdig. Unter seinem Sonnensegel verbirgt sich eine Großbaustelle. Überall liegen Bretter, Werkzeug und Eisenteile herum. Da hängt frisch gewaschene Wäsche über Haufen von Sägemehl, und Rotwein duftet gegen übelriechende Farbe an. „Schaut nicht so genau hin." Philipp grinst schief. „Ich weiß, es sieht hier draußen genauso chaotisch aus wie in mir drin. Gut, daß ihr da seid, es wird mich ablenken."

„Aber dein Rigg sieht phantastisch aus. Da kann man direkt neidisch werden." Werner möchte den plötzlich ausbrechenden Katzenjammer des Nachbarn mildern.

„Nun ja, das ist aber auch alles, was hier im Augenblick glänzt. Ich hab' ein Rigg, aber du hast eine Familie... Seit zwei Jahren hocke ich vor dieser dreckigen Fabrik, arbeite und arbeite und komme nicht raus aus der Scheiße. Ich hatte 'ne Freundin, weißt du? Mit der hab' ich große Pläne gemacht vom Segeln, von herrlichen Ankerplätzen – aus der Traum! Sie hat's nicht ausgehalten. Ist mir letztes Jahr weggelaufen. Und nun? Ich arbeite weiter, trinke meinen Wein mit Leidensgenossen. Seht euch nur um: Hier liegen lauter verkrachte Existenzen und unverbesserliche Träumer. *Merde!* Alleinsein macht krank... Ich muß hier bald raus, sonst werd' ich verrückt." Stöhnend schlurft Philipp zum Niedergang. „Nein, das ist kein guter Platz hier. Abends gehen fette Ratten spazieren, so groß wie Kaninchen, und morgens kannst du die Schaben aus der Kajüte schaufeln. Seht zu, daß ihr so schnell wie möglich aus diesem Dreckloch wegkommt!"

Gut, daß Philipp nur französisch spricht. So kann ich beim Übersetzen seine und unsere Situation ein wenig schönfärben, um die Kinder nicht zu ängstigen und ihnen die herrliche Unbekümmertheit nicht zu nehmen. Sie klettern ins Beiboot und rudern zu einer Erkundungsfahrt los. „Na, das sind ja schöne Aussichten", platze ich entnervt heraus und erzähle Werner die ungeschminkte Wahrheit. Er hat sich inzwischen umgesehen und wundert sich über nichts mehr. Hühner- und Ziegenställe, Wellblechhütten und Abfallhaufen rahmen das Fabrikgelände ein: ein Slum. „Und Bernhard macht einen Rückzieher. Er kann den Mast nicht in einer Woche bauen", vollendet der Skipper zerknirscht. „Tagsüber hat er von der Firma zu viele Aufträge, und nur nach Feierabend schaffen wir es nicht.

Bleibt nur... Mensch! Da drüben ist die kleine Werft von Grant. Da haben wir am Sonntag doch so'n paar verstaubte Hölzer gesehen. Los, das ist unsere letzte Chance, schnell aus dem Schiet rauszukommen."

In einem halbdunklen Schuppen waten wir kurze Zeit später durch zentimeterdicke Sägemehlschichten. Tim und Benni stromern aufgeregt herum, kundschaften jeden Winkel aus und finden dabei sogar ein Nest mit fünf Hundebabys. Sie besitzen noch die glückliche Eigenschaft, nicht nach der Zukunft zu fragen, sondern für den Augenblick zu leben, ihn mit Aktivität und Gefühl zu füllen.

Mein Blick wandert an den Wänden entlang und bleibt an einem weißen Hemd hängen. Wie ein Geist schwebt es unter dem Wellblechdach und „hält" einen Mast in seinem Ärmel. Seefrauengarn? Ja, vielleicht sehe ich wirklich schon Wunschgespenster.

„Da! Der paßt! Den müssen wir kriegen", stupst Werner mich im selben Moment an. Also doch keine Einbildung. Der Mast ist echt, aus gutem Holz, die Länge wäre genau richtig... Und das komische Hemd baumelt tatsächlich da.

Wir können gar nicht schnell genug zum Werftbesitzer kommen. Doch ohne Palaver und eindringliches Bitten gehen die Verhandlungen nicht ab; denn gerade jetzt erfolgt die Übergabe der Werft an einen Martiniquais. Der alte Werftbesitzer, ein verkniffen dreinblickender Franzose, versucht Monsieur Lamourieux davon abzuhalten, uns den Mast zu verkaufen. „Er ist eben ein alter Sammler. Er trennt sich nie von Dingen, die er mal gefunden hat", erklärt der junge Schwarze auf englisch, damit nur wir ihn verstehen können. „Aber ich verkaufe euch den Mast. Er stammt von einem Katamaran und ist ungefähr acht Jahre alt. Gleich, wenn Grant weg ist, komme ich zu euch runter. Ihr könnt das Schiff schon mal an den Steg legen. Da gibt's auch Trinkwasser."

Überglücklich und mit neuem Schwung holen wir ATLANTA und Bernhard zur Werft. „Ich bau' euch die Salinge, passende Beschläge und das Mastfundament. Kein Problem, ihr Glückspilze", bietet Bernhard erneut seine Hilfe an. „Das Holz ist kerngesund. Morgen geht's los! Das schaffen wir leicht in einer Woche!"

Und wie es losgeht... Und wie froh und dankbar wir sind, Martinique und keine andere Insel erreicht zu haben. Denn hier finden wir fast europäisch sortierte Läden mit zivilen Preisen. Und die Menschen sind herzlich und aufgeschlossen – bis auf wenige Ausnahmen. Nur unter diesen Voraussetzungen kann es gelingen, das komplette Rigg innerhalb einer Woche zusammenzubasteln. Das bedeutet zwar Arbeit und

Lauferei bis zum Umfallen, aber es geschieht endlich etwas. Wir können uns auch wieder selbst helfen.

Der Skipper zeichnet ATLANTAs Riß, ermittelt die Länge von Wanten, Stagen und Fallen, rechnet 75 Meter Nirodraht und 35 Meter Fallentauwerk zusammen und bekommt sogar eine Mastschiene mit Baumschlitten, Fallenblock, Schäkel, Preßhülsen und allem anderen beim Schiffsausrüster. Nur die Niroteile für den Mastfuß müssen fabrikmäßig angefertigt werden, was mit viel Geduld und langen Wegen verbunden ist. Ohne das Beiboot mit dem Außenborder wäre jetzt alles erheblich umständlicher. Doch die eigentliche Tücke liegt im Beschaffen der letzten Kleinigkeiten. So treibt Werner erst nach endlosem Fußmarsch in die Berge bei einem Segelmacher passende Mastrutscher auf. Endlich sind alle Teile zusammen.

Tatkräftig helfen mir die Jungs in der Zwischenzeit, den Mast anzuschleifen und zu streichen – einmal, zweimal, dreimal . . . Abends sind unsere Beine von beißwütigen Winzlingen zerstochen, die bei jedem Schritt aus den Hobelspänen hopsen. Und nachts quälen uns die Moskitos. Sie sirren durch die zähe Nachtschwüle und dringen durch kleinste Ritzen im Netz, um sich blutrünstig auf uns zu stürzen. Ungewohnte Geräusche, ein Huschen, Tapsen und Knacken, lassen mich häufig aus unruhigem Halbschlaf hochschrecken. Ist da jemand an Deck? Schon sitze ich mit klopfendem Herzen in der Koje, Räubergeschichten anderer Segler gehen mir durch den Kopf. Nein. Stille. Frösche quaken, Zikaden zirpen. Doch da! Mit einem Satz springt ein schwarzer Schatten über das Vorluk und von Bord. Eine Ratte? Eine Katze? Bis auf das leise Schnarchen der Kinder ist wieder Ruhe im Schiff. Nur mühsam döse ich wieder ein und träume von der Postkartenschönheit Martiniques.

Tagsüber perlt uns der Schweiß aus allen Poren. Kein Lüftchen regt sich in der Werft, obwohl der Passat über die Hügel streicht.

„Madame, Sie sind ganz erschöpft. Ich bringe eine Erfrischung." Monsieur Gabriel schlurft mit vier Kokosnüssen im Arm über den Steg. „Kokosmilch gibt Kraft und erfrischt. Sie ist herrlich kühl." Mit einer Machete schlägt er den oberen Teil der grünen Schale ab und bohrt eine Öffnung in das weiße Fleisch. Dankbar nehmen wir den durstlöschenden Drink an und schließen mit Monsieur und Madame Gabriel Freundschaft.

Licht und Schatten liegen im Augenblick eng beieinander. Wir freuen uns über den Kontakt zu den Einheimischen, der ohne unsere Havarie wahrscheinlich nie so zustande gekommen wäre. Sie sehen, daß wir ihren Süßwasserschlauch wie einen Luxusartikel behandeln, beobachten uns bei der Arbeit und behandeln uns nicht mehr wie müßiggehende Millionäre.

Sonntag, 16. Januar 83: Salinge streichen, Beschläge montieren, Bohrungen anpassen, Stage und Wanten anfertigen, Preßhülsen drükken – Stück für Stück, Stunde um Stunde. Nur am Läuten der Kirchenglocken merken wir, daß heute Sonntag ist. Und noch etwas unterbricht wohltuend unsere Schufterei: die „Grüße aus dem Heimathafen". Bei den letzten Handgriffen knistert und rauscht ein Ruf aus Deutschland über die Ätherwellen. Gebannt hören wir in das Radio hinein, um bloß kein Wort zu verpassen.

„Hallo Gaby, hallo Werner, Tim und Ben! Hier spricht der Opa Klaus aus Lippstadt. Euch müssen ja schon die Ohren klingeln, so oft haben wir von euch gesprochen. Wir sind froh, daß ihr jetzt heil auf Martinique angekommen seid, trotz eures gebrochenen Mastes. Bei uns stürmt und regnet es. Und ihr beiden, Gaby und Werner, werdet hier von allen Freunden beneidet und bewundert wegen eures Mutes. Hoffentlich wird euer neuer Mast bald fertig! Und dann für die Weiterfahrt toi, toi, toi – und immer eine Handbreit Wasser unterm Kiel! Das wünscht euch die ganze Familie und euer Paps."

Ich muß kräftig schlucken. Mit Tränen der Rührung in den Augen drücke ich die Jungs an mich. „Habt ihr das gehört? Sie denken an uns . . . Ach, tut das gut!" Über eine unsichtbare Brücke wird in diesem Augenblick eine Verbindung zu Menschen geschaffen, denen wir nicht gleichgültig sind, die mit uns fühlen. Das setzt in mir neue Energien frei, auch wenn der Sprecher der Deutschen Welle seine Grüße mit einem herzlichen „Mast- und Schotbruch" beendet . . .

Unsere Freunde beneiden uns? Über diese Worte denke ich immer wieder nach. Neid ist zur Zeit wirklich überflüssig; denn es scheint mir unvorstellbar, daß in unserer Situation jemand mit uns tauschen möchte. Viele stellen sich unsere Reise sicher als einen ungewöhnlich langen Urlaub vor, was schon längst nicht mehr der Realität entspricht, wenn man Urlaub gleich Entspannung setzt. Da trifft schon eher die Feststellung von Monsieur Lamourieux zu, der uns in seiner Werft kritisch beobachtet hat: „Ich glaube, eure Reise wird euch wertvolle Erfahrungen bringen. Ein Experiment mit euch selbst sein, eine besondere Lebensart."

Sechs muskulöse Martiniquais hieven unseren Mast hoffnungsvoll vom Operationstisch und tragen das neue Rigg zum Kran. Behutsam wird er an Deck in die Senkrechte gezogen und bleibt zunächst vom

Kran gesichert. Jetzt müssen Kauschen am unteren Ende der Stage exakt angepaßt werden: Preßhülse in die Kerbung der geöffneten Zange mit dem Hammer einschlagen, Nirodraht durchziehen und durch die andere Öffnung zurück. Kausch in das Auge einsetzen, Draht festziehen, Zange zupressen – viermal nebeneinander. Unerbittlich brennt die glühende Mittagssonne, die Luft ist feucht, die Kleider kleben am Leibe. Eine Hülse für dich, eine für mich. Die Preßzange wandert hin und her. Noch eine Bohrung hier und ein Nachfeilen da... Was an einem Rigg so alles dran ist! Jeder Handgriff kostet Kraft und einen inneren Ruck. Gleich kann ich nicht mehr. Ich fühle mich ausgemergelt.

Aber dann endlich werden unsere Anstrengungen belohnt. Ein neuer Mast steht ohne Kranhilfe auf ATLANTAs Deck! Glücklich teilen wir unsere Freude mit den Kindern, allen hilfreichen Einheimischen, mit Bernhard, André und wie sie alle heißen. Der Mast steht! Beim Blick nach oben fasziniert der Kontrast zwischen dem Weiß des Holzes und dem Blau des Himmels. Es ist wunderbar, wieder *frei* zu sein!

Gleich am frühen Morgen des 18. Januar verabschieden wir uns von lieben Menschen, die unsere Sorge teilten, und tuckern erleichtert zum Ankerplatz von Fort-de-France. „Laß fallen Anker!" Die Eroberung der Karibik kann beginnen. Jetzt erst sind wir da. Jetzt holen wir unseren Traum in die Wirklichkeit...

ATLANTAS neue Freiheit – Segeln, Sonne, Meer und Menschen

Endlich können wir in angenehmer Sonnenbrise im Cockpit frühstükken, ohne uns vor neugierigen Blicken schützen zu müssen. ATLANTA sieht wieder aus wie eine normale Segelyacht. Prächtig steht ihr das neue Rigg zu Gesicht!

Proviant, Post und Hängematte werden in Fort-de-France besorgt – Vorbereitungen für einen Erholungsurlaub mit „Tapetenwechsel". In der Anse Mitan, einer Bucht auf der gegenüberliegenden Seite der Inselhauptstadt, wollen wir ein paar Tage nur entspannen, langsam zur Ruhe kommen und karibisches Flair genießen. Ganz nach dem Motto amerikanischer Reiseveranstalter: *Relax and Enjoy Yourself* – entspannen und genießen.

ATLANTA reiht sich in den Pulk anderer Yachten ein. Palmen säumen den vor uns liegenden Sandstrand. Geschützt vor Wind und Wellen, läßt der Ankerplatz doch den Blick auf die Weite der See frei. Junge Leute aus der Stadt treffen sich am Strand, lassen Reggaemusik aus dem Stereoradio dröhnen und schwingen dazu ihre Hüften, halb im Wasser stehend. Ein Hausboot mit Steelband kurvt tagsüber viermal, immer vollbeladen mit Kreuzfahrt-Touristen, durch das Ankerfeld. Reger Beibootverkehr tuckert, rudert und segelt zwischen den Yachten. Sicher, es mag einsamere, auch schönere Buchten geben; aber diese hier liegt für uns zunächst einmal „vor der Haustür" und bietet nach allen Anstrengungen in der Abgeschiedenheit wieder buntes Leben und Treiben. Schnell entwickelt sich das Gefühl, einer großen Familie anzugehören. Will man Kontakt zu anderen Crews, so genügt es, den Hals über das Cockpit hinaus zu recken und für vorbeifahrende Dingibesatzungen ein freundliches Wort und eine offene Geste zu haben oder selbst auf Klönfahrt zu gehen. Es spricht sich schnell herum, wer für sich bleiben möchte, wer Ruhe braucht, aber Tratsch gehört eben auch zur Yachtieszene.

Etwa so: „Zur KAIROS fahrt bloß nicht hinüber! Die verstecken sich, wollen nicht gestört werden, weil er wieder 'n Buch schreibt ... " Schade, wir hätten Elga und Ernst-Jürgen Koch gern alles Gute gewünscht, denn sie waren die geistigen Eltern unserer Reise. Mit dem *Logbuch der Kairos* begann in unserer Studienzeit die Sehnsucht nach einem eigenen Boot, nach einem eigenen Törn. Der „Koch-Virus" siegte schließlich über alle Hindernisse und andere Pläne.

Nun ja, wir respektieren ihr Ruhebedürfnis und hoffen auf ein gemütliches Zusammensein oder ein paar freundliche Worte bei späterer Gelegenheit.

Bei Kaffee und selbstgebackenem Kuchen lernen wir Helga, die Bordfrau der SHANGRI-LA, und ihren Besuch aus Deutschland kennen: Eugen, Petra und die zweijährige Christine. Helga und Skipper Burghard Pieske bauten ihren 12-Meter-Katamaran mit gut vierjährigem Durchhaltevermögen und der Hilfe von Freunden selbst und segelten darin um die Welt – und um Kap Hoorn. Nun ist Burghard mit Diavorträgen auf Deutschlandtournee, während Helga die Stellung an Bord hält.

„Hm, is' der lecker! Schmeckt fast wie ausser Dose!" schnackt Helga mit ihrem typisch Hamburger Zungenschlag meinen Kuchen an. Und

Eugen schlägt einen gemeinsamen Törn nach St.Lucia vor. Eine dritte Crew, unterwegs mit der GÄT-DOAR, schließt sich der Runde an. Sie wollen ATLANTAs Probetörn mit dem neuen Rigg begleiten und ein Auge auf uns haben. Mich beruhigt der Gedanke, bei den ersten Gehversuchen nicht allein zu sein.

Und so setzen wir am 27. Januar mit ein wenig Lampenfieber die Segel zum ersten Schlag. Es geht gleich richtig los! Der Passat bläst mit sechs Windstärken aus Ost Schaumstreifen über die Bucht. Auf SHANGRI-LA hat Eugen sich mit unserer Kamera bewaffnet und filmt ATLANTAs neue Freiheit. Aber man sollte die Filmerei aufgeben! Denn natürlich geben wir uns alle Mühe, eine besonders gute „Figur" zu machen, und müssen dem Vorführeffekt wieder einmal prompt Tribut zollen. Unglücklicherweise verhakt sich das Fockfall hinter dem Doradelüfter an Steuerbord, reißt ihn mit einem Ruck aus der Fassung, die auch ich kurzfristig verliere, und schmettert ihn ins Wasser. Blitzschnell verschwindet er auf Nimmerwiedersehen. Wenig berührt von meinem Ärger scheint der Skipper geistig weggetreten zu sein. Denn viel zu sehr beschäftigt ihn der Trimm des Riggs und der Segel. Was kümmern ihn da solche Lappalien wie ein dummer Lüfter? Allein das Segeln zählt jetzt! Die zurückgewonnene Bewegungsfreiheit stillt seinen starken Freiheitsdrang, er fühlt sich wie erlöst. Werner kann wieder segeln und tut es mit Leib und Seele.

Aus rauschender Fahrt mit Backstagsbrise wird nach dem Runden des Kaps an der Südecke der Bucht eine harte Bolzerei. Um das Etappenziel, die Bucht von St. Anne am Südende Martiniques, zu erreichen, müssen wir gegen Seegang, Tide und Wind aufkreuzen. ATLANTA steckt die Nase tief in die Seen und schaufelt Wasser fast bis zum Cockpit. Manchmal stampft sie sich fest. Der Mast neigt sich beim Einsetzen des Rumpfes und ruckt leicht nach hinten. Wanten und Stage geben ein wenig nach, scheinen mit jeder Bewegung zu wachsen. Doch das alles soll ganz normal und kein Grund zur Beunruhigung sein. Nirodraht reckt sich eben und muß nach den ersten Meilen nachgespannt oder verkürzt werden. Trotzdem hocke ich mit leichtem Herzklopfen am Mast und spüre jedes Nachgeben.

Beide Jungs haben sich zum Schlafen in die Kojen verkrochen. Ihnen ist der Segelauftakt in der Karibik eine Spur zu rauh. Mir zwar auch, aber für den Test des neuen Riggs sind diese strammen Bedingungen sicher besser als ein lauer Kaffeetörn. Und schließlich werden alle Anstrengungen mit St. Anne belohnt. Nur zehn Boote ankern hier vor einer paradiesischen Kulisse: palmengesäumter Sandstrand strahlt vor üppig bewachsenen Hügeln, klares Wasser und ein fischreiches Korallenriff locken zum Schwimmen und Schnorcheln. Mit dem Beiboot segeln wir zum Riff. Und während Tim und Benni wohlig und zufrieden um Pützchen herumpaddeln, mache ich die ersten Versuche mit Schnorchel und Tauchmaske. Eine neue Welt öffnet sich mir. Phantastisch, diese bunt schillernden Fische, der artenreiche Korallengarten, die Einsiedlerkrebse und Muscheln! Zum ersten Mal erlebe ich das Gefühl der Schwerelosigkeit im Wasser. Der Anfang einer neuen, lebendigen Beziehung zum Meer ist gemacht. Ich kann mich nicht sattsehen, bis der Hunger und die Kinder mich aus diesem lebendigen Unterwasserreich zurückbeordern.

„Achtung, null!" Der Start zur Einkaufsregatta von St. Anne belebt die verträumte Szene. IMASI startet gegen PÜTZCHEN. Flink werden die Segel der Beiboote dichtgeholt, und ab geht die Post. Petra, Eugen und Tini verteilen ihr Gewicht im Dingi der SHANGRILA und ATLANTAs Crew duckt sich, um bloß keinen Wind aus dem Segel zu nehmen. Die Spannung zwischen den Teilnehmern wächst, Tim und Benn johlen aus voller Kehle. Unsere Banane siegt – wohl wegen ihrer ungewöhnlich wasserschlüpfrigen Form – um ein paar Bootslängen. IMASI kippelt jetzt flott auf den Anleger zu. Eine Extra-Bö hilft mit. Vor jubelndem Publikum macht Eugen kurz vor dem Steg einen eleganten Aufschießer, wobei Petra aber leider nicht an die richtige Gewichtsverteilung denkt. Eine zweite Bö pustet heimtückisch heran, drückt unerwartet das Segel herum und – IMASI kippt. Instinktiv reißt Eugen seine Tochter hoch und springt aus dem vollaufenden Boot. Um seine Frau, die wegen anderer Umstände in ihrer Wendigkeit behindert ist, macht er sich keine großen Sorgen. Stattdessen rauft er sich die Haare über den Inhalt ihrer Handtasche, der sich jetzt mit Salzwasser vermischt. Stoisch hält Petra die Stellung, sitzt graziös da und schaut sich völlig gelassen um, bis sie aufschwimmt, als hätte sie den Vorgang -zigmal geprobt. Die Szene ist bühnenreif. Doch angesichts der schlierig verlaufenen Tinte auf zwanzig mühselig geschriebenen Ansichtskarten verfinstert sich Eugens Miene. „Menschenskind! Warum hast du die blöde Tasche nicht auf den Steg geschmissen? Und warum hast du bloß den ganzen Mist zum Einkaufen mitgenommen? Pässe, Travellerschecks, Flugtickets – alles naß! Und die Karten – ein Jammer um die vertane Zeit. *Ich* schreib die nicht noch mal!" Schwupps, landet die unleserliche Urlaubspost endgültig im Wasser. Wir können uns ein Grinsen nicht verkneifen. Petra schluckt die Schimpftirade ihrer

Ehehälfte, schüttelt sich nur wie ein begossener Pudel. „Is' doch nun egal. Hauptsache, *dein* Anlegemanöver war Spitze, mein Schatz."

„Vergeßt IMASI nicht", lenkt Werner auf das Beiboot ab, das unter Wasser am Steg hängt.

Der Groll verraucht, schließlich hat man Urlaub; Boot und Frau sind trockengelegt, nun widmen wir uns dem Einkauf für ein Grillfest am Strand. Auf dem Weg ins Dorf St. Anne kommen wir an einem Friedhof vorbei, der uns ungewohnte Freundlichkeit ausstrahlt. Weiß gekachelte, im Sonnenlicht strahlende kleine Mausoleen sind überreich mit bunten Plastikblumen geschmückt. Bilder der Verstorbenen stehen, liebevoll eingerahmt, dazwischen. Ihr Andenken lebt hier an einem besonders schönen Ort weiter – an einem Ehrenplatz hoch über der Bucht.

In den Gärten entlang der Straßen ziehen die Bewohner ihr eigenes Gemüse, von der Brotfrucht bis zur Zwiebel, von der Papaya bis zur Tomate: eine Mischung aus europäischen und tropischen Früchten. Hühner, Schweine und Schafe laufen frei herum, und die Marktfrauen lachen uns freundlich an. Obst und Gemüse füllen bald unsere Taschen. Aber um das Fleisch schlagen wir einen großen Bogen, denn Heerscharen von Fliegen belagern es, vermutlich weil es hier ungekühlt einen herben Aasduft verbreitet. Wir halten die Luft an und kaufen gefrorenes Grillgut im Supermarkt, der ein fast europäisches Sortiment anbietet. Die Strandparty kann steigen. Am Nachmittag schwelgen die Crews von fünf Yachten in „Fleischeslust", was hier normalerweise ausgesprochener Luxus ist. Und wieder schmeckt es fast wie aus der Dose . . .

Klatsch – peng – klatsch. Bei Sonnenuntergang versiegt jeder Genuß und jedes Gespräch. Denn alle fünfzehn Partygäste beklatschen ihre nackten Schenkel und Oberkörper wie im Schuhplattlertakt; denn jetzt schmeckt nicht nur uns das Fleisch, sondern auch wir den Sandflöhen. Fluchtartig überlassen wir den Tierchen den Strand und feiern an Bord weiter.

St. Lucia – Touristen- und Yachtie-Ansichten

Nach Trubel und Trimmarbeiten in der Bucht von St. Anne segelt ATLANTA zum ersten Mal seit sechs Wochen außer Landschutz. Bei Bilderbuchwetter füllt sich ihr Booster mit halbem Wind und hebt uns über die Atlantikdünung. Zu meiner Erleichterung rührt sich der Mast nicht mehr, und das stehende Gut ist „ausgewachsen".

Vor dem gut versteckten St. Lucian-Hotel in der Rodney Bay fällt unser Anker, und noch rechtzeitig vor Dienstschluß erreichen wir mit dem Beiboot die Beamten von Zoll- und Einklarierungsbehörden. Entgegen allen bösen Behauptungen werden wir höflich, ja sogar mit einem wohlwollenden Lächeln für die Kinder abgefertigt. Auf jeder Insel verläuft die Ein- und Ausklarierung nach einem anderen Schema, doch in der Regel müssen diverse Formulare ausgefüllt, die Pässe gestempelt und eine Gebühr bezahlt werden. Das Hissen der Quarantäneflagge gehört in der Karibik (bis auf Ausnahmen wie Antigua) zumeist der Vergangenheit an. Werden die „Hoheitsträger" untertänig um Erledigung der Formalitäten gebeten, erteilen sie großmütig die erforderliche Aufenthaltsgenehmigung und zeigen zuweilen auch menschliche Züge. Beamte scheinen hier eine besondere Menschenrasse zu sein; denn sie zeichnen sich alle durch dieselben Eigenschaften aus: pingelige Genauigkeit, strikte Einhaltung ihrer Kompetenzen, Vorliebe für Papierkrieg und Stempel, hohe Selbsteinschätzung.

Auf dem Rückweg tuckern wir langsam durch die Laguneneinfahrt an einem typischen Karibikdorf vorbei - Gros Islet. Die Kirche ist das einzige Steinhaus. Holzhütten, meist mit Wellblechdächern, gruppieren sich darum. Kinder spielen auf hohen Muschelhaufen (Lambis oder Conch). Hier sind sie Abfall, aber für uns beliebte Sammelobjekte.

Hühner, Esel und Kühe kennen hier keinen Stall. Am Ende des Dorfes fällt ein zweiter Steinbau ins Auge. Wir rätseln über den Zweck des modernen Gebäudes, das nicht so recht zu den anderen passen will. Ein Gemeinschaftswasch- und sanitärhaus heißt die Lösung. Die Hygiene macht Fortschritte. Tim und Ben winken drei alten Fischern zu, die am Ufer ihre Netze flicken, und ernten gleich ein freundliches Lächeln. Es passiert immer häufiger, daß die Kinder mit ihrer Unbefangenheit eine Brücke zu den Einheimischen schlagen.

Wir haben uns vorgenommen, St. Lucia von beiden Seiten kennenzulernen: von der des Reiseprospekts, aber auch von seiner naturbelassenen. Und so stürzen wir uns gleich am ersten Abend ins Nachtleben des Hotels. Rock und Rouge sind angelegt, Petra und Eugen landfein in unsere Banane gequetscht, und Helga übernimmt die Wache über Schiffe und Kinder. Unauffällig wollen wir uns unter die Leute mischen. Doch wie's der Teufel will – mit dem letzten Riemenschlag springt mir beim Anlanden eine Welle ins Kreuz, durchnäßt meine Rückseite und isoliert mich fürs erste von den feingemachten Hoteltouristen. Denn wer flaniert schon gern mit nasser Kledasche im Flutlicht zur Limbo-Show? Egal! Unter den feuchtfröhlichen Zuhörern der Steelband ist zum Glück kein naserümpfender Herr Knigge mit Schlips und steifem Kragen.

Die melodischen Steeltrommeln hämmern uns ausgelassene Urlaubslaune ins Blut. Acht junge Schwarze im Alter zwischen acht und achtzehn singen und spielen aus Leibeskräften. Da bleibt kein Bein ruhig unter dem Tisch und meine letzten Wasserspuren trocknen bei heißen Reggaerhythmen.

„O island in the sun ... " Alles singt und summt mit. Steelklänge und Rumpunsch berauschen. *„I like Piña Colada ... dub, dubi, dubi, dubi, du ...* "

PIÑA COLADA

4 Teile Kokosmark (*cream of coconut*)	– 2	Schnapsgläschen
6 Teile Ananassaft (*pineapple juice*)	– 3	Schnapsgläschen
3 Teile weißer Rum	– 1,5	Schnapsgläschen

Gut gemixt in hohem Glas über gestoßenem Eis servieren. Strohhalm nicht vergessen!
Einen Eßlöffel Schlagsahne nach Geschmack unterrühren.

PLANTER'S PUNCH (Pflanzerpunsch)
Verschiedene Fruchtsäfte mit beliebiger Menge Rum mixen und Eis dazu geben. Bei diesem Getränk sind der Phantasie keine Grenzen gesetzt.

Genau so stellt man sich daheim den Traumurlaub in der Karibik vor; Palmen und Punsch, Sonne, Strand und Steelbands. Heute abend tut es uns gut, *diese* Urlaubsatmosphäre mitzuerleben, unbeschwerten Karibikzauber zu spüren. Es ist Erholung vom Bordalltag. Wir vergessen den streikenden Petrokocher, die Tücken der Elektrik, die lekkende Klopumpe und swingen selbstvergessen im Limbotakt. Werner macht sogar den rassigen Limbotänzern Konkurrenz. Seine Hüftakrobatik erfordert zwar noch ein wenig Training, aber die Stange untertanzt er bis in Knietiefe, so daß wir mit dem „Limbo-König“ vom St. Lucian-Hotel an Bord zurückkehren.

Die nächsten beiden Tage sehen uns auf Erkundungstour. Auf Pigeon Island erklettern wir über morsche Leitern Admiral Rodneys Fort. Kanonen und Festungsmauern auf der Anhöhe der heutigen Halbinsel (sie wurde durch einen Damm mit dem Festland verbunden) künden von kriegerischen Tagen. Engländer und Franzosen metzelten einander hier um Machtansprüche nieder. Ungefähr zwanzigmal wechselten zwischen 1660 und 1814 Herrschaft und Sprache. Geblieben sind das Patois, ein Sprachgemisch aus Französisch und Englisch, und ein paar Kanonenkugeln. Seit 1967 hat die Insel die Unabhängigkeit errungen, mit allen wirtschaftlichen Schwierigkeiten.

Tim und Benni hüpfen nach dem geschichtlichen Abstecher als „Piraten“ von den schweren Geschützen und lassen ihrer Phantasie freien Lauf. Sie lieben es, alles mit kindlicher Unbefangenheit zu entdecken und zu untersuchen und träumen sehnlichst davon, eines Tages einen Piratenschatz zu finden. Nur sollte er nach Bennis Geschmack nicht unbedingt im Dschungel versteckt sein. „Mutti, komm schnell, eine Elisabeth biest bei mir!“ schreit er voller Angst, als wir versuchen, vom Strand aus mit der Machete einen Weg durch den Urwald zu schlagen. Die „Elisabeth“ stellt sich als harmlose, allerdings beachtlich große Libelle von 15 cm Flügelspannweite heraus, die unentwegt um den Kopf unseres Jüngsten schwirrt. Überall kreucht und fleucht Kleingetier: Schmetterlinge umtaumeln uns in bunter Vielfalt, Kolibris stehen flügelsirrend vor leuchtend roten Hibiskusblüten, gelb-schwarze Spinnen staksen über saftig grüne Blätter.

Weit dringen wir nicht ein in das wuchernde Dickicht, weil es für eine Machete undurchdringlich wird und den Jungs auch der kleinste Busch schmerzhaft durchs Gesicht wischt. Kletten kleben sich an Kleidung und Haare, und Benjamin klebt an mir. „Der Wald läßt mich nicht rein! Ich such’ meinen Schatz lieber am Strand, da gibt ’s keine Spinnen“, erklärt er sichtlich erleichtert, als er auf einem Pfad wieder ungehindert laufen kann. Mit großen Augen bleibt er vor einem muskulösen Schwarzen stehen, der vor einer Kuhle auf der Erde kauert und Holzstücke hineinbettet. Mit hoher Stimme erzählt uns der Mann in singendem Englisch, daß er Holzkohle für ein großes Barbecue herstellt. Der „Master“ aus England habe seinen Besuch angekündigt, um nach der Plantage zu sehen und dort Urlaub zu machen. Unabhängigkeit? Die Insel befindet sich offenbar im Besitz einiger reicher Herren – weißer Herren. Scheit für Scheit stapelt der Schwarze auf, wundert sich über unser Interesse, schüttet eine Lehmschicht über das gefüllte Erdloch und zündet das Holz darunter an. In 24 Stunden wird die Holzkohle fertig sein.

Jeder Tag ist angefüllt mit neuen Eindrücken. *Noch* ist hier die Natur im Gleichgewicht. *Noch* gibt es trotz des Charterrummels auch stille Buchten. *Noch* kann das Wort „Karibik“ zu Recht eine Initialzündung für paradiesische Urlaubsträume sein. Man hat zwar den Nutzen des Tourismus’ entdeckt, aber *noch* ufert er nicht aus, hat *noch* nicht alles umgekrempelt. Wie lange noch?

Wenn man natürlich nur durchreist und kaum übers Cockpit hinausblickt, kann schnell ein schiefer Eindruck entstehen; denn Hotelburgen stehen nun einmal auch an schönen Stränden. Im übrigen ducken sich die meisten dezent unter Palmen, so daß hier das Bild der Inseln kaum gestört wird. Außerdem: Darf man so anmaßend sein, ein schönes Fleckchen Erde für sich allein beanspruchen zu wollen? Darum sollte sich mancher Segler davor hüten, ein nur oberflächlich gesehenes Revier als massentouristisch verdorben oder gar als feindlich-aggressiv abzuwerten. Viel zu oft hören wir Kaugummigerüchte, die sich schon seit Jahren halten und scheinbar endlos von Schiff zu Schiff ziehen. Wird irgendwo in Deutschland eine Frau vergewaltigt, steht am nächsten Tag eine Notiz darüber in der örtlichen Presse, dann wird es vergessen. Passiert dasselbe auf einer karibischen Insel, bleibt der Vorfall noch jahrelang in aller Munde. Jeder weiß es besser, jeder verunsichert den nächsten. Schwarze Schafe gibt es hier wie dort, warum bewerten wir dann dieselben Delikte so unterschiedlich?

Wir wollen versuchen, der Gerüchteküche nicht zu tief in die Töpfe zu schauen, sondern mit Behutsamkeit und Verständnisbereitschaft auf die Menschen zugehen. Schließlich können wir nicht sofort uneingeschränktes Entgegenkommen erwarten, aber ebensowenig nur Überfälle und Diebstähle befürchten.

Beim Schwimmen und Schnorcheln verarbeiten wir alle neuen Eindrücke und Erlebnisse. Erfrischt und ausgeglichen reden wir uns beim anschließenden Kaffeestündchen alles von der Leber. Tims heutiges Fazit: „Papi, könn’ wir hier noch länger bleiben? Mir gefällt es richtig gut in der Karibik.“

„Hey, Skip! Skip! I’m John, you wonna bananas? Skip, vergiß nich’,

ich bin John. Komme gleich zu dir rüber. Hab' schöne Bananen für dich! Okay, Skip?“ Ein junger Schwarzer grölt von seinem Surfbrett herüber. In Könnerhaltung gleitet er elegant vor ATLANTA in die Marigot Bay. Vor übereifriger Geschäftstüchtigkeit verliert er das Gleichgewicht und landet zur Freude anderer Jungs im Wasser. Mit drei, vier kleinen Holzbooten belagern sie im Nu unser Schiff, rudern herum und versuchen, John das Geschäft streitig zu machen. Freundlich, aber bestimmt fordert Werner sie auf, mit ihren Booten zur Seite zu rudern: „Wenn ihr mich nicht vor Anker gehen laßt, kaufe ich überhaupt nichts, okay?“ Sie akzeptieren und machen Platz. Eine Landzunge mit einem Palmenhain verengt die Einfahrt in *die* Film- und Postkartenbucht der Karibik. Geschützt von allen Seiten, von Kokospalmen umsäumt und begrenzt von hohen Bergen mit dichtem Regenwald, liegt die Marigot Bay vor uns. Einmalig. Da stören uns auch die vielen Yachten, die hier ankern, nicht.

„Hey, Skip! Willst du jetzt Bananen kaufen? Sind billig für dich!“ kreischt der erste Junge, als die Maschine schweigt. Da sind sie wieder, alle Johns und Mikes und Toms. Sie wollen verkaufen: Papayas, Körbe und Hüte, aus Palmwedeln geflochten, aus Kokosnüssen geschnitzte „Kunstwerke“ und Bananen massenweise. Wir brauchen Bananen und handeln den Preis aus. Sie versuchen zu feilschen. Wir erklären, daß sie uns nicht mit einem Charterschiff vergleichen wollen. Sie verstehen schließlich, daß wir keinen Kurzurlaub auf einem Luxusliner machen und mit dem Geld haushalten müssen. Wir bekommen die Bananenstaude schließlich für 7 EC-Dollar gleich 7 DM, die sie übrigens aus der naheliegenden Plantage „organisiert“ haben.

Ein Boy, angeblich Johns Bruder, erklärt sich dann für unsere Frischobstversorgung in den nächsten Tagen zuständig und bietet Hilfe jeder Art an. Nicht aufdringlich, nur freundlich geschäftstüchtig. Alle anderen sehen wir von Stund' an nur aus der Ferne. Jeder arbeitet und verdient für sich selbst. Wer eine Yacht zuerst anspricht oder den ersten Handel abschließt, hat das Recht, eventuell auch weitere Geschäfte mit dem betreffenden Skipper zu machen. In der Regel gilt in der Marigot Bay das ungeschriebene Gesetz: „Wer zuerst kommt, mahlt zuerst.“

Bei einer Kuchenschlacht auf der GÄT-DOAR kommt die Idee auf, eine Fahrt zum Mount Soufrière zu machen, dem einzigen *Drive-in-*Krater der Welt. Doch die Verhandlungen mit dem Besitzer eines 14-Personen-Taxis gestalten sich äußerst schwierig. Im allgemeinen befördert Mr. Albert nämlich nur Chartergesellschaften, die bereit sind, seine utopischen Preise zu bezahlen. Er hat zumeist nur einen Touristentyp kennengelernt und wie es scheint nicht den besten. Charterkunden, die wie Krösusse auftreten, verderben jede Verständnisbereitschaft der Einheimischen gegenüber Langfahrtseglern, die auf ihre Bordkasse achten müssen. Hartnäckig wird gefeilscht. Für 190 EC (= DM) scheinen die Fronten schließlich geklärt, wenn auch unsererseits ein wenig zähneknirschend. Mr. Albert will um 10.00 Uhr mit den Crews von SHANGRI-LA, GÄT-DOAR, WINDROSE und ATLANTA zum Soufrière aufbrechen. Petra, Tini, Tim und Ben sitzen schon startklar im Bus, als Mr. Alberts Fahrer lächelnd bekanntgibt: „Schnell, steigt ein! Wir machen für 200 Dollar 'ne prima Tour. Aber beeilt euch, wir müssen um vier spätestens zurück sein."

„O nein, lieber Freund, das war nicht abgemacht! Warum wollt ihr uns für dumm verkaufen?" ärgert sich Werner. „Wir zahlen 190, und du hältst dein Wort, okay?"

Der Fahrer bleibt stur, wir ebenso. Petra, Tini, Tim und Ben steigen wieder aus. Im Gänsemarsch kraxeln zwölf Mann die steile Straße zu Alberts Bar hinauf. Der Blick über die Bucht und die Steigung sind atemberaubend. Glitzernd blau reckt sich der Meeresfinger in den sattgrünen Teppich tropischen Regenwaldes. Alberts Kleinbus verfolgt uns schleichend. Ein schwarzer Kopf fragt aus dem Fenster: „Wollt ihr zum Sofrière? Ich fahr' euch hin." – „Nein, jetzt nicht mehr." Wir sind uns einig. Auf eigene Faust querwaldein zu wandern, reizt uns nun viel mehr. Ein heftiger Regenschauer überrascht uns, aber eine überdachte Haltestelle für Sammeltaxis (*collectivos*) in der Nähe bietet Schutz. Einheimische Frauen, Männer und junge Mädchen warten hier. Reserviert mustern sie uns von oben bis unten. Wieder brummt Alberts Bus um die Ecke. „Nein! Wir *gehen* gleich weiter, allein. Zu Fuß. Wir wollen nicht mehr fahren."

Der Mann begreift den Grund nicht.

„Es gefällt uns hier. Der Soufrière hat Zeit. Und ihr habt euer Wort nicht gehalten, okay?"

Wild aufgebracht palavert er mit den Mädchen. Zwei von ihnen giften uns an, denn sie wissen, daß ihr Freund heute keinen Cent mehr verdienen wird. Aber Mr. Albert erfährt hoffentlich auf diese Weise, daß es nicht nur wohlhabende Millionärsyachties gibt, die man schröpfen kann, bei denen es vielleicht nicht so genau darauf ankommt, feste Abmachungen einzuhalten.

Auf der Straße nach Castries kommen wir an Bananenplantagen vorbei, die das ganze Tal zudecken. Im Sonnenlicht schillern Regentropfen auf den breiten, saftig grünen Blättern. Pflückreifen Stauden sind schon Plastiktüten übergestülpt. Die Wärme läßt den Regen von der Straße aufdampfen, die sich in vielen Kurven durch das Dickicht windet. Ein Schulmädchen trabt in Gemütsruhe seines Weges. Es trägt brav korrekte Einheitskleidung – einen braunen Faltenrock, weiße Bluse –, und die Schuhe in der Hand. Schüchtern schielt sie mich von der Seite an. „Ist dein Schulweg weit?" spreche ich sie an. „Ja, ich muß eine Stunde laufen. Aber nicht mehr lange. Da oben bauen sie die neue Schule. Alle Kinder werden dann mit dem Bus abgeholt." Freier und aufgeschlossener erzählt sie nun, was sie alles lernen muß und was sie am liebsten macht. Sie spürt mein Interesse und freut sich darüber. Ihre Unvoreingenommenheit gegenüber uns „Weißen" empfinde ich wohltuend.

Unsere Wege trennen sich. Über der Straße liegt ein gerodeter, aufgewühlter Hügel – die Schulbaustelle. Prasselnd geht wieder ein Regenschauer nieder. Arbeiter, Kinder und wir drängen uns zusammen in eine kleine Holzhütte, die den Zweck einer Baubude erfüllt. Ein Mann steht hinter einer Theke – ein Brett, über zwei kleine Tische gelegt – und verkauft Getränke. Er freut sich über den Schauer, der ihm ein gutes Geschäft bringt. Singend schaukelt eine Frau ihr Baby auf dem Arm und rührt mit der freien Hand in einem Suppentopf. Es dampft und duftet. Schwarz und Weiß sitzen und stehen dicht aneinandergedrängt. Blicke wandern hin und her. Abtastend. Freundlich. Große Kulleraugen blinken mich an, als ich Kekse und Bonbons an die Kinder verteile. Auch die Erwachsenen tauen auf und beschreiben uns schließlich einen Rückweg zur Marigot Bay, quer durch den Regenwald. Benjamin hört, daß es durch den Wald gehen soll, und seine Müdigkeit ist wie weggeblasen. Ein Weg durch den Wald löst bei ihm eher Begeisterung aus als das Marschieren auf dem heißen Asphalt.

Der Regen hört auf, und die Kraxeltour beginnt. Bis zum Bergkamm bringt der Wirt unseren kleinen Treck auf den Weg. Steil ragt der Hang auf, wir müssen mehr rutschen als krabbeln, zwei Meter vor und einen zurück. Tim und Ben wieseln vor uns her. Offenbar haben sie mehr Ambitionen zum Bergsteigen als wir. Nach dem Aufstieg erreichen wir ein winziges Bergdorf, das völlig abseits jeder Straße liegt: ein Ort, der noch nicht zivilisiert ist. Hütten thronen auf buckeligen Erdhügeln, Wäscheleinen sind von einer zur anderen gespannt. Hühner scharren in der Erde, Schweine grunzen an uns vorbei. Mit offenem Mund staunt uns eine füllige Matrone an und scheint ihren Augen nicht zu trauen. Vielleicht hat sie tatsächlich noch nie in ihrem Leben einen Weißen gesehen. Sie trägt ihre Armut am Leibe: einen verwaschenen, zerfransten Rock und ein löcheriges T-Shirt, das den Blick auf die Brustwarzen freiläßt. Höflich grüßen wir und tippeln weiter. Allein hätten wir diesen Bergpfad nie gefunden. Dankbar verabschieden wir uns von unserem Führer und wandern allein auf einem Pfad weiter, der fast nur noch eine Spur ist. Riesenfarne, himmelhoher Bambus, Hibiskus, Bougainvillea und Palmen überall – für einen Nordeuropäer eine botanische Zauberwelt. Sicher ist es der Reiz des Fremdartigen, der uns so fasziniert, der beim Reisen überhaupt eine magische Rolle spielt. Es liegt wohl einfach in der Natur des Menschen, immer das Fremde doppelt so hoch einzuschätzen wie das, was er kennt.

Der Pfad, fußbreit, führt über eine winzige Lichtung. Hier scheint der Waschplatz des Hügeldorfes zu sein. Eine junge Frau kauert unterhalb eines Rinnsales vor einem Bottich und rubbelt singend an einem Wäschestück. Ihre Kinder spielen voller Hingabe in den schlammigen Pfützen, die sie und den Waschtrog umgeben. Ich schenke den beiden Kleinen eine Rolle Kekse und ernte ein erstauntes, glückliches Strahlen.

Im nächsten Dorf zeugt jede Hütte, jedes Kind, jeder Bewohner von erbärmlicher Armut. Die Hütten sind teilweise verfallen. Kinder laufen in zerrissener Kleidung herum. Den Erwachsenen fehlt jeder Lebensausdruck in den hageren Gesichtern. Leere Plastikflaschen, -tüten und Konservendosen türmen sich vor den Hütten und zeigen uns ein neues Problem dieser zivilisationsbeeinflußten Naturmenschen auf. Sie bekommen Lebensmittel in modernen Verpackungen und behandeln den „Wohlstandsmüll“ wie natürlichen Abfall. Er wandert vor die Tür – aber da bleibt er eben liegen, anstatt sich zu zersetzen.

Je näher unser Weg wieder zur Marigot Bay führt, um so argwöhnischer begegnen uns die Menschen. Tim und Ben werden plötzlich von einer schwarzen Kinderschar aufgehalten. Zunächst wirkt es wie eine neugierige Kontaktaufnahme. Werner macht aus großer Entfernung Fotos und holt die Szene mit dem Teleobjektiv heran. „Komm, das sieht von weitem freundlicher aus, als es ist.“

„Warum?“

„Die Kinder bedrängen unsere Jungs. Irgendwas scheinen sie von ihnen zu wollen.“

Tatsächlich. Schon bevor wir die Gruppe erreichen, hören wir aggressives Betteln. „Gib mir'n Dollar! Du bist reich! Los! Mach schon!“

Ahnungslos zuckt Tim mit den Schultern, weil er kein Wort Englisch versteht. Benni fragt: „Wollt ihr mit uns spielen?“

Mißverständnisse auf beiden Seiten. Vorsichtig kläre ich die Fronten, und schon laufen die Kinder auseinander. Ein paar Ältere pöbeln Werner an: „Gib mir Dollar, Du hast Foto von uns gemacht. Du mußt bezahlen!“

„Ihr täuscht euch. Ich habe meine Kinder fotografiert“, zieht sich der Skipper aus der Affäre. Hier trifft jedes Wort, jeder Versuch eines Gesprächs auf taube Ohren. Diesen Kindern wurde bereits eine Negativhaltung gegenüber Weißen eingeimpft. Wütend spucken sie auf den Boden und schreien derbe Schimpfwörter hinter uns her.

Sonnen- und Schattenseiten, freundliche Aufgeschlossenheit, Reserviertheit und aggressive Ablehnung lernen wir während unserer Regenwaldwanderung ebenso kennen wie die üppige Vegetation. Es lohnt sich, manch ein Erlebnis per pedes zu erlaufen. Das ist zwar mühsam, aber lebendig.

An den folgenden Tagen segeln wir zu den Pitons, Zwillingsvulkanen, die zum Wahrzeichen der Insel geworden sind. Majestätisch erheben sich diese Dschungelberge über der Küste und machen dem Zuckerhut in Rio in Höhe und Schönheit Konkurrenz (750 und 799 Meter; Zuckerhut: 350 Meter). Mit einem Kleinbus fahren wir in den Krater des Soufrière. Er ist zwar noch aktiv, aber angeblich harmlos. Stark ätzender Geruch von Schwefeldämpfen steigt uns in die Nase – ein ekelhafter Gestank nach faulen Eiern. Zwischen Lavagestein und Felswänden brodelt in riesigen Schlammlöchern eine schwarze Hexensuppe. Weiße Dampffladen steigen daraus hoch oder zischen aus den Bodenritzen. In Schleiern wehen sie über das zerklüftete, mit einer grüngelben Schicht bedeckte Gelände. Für Werner und mich ist es imposant zu sehen, wie sehr die Erde hier ihre inneren Kräfte gleichzeitig zu zeigen und zu beherrschen weiß. Auf die Jungs wirkt das Phänomen eher ungestüm, angsteinflößend. Benni klammert sich an mich, hält sich die Nase zu und schaut mich mit unsicherem Blick an: Wo habt ihr mich da bloß wieder hingeschleppt? scheint er zu fragen.

Gelegentlich werden die Kinder mit Situationen oder Eindrücken konfrontiert, die sie überfordern. Denn es ist schwer, ihre „Reizschwellen“ immer vorherzusehen. Außerdem können wir unsere eigene Neugier auf Unbekanntes nicht ganz unterdrücken. So handeln wir meist nach dem Motto: „Probieren geht über Studieren.“

„Mutti, komm weg hier! Der Berg stinkt. Ich hab’ keine Luft mehr.“ Der Moses schluckt ein paar Tränen.

„Ja, Mutti, gleich verdampfen wir! Kuck, überall qualmt’s! Spuckt die Erde gleich Feuer?“ Auch Tim zieht mich von einem Schlammkessel weg. Kein erklärendes Wort kann den beiden die Angst nehmen, diese riesige Hexenküche bleibt ihnen unheimlich.

Wir fahren vorzeitig weiter.

Es muß nicht immer Karneval auf Trinidad sein – Karussell und Karneval in Trois Ilets

12. bis 16. Februar 1983: ATLANTA läuft in die Bucht von Fort-de-France ein. Aus dem Radio schmettert die Karneval-Hitparade: „O la-la-la, o le-le-le-le“. Diese Musik geht ins Blut. In ihrer Einfachheit gleichen die Texte dem deutschen „Humba-täterä“. Ohrwürmer. Unwillkürlich singt man mit. Wir fühlen uns hier schon fast ein wenig wie zu Hause. Diese Insel sprüht intensiv französisches bzw. kreolisches Flair und ist dadurch ganz anders als St. Lucia. Vegetation, Vulkane und Strände mögen Ähnlichkeiten aufweisen, aber das Savoir vivre der Menschen gibt Martinique ein lieblicheres Gesicht. St. Lucia empfinden wir eher herb-urwüchsig. Auf Martinique fühlen wir uns freier.

Zusammengewürfeltes Kulturerbe und eine exotische Mischung aus afrikanischer, indischer und französischer Mentalität haben hier einen neuen Menschenschlag geschaffen – den Kreolen, den Martiniquais. Eine unvergleichliche Mischung verschiedenster Charaktereigenschaften prägen ihn: Stolz und Selbstbewußtsein, Freundlichkeit, Empfindsamkeit, Spontaneität und Unbekümmertheit.

„Englisch? Nein! Sprechen Sie bitte Französisch“, lächelt der Zollbeamte beim Einklarieren. „Wir sind hier in Frankreich, mein Herr, wir sind freie Franzosen“, wird ein Skipper vor mir gemaßregelt. Vielleicht ist die Haltung des Beamten extrem, aber auf die typisch französische Lebensart treffen wir in allen Schichten der Bevölkerung.

Beim Karnevalstreiben brechen verstärkt Spontaneität und Unbekümmertheit hervor. In jedem Schuppen probt man fieberhaft. Wir linsen durch Fensterritzen, beobachten Tänzer und hören sehr voluminöse Musik. Sie unterscheidet sich stark von Reggae-Klängen und findet erhebliche Verstärkung durch Trompeten und Gitarren. Es ist eine individuelle Richtung, die speziell auf Martinique anzutreffen ist.

Eigentlich wollen wir mitfeiern, wo und wie wir nur können. Aber uns bremsen gewisse Startschwierigkeiten. Niemand kann genau Auskunft geben, wann und wo die einzelnen Veranstaltungen und Umzüge stattfinden, nicht einmal das Fremdenverkehrsbüro der Hauptstadt. Es gibt kein offizielles Programm für die tollen Tage. Man muß sich umhören, sich auf Gerüchte verlassen. Mit etwas Glück und Geduld treffen wir hier und da rein zufällig auf singende, tanzende, farbenprächtig maskierte Gruppen, bis eine Menschenansammlung auf ein größeres Ereignis hindeutet. „Aha! Gleich kommt die Kostümparade der Bräute vorbei. Aus welcher Richtung?“

„Keine Ahnung. Von irgendwo. Er wird schon kommen . . . “

Das „Gleich“ dauert zwar noch über eine Stunde, aber ein kleiner Zug prunkvoller Wagen rollt schließlich heran.

„O la-la-la, o le-le-le-le . . . “ Lautsprecherboxen vibrieren, lassen die Bässe bis in den Magen mitschwingen. Von jedem Gefährt lächelt eine phantasievoll kostümierte Schönheit. Glitter, Glitzer überall. Die Kostüme sind voluminös, so überladen, daß die Trägerinnen eigentlich darunter zusammenbrechen müßten. Aber sie tragen sie mit Fassung und majestätischer Miene. Jede von ihnen möchte schließlich zur Königin des Karnevals gekürt werden. Doch über das Wie und Wo der Wahl herrschen wiederum Meinungsverschiedenheiten. Nach dem Umzug läuft alles auseinander. Karneval ist in der ganzen Stadt. Jeder feiert nach seiner Fasson.

Ganz anders erleben wir das närrische Treiben einen Tag später in Trois Ilets, in das wir rein zufällig hineingeraten. Eigentlich führte uns eine andere Ankündigung dorthin. Ein „heißer“ Tip aus erster Quelle versprach nämlich den Auftritt einer Steelband von Dominica. Doch wo es nicht um touristische Belange geht, muß man damit rechnen, daß nicht alles stimmt, was sich herumspricht. Es ist besser, sich stets auf Überraschungen und Eventualitäten einzustellen. Wir lernen, uns treiben zu lassen, auch mal in den Tag hineinzuleben, zu nehmen, was kommt, zu genießen, was gefällt: Savoir vivre . . .

Sonntags fährt kein Bus. Also suchen wir ein Taxi.

Die Steelband aus Dominica spielt nicht. Also sehen wir uns im Ort um. Stille. Nur wenige Leute laufen uns über den Weg. Doch alles leuchtet bunt geschmückt und deutet auf fröhliches Treiben hin, das noch kommen soll . . . Auf einem Platz am Rande der Bucht von Trois Ilets sind Imbiß- und Getränkebuden aufgebaut, alle mit ein paar überdachten Sitzplätzen für Regenschauer. Court bouillon und Lambi-Spießchen mit einer dicken Kräuter-Knoblauch-Tunke muß man hier einfach probieren.

An anderen Ständen halten rundliche, schwarze Mamis begehrte Kinderschleckereien feil: Kokosnußbonbons, Erdnüsse, Makronen und poppiges Spezialeis. Allmählich bevölkert sich der Platz. Und schnell wird das Eis zum heißen Renner bei den Jüngsten. Mit einem dicken Strohhalm schlürfen sie das grell gefärbte, gefrorene, geraspelte Wasser aus einer spitzen Tüte. Quittengelb, grasgrün oder knall-lila färben sich dann die Zungen und Gesichter. „O Karnaval, u la-la, u la-le." Erste Hits trällern noch leise von Bude zu Bude.

„Kommt mal! Da is' was Tolles. Die machen Autorennen. Darf ich auch mal?" Tim zieht aufgeregt an einen Wettstand. Mit einem Franc Einsatz sind Tim und Benni sofort dabei. Jeder Spieler wählt seinen Favoriten, die Flitzer stehen nebeneinander am Start. Wer wird auf welcher Bahn als Erster ins Ziel gehen? Die Spannung anheizend, hüpft der langbeinige Wettmacher herum. Die Bahn auf dem buntlakkierten Tisch ist durch vier schmale Bretter in Fahrspuren eingeteilt. Farbige Felder gliedern jede Spur: ein Würfelspiel, mit primitiven Mitteln eindrucksvoll aufgebaut. Und los geht's! Würfeln darf jeder, der einen Wagen im Rennen hat. Abwechselnd, aber nicht der Reihe nach. Die Würfel kullern hin und her, kreuz und quer. Einer zeigt Farben an, zwei andere die „Augen". Wild gestikulierend und anfeuernd hat der Spielmeister die Rallye voll im Griff. Er rückt immer das Auto um die gewürfelte Punktzahl vor, dessen Farbe ebenfalls aus dem Wurf hervorgeht. Tims roter Schlitten geht in Führung, aber die nächsten Würfe lassen den Grünen zum Zug kommen. Mit hektischen Handbewegungen werden die Autos vorgerückt. Hitzige Anfeuerungsschreie wollen das Würfelglück beeinflussen. Und da gelingt dem Letzten der Durchbruch. In rasendem Tempo fallen die Würfel dreimal, viermal auf Gelb. Gelb geht jubelnd durchs Ziel. Begeistert reißen die Kinder die Arme hoch. Ob Gewinner oder Verlierer – es scheinen sich alle mitzufreuen. Und schon geht es im Spielfieber in die nächste Runde. Ein neues Spiel, ein neues Glück ...

„Kinder, Kinder! Immer hereinspaziert ... Kommt und seht, wie sich dieses Karussell hier dreht!" sucht ein Mann die Aufmerksamkeit des kleinen Volkes zu erregen. Ein Karussell aus Urgroßvaters Zeiten läßt die Kinderherzen höher schlagen.

„Ich möchte mal fahr'n! – Ich auch, ich auch! – Das is' ja toll! Das is' ja noch richtig selbst gemacht! – Au ja, kuck mal, die Pferde sind echt aus Holz ... Und die Autos mit Eisen dran ... Und die Menschen machen Musik *ganz allein*!"

Unsere Jungs flitzen zur Kasse, und schon sitzen sie hoch zu Roß. Fasziniert bestaunen und filmen wir das tatsächlich noch funktionierende Museumsstück. Ein paar Halbwüchsige stemmen sich mit ihrer ganzen Kraft gegen einige Pfosten und schieben das liebevoll verzierte Karussell in schwungvolle Drehung. Es kreist immer schneller, schließlich ganz von selbst. Das vergnügte Kreischen der Kinder beweist, daß es auch ohne technische Perfektion geht. Live blasen und klöppeln drei Männer und zwei Jungs die Musik dazu, ohne jede Elektronik. Ihnen genügen Mundharmonika, verschiedene Blechdosen, rasselnde Glöckchen, hohle Bambusrohre für ihre Improvisation.

„Uah-uah-ea-ea ... o Karneval ... " Trompeten, Trommeln und Trillerpfeifen rufen plötzlich eine große Menschenmenge auf dem Kirchplatz zusammen. Das ganze Dorf ist im Nu auf den Beinen. Groß und Klein, Jung und Alt geraten außer Rand und Band. Touristen sind außer uns keine zu sehen. Karneval ist hier noch keine Touristenattraktion, sondern ursprünglich, ein Stück Leben dieses Dorfes. Wir flitzen zur Kirche hinauf und mogeln uns zwischen die Einheimischen. Wagen mit Musikgruppen, phantasievoll verkleidete Kinder- und Tanzgruppen setzen sich zu einem Zug um den Dorfkern in Bewegung. Ein Funke elementarer Tanzfreude springt auf uns über. Gewiegt von Samba und Rum schaukelt die Masse in einer Woge von Ausgelassenheit durch die Straßen. Wir tanzen mit und werden lachend akzeptiert. Völlig selbstvergessen swingt Tim powackelnd im Rhythmus der Trommeln. Schwarze bleiben stehen, zeigen belustigt auf ihn und finden es vielleicht witzig, daß ein Weißer solche Verrenkungen machen kann. Eine Frau huscht vorüber. Wie von einem Magnet angezogen, streicht sie über Tims Blondschopf und ruft ganz verzückt: „Das bringt Glück! Wer blonde Haare berührt, erlebt einen glücklichen Tag ... " Hier und da öffnet sich ein Fenster, eine Tür. Eine Rumflasche erscheint und macht die Runde. Hier ein Schluck und da ein Schluck. Man nimmt sich fröhlich in den Arm, gibt hier ein Küßchen und da ein Küßchen und singt lauthals: „*Baiser bas, baiser bas* ... Küß mich hier, küß mich da ... "

Die Stimmung brodelt vor der Kirche weiter. Und auf ein Zeichen hin macht der Zug die zweite Runde. Einmal ist eben nicht genug. Auf einem Bein kann man schließlich nicht so gut tanzen, wenn man weiß, daß unterwegs noch ein Schluck „Nationalgeist" (Rum) wartet.

Der Trubel geht auf dem Dorfplatz an der Bucht weiter. Da fällt es uns nicht leicht, sich aus dem Stimmungsrausch der Sambaklänge zu lösen. Aber wir müssen Rücksicht auf unseren Jüngsten nehmen. Schachmatt schläft er um sechs Uhr auf Werners Rücken ein. Er ist mit seinen vier Jahren eben noch zu klein, seine Kräfte sind begrenzt. In einem familiären Restaurant mit Wohnküchenatmosphäre hilft uns die Köchin, nach einem Taxi zu telefonieren. Energisch argumentiert sie in den Hörer, denn es wird schwer, einen Fahrer herzulocken. Fast alle sind im Karnevalsfieber und vom Rum außer Gefecht gesetzt. „Kinder! Hörst du? Hier sind Kinder, die können nicht zehn Kilometer laufen", erläutert die Köchin. „Sie sind zu klein und todmüde. Hab ein Herz!" Obwohl wir diesen Menschen fremd sind, behandeln sie uns mit mütterlicher Fürsorge.

Und nach einer Stunde rollt tatsächlich ein Auto vor die Tür. Die Köchin hat den einzigen nüchternen Fahrer weit und breit aufgetrieben. „Mama Hortense, wir kommen wieder, um bei Ihnen zu essen", versprechen wir. „Ja, ja, vergeßt sie nicht, die ‚Königin Hortense" ‘, lacht sie breit und zeigt auf das Schild über der Eingangstür: Restaurant „La Reine Hortense" – unsere spezielle Karnevalskönigin.

„Vaval", der König des Karnevals (in Form einer Puppe) wird auf dem Höhepunkt des Festes auf einem Scheiterhaufen verbrannt, mit den letzten Tropfen Rum und dem heißblütigen Temperament teuflisch maskierter Männer. Am Aschermittwoch ist auch auf Martinique alles vorbei.

Nicht nur der Karneval nimmt seinen Abschied. Wir machen noch eine Inselrundfahrt per Auto: Plantagen, Wildnis, verträumte Dörfer im Blütenzauber, einsame Buchten mit vorgelagerten Riffen und Inselchen auf der Atlantikseite . . . Die Karibik ist *nicht* überfüllt. Mit etwas Mut und ein paar Kreuzschlägen lassen sich zahlreiche einsame Ankerplätze ersegeln.

Ein Essen noch bei „Königin Hortense", ein letztes Wort zu lieben Menschen, ein Winken zur SHANGRI-LA und anderen Yachten (Freundschaften unter Yachties sind häufig sehr intensiv, nur leider immer viel zu kurz; aber dafür sind sie manchmal „erste Sahne", um mit Helga zu sprechen). Ein letzter Halt bei St. Pierre, dem eindrucksvollen Vulkan Montagne Pelée und seinen Opfern . . . Dann müssen auch wir Martinique schweren Herzens adieu sagen. *Au revoir*, auf Wiedersehen!

Dominica – *„Hey, skip, bananas?“*

24. bis 26. Februar 1983: Der Passat fegt den letzten Rest einer Störung vom Himmel, und ein strammer Törn durch hohe Atlantikdünung schaukelt ATLANTA nach Dominica. „Am besten lauft ihr an dieser Insel vorbei. Ankern kann dort sehr riskant sein. Die plündern Yachten aus, ohne Rücksicht auf Verluste! Einen Schweden haben sie überfallen, mit vierzig Booten sein Schiff in die Enge getrieben, haben es geentert und bis auf den Rumpf leergeräumt! Seid bloß vorsichtig!“ Derartige Warnungen und Schreckensnachrichten wurden uns für Dominica mit auf den Weg gegeben. Aber wir wollen selbst aus Erfahrung klug werden. Gerüchten stehen wir inzwischen skeptisch gegenüber. Manchmal glauben wir fast, daß grausliche Geschichten nur zur Abschreckung verbreitet werden, um sich selbst ein Stück Ursprünglichkeit vorzubehalten.

Wir sind erstaunt, wie zahm sich die angeblich so wilde Insel Dominica gibt. Entgegen allen ursprünglichen Absichten ankern wir sogar mutterseelenallein, eine halbe Seemeile nördlich des Leyon River, vor einem winzigen, unbewohnten Hotel. Viele Fischer gehen rings um ATLANTA ihrer Beschäftigung nach. Bis auf einen freundlichen Gruß, einen neugierigen Blick – eher scheu, zurückhaltend – kümmern sie sich überhaupt nicht um uns. Friedliche wilde Insel.

Anders hingegen empfangen uns viele hölzerne Nußschalen, als wir die Prince Rupert Bay anlaufen. Aber in dieser ankern wegen des besseren Wetterschutzes und der Möglichkeit, einen Dschungelfluß, den Indian River, zu befahren, auch schon einige andere Yachten.

„Hey, Skip! I'm Christopher (– oder Felix –). *I'm your guy. You make business with me.*“ Diese Rufe klingen zwar ähnlich wie auf St. Lucia, jedoch aggressiver. Trotzdem wollen auch diese Menschen – pechschwarz mit tiefdunklen, unergründlichen Augen – auch nur etwas verkaufen oder einen Job. Sie sehen in den Yachten *die* Chance für eine bessere Existenz. Wir können ihre Einstellung verstehen und kaufen die obligate Bananenstaude, obwohl sie uns allmählich zu den Ohren herauswachsen. Um so mehr sind wir enttäuscht, als sie hartnäckig darauf bestehen, uns in *ihren* Booten mit mindestens einem Führer in den Indian River zu rudern. „Ihr könnt aufs Schiff aufpassen. Aber wir wollen allein den Fluß hinauffahren, in unserem Dingi“, kontert Werner. Doch sie wollen unsere Einstellung nicht verstehen.

Und wir ihre Aufsässigkeit ebensowenig. Ständig sind wir von Booten umlagert. Das Verhalten dieser Schwarzen ist penetrant aufdringlich, aber nicht wie behauptet feindlich-kriminell.

„Hey, Skip, bananas? Indian River tour? Mangos? Bread?“

Manche zeigen sogar Empfehlungsschreiben anderer Skipper vor, die ihnen Ehrlichkeit und gute Arbeit testieren. Das eines Flensburgers soll besonderen Eindruck auf uns machen. Und einige betteln unablässig darum, mitgenommen zu werden: nach Martinique, nach Guadeloupe, egal – nur französisch muß die Insel sein, was für diese Menschen der Inbegriff des Paradieses zu sein scheint. Sie wollen weg vom Strand, weg aus ihren ärmlichen Hütten zwischen den Palmen. Das, was wir als paradiesisch empfinden – ihre reiche, üppige, sonnenverwöhnte Natur – wollen sie verlassen, weil sie „Wohlstand“ schnuppern. Tagtäglich sehen sie Yachten mit Crews, denen es besser geht als ihnen. Sie werden darüber „aufgeklärt“, daß auf anderen Inseln ein vielseitigeres, freieres Leben möglich ist. Hier lebt man von der Hand in den Mund, ohne Schule, ohne jede Chance auf eine geistige Weiterbildung, primitiv, aber mit einer Bewußtseinsveränderung und dadurch nicht mehr glücklich. Die Unzufriedenheit wächst. Ich denke an die Fischer beim Leyon River. Dort ankern keine Yachten (oder nur selten), dort leben die Menschen noch mit sich zufrieden; mit dem notwendigen Auskommen, aber glücklich. Das bedrückende Fazit stimmt mich nachdenklich: Viele wollen noch Ursprünglichkeit erleben, aber die Masse verdirbt sie.

„Hey, Skip, nimmst du mich mit?“

„Wohin?“

„Nach Martinique.“

„Tut mir leid, Junge, wir segeln nach Guadeloupe.“

„Egal, das geht auch.“

„Hast du Papiere, einen Paß?“

„Nein, wir haben alle keinen.“

„Dann gibt's aber Schwierigkeiten mit den Einwanderungsbehörden. Auch in deinem Paradies braucht man Papiere.“

„Wenn wir da sind, schleich' ich von Bord.“

„Aber das ist keine Lösung für dich.“

„Skip, ich will lernen, zur Schule gehen, Doktor werden ... “

„Illegal geht das nicht. Sie schicken dich wieder weg.“

„Ja, ich weiß, ich hab's schon mal versucht. Aber in Roseau geben die mir keine Papiere.“

Ratloses Schweigen. Mit den Kindern an Bord wollen wir uns auf

Behördenärger nicht einlassen. Darum segeln wir aus der gespannten Atmosphäre der Prince Rupert Bay, ohne an Land gegangen zu sein, ohne eine Fahrt durch den Indian River, mit hilfloser Beklommenheit . . .

Îles des Saintes – Leben und leben lassen – Ein Klavier zwischen Palmen

27. Februar bis 2. März 1983: Karibiksegeln, wie man es sich nur wünschen kann: Wind aus Ost, Windstärke 4 bis 5, Kurs Nord. Mit typischer Karibikbesegelung (dreifach gerefftes Groß und Booster) rauscht ATLANTA auf einem Ohr zu den Îles des Saintes. So ein phantastisch ruhiger Törn mit gleichmäßigem Seegang gehört aber zu den Ausnahmen. In der Regel ist das Segeln in der Karibik außerordentlich sportlich und weniger zum Kaffeetrinken und Sonnenbaden geeignet. Zwischen den Inseln reitet man unter Hochseebedingungen teilweise durch strömungsholprige Atlantikdünung, alle Plünnen festgekeilt. Und in Lee der Inseln überraschen die verschiedensten Wind- und Seevariationen: Flautengürtel, extreme Fallböen, kurzer Kabbelseegang oder spiegelglattes Wasser. Nur auf eines kann man sich (fast) immer verlassen: Der Passat kommt aus Südost bis Nordost, Störungen bringen nur die schwachen Winde aus anderen Richtungen. Da braucht es außerhalb der Hurrican-Saison nicht zu beunruhigen, wenn das Boot einmal ungewohnterweise mit der Nase zur offenen See zeigt. Die Karibik lehrt uns „Entspannungsankern“: in Lee, oft mit dem Heck zur offenen See. Der Wind kommt von vorn (ablandig); man braucht nicht ständig zu zittern: Na, macht er eine Drehung? Sorglos, dieses neue Ankergefühl.

So liegt ATLANTA diesmal vor Bourg des Saintes besonders gut geschützt inmitten eines Archipels aus fünf kleinen Inseln, südöstlich von Guadeloupe.

„Jetzt sind wir aber nich’ mehr in der Karibik“, stellt Tim überzeugt fest.

„Wie kommst du denn darauf?“

„Na, kuck doch! Hier sind nur so wenig Palmen. Jetzt gibt’s wieder and’re Bäume.“

Es sind Agaven, mannshohe Kakteen, Arbre toxique (Giftbäume) – alles Pflanzen, die lange Trockenperioden verkraften. Nur ein bescheidener Palmenbestand erinnert an typisch karibische Vegetation. Der Soufrière-Vulkan auf Guadeloupe (1467 Meter hoch) saugt jede Wolke der Umgebung an und nimmt den Îles des Saintes alles Wasser weg. Karger Pflanzenwuchs ist die Folge. Dafür haben die Inseln andere Vorzüge: lebensfrohe Menschen (eine eigensinnige Mischung aus Schwarz und Weiß, mit blauen Augen und hellem Teint), eine reiche Unterwasserwelt, ein buntes Dorf mit vielen kleinen Cafés, das imposante Fort Napoleon und gemütliche Beamte, die es mit den Arbeitszeiten und Formalitäten nicht so genau nehmen. Für das Einklarieren läßt man sich in der heiligen Wochenendruhe jedenfalls nicht stören: Leben und leben lassen. Diese lockere Atmosphäre gibt uns ein wohliges Gefühl.

Hinter den grünen, roten, blauen und gelben Häuschen verläuft in großem Bogen der Strand, eine wahre Fundgrube für unsere Jungs; denn überall liegen zwischen dem Gewirr von Booten interessante Dinge: Kisten, alte Anker, Hölzer, Netze, Tauwerk, Muscheln, Kochtöpfe – eine geordnete Unordnung, die an ein Zigeunerlager erinnert. Da gibt's so viel zu entdecken, daß beim Umherstromern sogar der allgegenwärtige stechende Durst vergessen wird.

Ebenso begeistert die Kinder das Fort Napoleon. Hoch auf dem Gipfel der Terre de Haut tollen sie zwischen den wuchtigen Gemäuern der Festung aus dem 19. Jahrhundert herum, kundschaften die vielen geheimnisvollen Gänge und Kammern aus und stellen tausend Fragen.

In der ehemaligen Kaserne des Forts hat man ein Museum eingerichtet und ein Stück Karibikgeschichte lebendig werden lassen. Das hilft uns, die Fragen der Kinder zu beantworten. Fast alles dreht sich um die berühmt-berüchtigte Seeschlacht vom 12. April 1792, in der Admiral Rodney für England gegen die Franzosen unter de Grasse den Sieg errang. Rodney hatte die bessere Taktik, er nutzte geschickt den Windvorteil aus. Man mußte eben auch segeln können, um eine Seeschlacht erfolgreich zu führen …

Die Saintois sind trotzdem stolze, anhängliche Franzosen geblieben. Manche kommen sogar heute noch aus dem Mutterland Frankreich, auf der Suche nach einer Oase der Beschaulichkeit. Eine solche Familie – Vater, Mutter und fünf Kinder im Alter zwischen 18 und knapp einem Jahr – lernen wir dort kennen, wo die Bucht Pain du sucre von einer Landzunge eingefaßt wird. Wie der Smaragdanhänger einer Kette hängt sie, verbunden durch ein Glied aus Sandstrand und Palmenhain, an der Insel Terre de Haut. Es ist zweifellos das schönste Fleckchen auf den Îles des Saintes, das diese vielseitig ambitionierte Aussteigerfamilie zu ihrem Domizil gemacht hat. Ihr Haus aus Holz, mit einer riesigen überdachten Terrasse, von Palmen umstanden, lädt auch Fremde zu einer willkommenen Erfrischung an der kleinen Bar ein. Und inmitten des Gewirrs – Kram, Kitsch, Kunst und Bücher wie in einem Kuriositätenkabinett – funkelt Werner ein uraltes Klavier aus Paris an.

„Fühlt euch wie zu Hause“, begrüßt uns der älteste Sohn Jean und schmökert dabei in einem dicken Wälzer. „Die anderen gehen auf Guadeloupe zur Schule, jeden Tag mit der Fähre ... Ich lern' lieber alles aus diesem Lexikon. Hab' noch 'ne Menge andere. Da steht alles drin, was man so wissen muß. Ich bleibe lieber hier, bringe das Haus in Ordnung, sorge für das Baby und lerne, wann es mir paßt und was ich will.“

Eine Ziege springt auf die Wohnterrasse. Ein Hund bellt hinter ihr her und verscheucht sie vom Laufstall des Babys, das gerade ein Nickerchen hält. Später spielen unsere Kinder mit dem Kleinen, und Werner setzt sich ans Klavier. Verstimmte Töne klirren daraus hervor, aber der Skipper ist selig, nach langer Zeit wieder einmal spielen zu können. Klassik und Beat entlockt er den antiken Tasten. Jaulend singt der Hund mit, und das Baby quietscht vor Vergnügen.

„Geb'nse dem Mann am Klavier noch'n Bier, noch'n Bier ... “ klimpert Werner. Es klingt wie aus einem Präriesalon über die Bucht.

„*Voilà*, ein gekühltes Bier, Monsieur“, kommt die unerwartet prompte Antwort.

„Für mich? Ich hab' gar kein Bier bestellt“, wundert sich Werner.

„Nicht direkt, aber ich kenne doch das Lied“, schmunzelt Jean. „Das ist auch in Frankreich ein Begriff.“

Offensichtlich bezieht Jean sein Wissen nicht nur aus den herumliegenden Lexika. Er befaßt sich auch eingehend mit den politischen Verhältnissen auf den französischen Karibikinseln. „Man kriegt eben einiges mit, wenn man fünf Jahre hier lebt.“ Aufgeschlossen erzählt er einiges über die Beziehungen zwischen Guadeloupe – die Saintes eingeschlossen – und Frankreich. Das Mutterland pumpt viel Geld in die Inseln, vermutlich um sie frankophil zu erhalten. Alle Fischer können zollfrei Diesel bunkern und erhalten vom Staat Schlechtwettergeld. Beamte verdienen vierzig Prozent mehr als in Frankreich in vergleichbarer Stellung. Die Versorgung mit Waren aus Europa ist reichhaltig. Trotzdem bleibt die Unabhängigkeitsbewegung sehr stark, aus Haß auf die Weißen. Die Fanatiker auf Guadeloupe vergessen grundsätzlich die Kehrseite der Medaille: Eine Unabhängigkeit ohne die gewohnten Vergünstigungen des großzügigen französischen „Sponsors“ hätte unter anderem erhebliche wirtschaftliche Rückschläge zur Folge.

„Wenn sie klug wären, würden sie weiter ihre eigene Politik machen – Frankreich mischt sich ohnehin kaum ein – und nach außen hin dem Mutterland treu bleiben“, erklärt Jean jovial. „Die sollen sich nur mal auf den selbständig gewordenen Inseln umsehen. Keiner von denen geht's heute gut. Die Armut würde man auch hier mit der Unabhängigkeit gratis geliefert bekommen. Schön dumm, sich selbst den Versorgungshahn abzudrehen. Wem wäre damit geholfen? Niemand wäre glücklicher – nur ärmer. Wenn die Saintes nicht mehr zu Frankreich gehören, bleibt meine Familie nicht hier. In einem Paradies in Armut geht die Freiheit verloren.“

Haken und Ösen – Alltagsprobleme überschatten manch schöne Stunden

Herrlich, dieses süße Nichtstun unter Segeln und Palmen! Hier ein Plausch oder ein Schachspiel unter fächernden Palmwedeln, da eine Wanderung, ein Erkunden, ein Sammeln unwiederbringlicher Eindrücke, intensives Beschäftigen mit den Kindern – unbelastet, entspannt, vielseitig, fröhlich, rundherum ideal. Man könnte fast glauben, wir hätten den glückseligen Zustand des Savoir vivre erreicht. Doch der Schein der Vollkommenheit trügt. Zwischen jeder dritten Zeile sollte es eigentlich heißen: „Schon wieder muß das Klo auseinandergebaut werden. Die Dichtungen dichten nicht mehr, es trieft.“ Oder: „Die Düsen des Kochers sind verrußt ... Erst auseinandernehmen, dann kochen.“ Oder: „Diese Roststellen! Wie Glupschaugen glotzen uns überall an Deck verdächtige Farbbeulen an.“ Viel schlimmer noch: „Die Bilge ist wieder vollgelaufen! Seit Martinique macht ATLANTA Wasser. Woher kommt es bloß? Wir suchen die Quelle, erfolglos. Deprimiert säubern wir ölverschmierte Dosen und Gläser – eine Sauarbeit! Kopfüber hängt man stundenlang in der Bilge und lenzt ... und lenzt ... Müssen wir in eine Werft? Kommt das Wasser etwa durch den

Kiel?“ Solch graue Gedanken geistern wie dichte Gewitterwolken über den ungetrübt blauen Himmel der Îles des Saintes.

Das Wasser läuft nicht kontinuierlich nach. Es plätschert oder strömt in unregelmäßigen Abständen von irgendwo herein – mal eine winzige Pfütze, mal 100 Liter in drei Stunden. Jeder Bilgenkontrollblick ohne Wassermeldung löst allgemeine Jubelstimmung aus. Aber das Schiff läßt uns nicht zur Ruhe kommen. Für einen Tag Freude beschert es uns den nächsten mit Ärger und Verdruß. Da muß man sich manchmal schon einen gehörigen Ruck geben, um ATLANTAs Macken einfach zu ignorieren. „Ob andere Schiffe auch so anstrengend sind?“ fragen wir uns oft.

Und abends stimmen wir mit tatsch-klatsch-matsch den neuesten Bordhit an: „*La cucaracha, la cucaracha*... dum-di, dum-di, dum-di – *bumm!*“ Denn kaum wird es dunkel, da zittern schon die ersten, langen Fühler aus Ritzen und Schlitzen. Karibische Exemplare dunkelbrauner, käferähnlicher Insekten – *cucarachas* oder auf gut Deutsch: Kakerlaken oder Schaben – begleiten uns seit dem unfreiwilligen Aufenthalt in der Marina Grant als blinde Passagiere. Sämtliche Vorsichts- und Abwehrmaßnahmen (Moskitonetze, verstopfte Lüfter, Proviantkontrolle an Land, jede Tüte wird umgekrempelt, Obst wird „getaucht“) konnten ATLANTA vor diesen Krabbelviechern nicht bewahren. Sie sind ein hoher Preis für den neuen Mast bzw. dafür, daß wir mit dem Schiff zu engen Landkontakt hatten.

Jeden Abend schalten wir automatisch den „Cuca-Razzia-Rundblick“ ein. Er gehört bereits zur Bordroutine. Dann folgt ein Reaktionstest: Wer ist schneller? Die *cucaracha* auf der Flucht oder ich beim Draufhauen? Oft genug huschen sie mit blitzartiger Geschwindigkeit in den nächstgelegenen Schlupfwinkel. Das Kakerlakentempo bei Flucht und Vermehrung (sie legen im Eilverfahren ca. 30 Eier in Päckchen gebündelt ab) bereitet so manchem Skipper in südlichen Gefilden Kopfzerbrechen. Überall bekommt man die abenteuerlichsten Hausrezepte zur Vertilgung des lästigen Ungeziefers, meist hinter vorgehaltener Hand. Schließlich muß ja nicht jeder wissen, daß man sich auskennt, weil man sie selbst auch an Bord hat oder hatte. *Cucarachas* gehören zu den peinlichen Begleiterscheinungen des Seglerlebens.

Da gibt es Gifttabletten oder Pulver, Insektenfallen mit klebrigem Innenleben oder Spray. Manch einer führt den erbitterten Kampf mit Eigenkompositionen wie Dosenmilch mit Backpulver: Die süßliche Milch ist der Köder, das Backpulver die Sprengwaffe... Wenn es gar zu schlimm geworden ist und die Kakerlaken die Übermacht an Bord gewonnen haben, legt man „Bomben“ zum Ausräuchern, macht die Schotten dicht und sucht sich für die nächsten paar Tage ein anderes Quartier. Ein Skipper auf den Canaries mußte seine Kajüte anschließend freischaufeln. Es kribbelt schon beim Lesen, stimmt's? Aber keine Sorge, die Krabbeltierchen kümmern sich nicht um den Menschen, sondern hauptsächlich um seine Lebensmittel.

Auf ATLANTA sichten wir zwar immer nur wenige, aber mir reicht die Vorstellung, daß jede davon schon dreißig Nachkommen abgelegt haben könnte. Unter Einsatz aller Mittel wird ihnen massiv der Kampf angesagt. Wer die bessere Chance hat, wissen wir zur Zeit noch nicht. *Klatsch!*

Guadeloupe – Menü aus der Kreolenküche

3. bis 9. März 1983: Besorgte Blicke nach achtern geben dem Törn von den Îles des Saintes nach Guadeloupe einen leicht bitteren Beigeschmack. Denn zieht der Booster zu schnell, saugt sich das Beiboot mit dem Heck in der Welle fest, während der Bug abhebt. Ausnahmsweise haben wir nämlich PÜTZCHEN einmal nicht an Deck geholt und auseinandergebaut. Für die paar Meilen? Nun hängt es im Schlepptau wie eine bleierne Ente kurz vor dem Untergang: nervenaufreibend.

In Lee von Guadeloupe, ihrer Form wegen auch Schmetterlingsinsel genannt, macht der Wind große Richtungssprünge. Mal pfeift er als Fallwind von den Bergen, also aus Ost; mal brist er von See her auf, als eine Art Gegenwind zur Passatströmung, die über den Höhen aufsteigt, also von West. Unser Etappenziel liegt am Nordwestzipfel des „Backbordflügels“. In der Bucht von Deshaies gehen wir vor Anker. Schon der erste Gang durch das Fischerdorf bestätigt die detailgetreuen Beschreibungen der Karibikführer des Donald Street. Auch mit der Bezeichnung „ungewöhnlich pittoresk“ hat er keinesfalls übertrieben: Fischerhütten am Strand, kleine Läden im Dorf, Brotfrüchte und Blumenfülle in den Gärten und freundliche Menschen mit vielen Lachfalten um die Augen. Von Rassenhaß kann hier absolut keine Rede sein. Im Gegenteil: Man führt uns zur öffentlichen Wasserzapfstelle in der Dorfmitte und trinkt in einem „Caféhaus“ (uns scheint die Bezeichnung „Eckkneipe“ eher zu passen) gemeinsam einen Punsch oder exotischen Fruchtsaft. Auch Lebensmittel kann man hier gleich einkaufen, denn Geschäft und Gastronomie sind unter einem Dach vereint. Zwischen Seife und Kaffee baumelt geräucherter Fisch aus Norwegen. Salz und Mehl stehen in Tonnen neben der Theke und Schokolade in Bonbongläsern hoch oben im Regal.

Menü aus der Kreolenküche: Salat „quer durch den Garten“, Reibekuchen aus Taro, mit Blutwurst garniert, Court Bouillon (gekochter Fisch, Languste und Muschelfleisch mit Reis), Kaffee. „Das könnt ihr heute bei mir essen. Was anderes hab’ ich nicht“, empfängt uns eine gemütliche Negermami. Breitbeinig steht sie da und stemmt ihre fleischigen Hände in die Hüften. „Hierher kommen fast nie Fremde. Ich koch’ für meine Familie, und ihr könnt was abhaben.“

Dann verschwindet sie in der kleinen Wellblechhütte, die in Küche und Laden aufgeteilt ist. Unter einem Palmwedeldach stehen draußen im Sand ein paar Tische und Stühle.

Wir haben die GÄT-DOAR wiedergetroffen und die kanadische Crew der SOUTHBOND, die deutscher und schweizerischer Abstammung ist. Alles versammelt sich voll gemischter Erwartung der kommenden Gaumenfreuden. Was da wohl zusammengebraut wird? Mich hält es nicht am Tisch, denn schwerer Gewürzduft zieht durch die Hütte. Neugierig, mit den Jungs und Nicole im Gefolge, linse ich durch die offene Tür in die *„haute cuisine“*. Auf einem wuchtigen Holztisch in der Mitte warten verschiedene Zutaten auf ihre Zubereitung: endivienähnlicher Salat, Tomaten, Paprika, Tarobrei, Knoblauch, Zitronen, Zwiebeln, verschiedene Fischsorten, eine prächtige Languste. Riesige Blechschüsseln, Holzbretter und lange Messer gehören zum Handwerkszeug. Und abseits in einer Ecke schmaucht ein uralter einflammiger Petroleumkocher. Von einem Holzbalken über dem Tisch hängen zerbeulte Töpfe und Pfannen. Und ringsum tanzen ein paar ältere Kinder zu Calypsoklängen aus dem Radio, bleiben auch beim Salatschnippeln mit Hüften und Beinen im Takt. Inzwischen stehen unsere Jungs schon mit den Schwarzen vor der Schüssel und zerpflücken ein Salatblatt nach dem anderen. „Madame, verraten Sie mir das Rezept für die Court Bouillon?“ frage ich die lachend schwatzende Köchin.

„Ein Rezept? O nein, das ist zu schwierig. Ich koche so, wie ich‘s von meiner Mutter gelernt hab. Ich nehme alles, wie’s kommt, was gerade da ist’ . . . Fisch, Gemüse – immer verschieden, nur die Gewürze sind gleich, meistens – aber nich’ zu viele.“

„Dann schmeckt die Court Bouillon immer anders?" möchte ich wissen.

Die Schwarze lacht mich fröhlich an: „Kann sein. Ein klein wenig anders, aber immer exquisit. Und außergewöhnlich gut."

Ein kreolischer Labskaus? Zumindest die Grundidee weist Ähnlichkeiten auf: In eine Grundsubstanz – hier Reis, da Kartoffeln – mischt man munter alles, was gerade zur Hand ist . . .

Vorsichtig, zunächst skeptisch werden die fremdartigen Speisen probiert. Doch schnell zeigt sich, daß es schmeckt. Genüßlich schmausen wir schließlich alle aus den Töpfen der kreolischen Küche, und die Köchin freut sich.

Weinselig tanzen wir danach im Schein der untergehenden Sonne und bis in die Nacht hinein. Guadeloupe sollte eigentlich nur ein Zwischenstopp sein, für einen Tag, aber wir schaffen es nicht, uns loszureißen. Der Charme des kleinen Ortes, die Faszination der vielfältigen Natur und das Zusammentreffen mit offenherzigen, liebenswerten Menschen – das alles hält uns fest. Einerseits sind wir glücklich darüber, andererseits sitzt uns der Zeitplan im Nacken. Im Juni, spätestens im August, wären die Bedingungen für einen Rücktörn über den Atlantik am günstigsten. Also müßten wir jetzt den nördlichen Teil der Karibik und die Bahamas durcheilen, um genug Zeit für den Atlantik zu haben. Jede Version des weiteren Reiseverlaufs wird durchdiskutiert, bis endgültig die Entscheidung fällt: Es soll in Ruhe weitergehen. Jagen lassen können wir uns in Deutschland wieder früh genug. *Lento* – langsam, gemächlich wollen wir nordwärts segeln. Gerade jetzt, da die schönen Stunden endlich überwiegen, wollen wir nicht hasten, nicht nur Inseln durchs Fernglas sehen und „abhaken", sondern zumindest einen Bruchteil ihrer Eigenarten erleben: anstatt Foto mehr Relief. Darum soll ATLANTA anschließend in den USA verkauft werden, vorausgesetzt, daß es problemlos möglich ist.

Herrlich! Der Druck, die Hast sind wie weggeblasen. Mir kommt es vor, als hätten wir uns ein wichtiges Stück Zeit geschenkt. Diese Wanderungen durch den verwilderten, tropischen Garten der Insel, bergab und bergauf, an einem versteckten Flußlauf entlang, hätten wir sicher nicht unternehmen können, wenn wir uns an die ursprüngliche Planung geklammert hätten. Auch Tim und Ben empfinden es als wohltuend, länger an einem Ort bleiben zu können. Sie wollen sowieso lieber das Land auskundschaften, als jeden Tag segeln. Sie sind dann in ihrem Element, wenn sie Unbekanntes nicht nur sehen, sondern auch untersuchen können. Wie in einem Märchengarten gehen sie auf Ent-

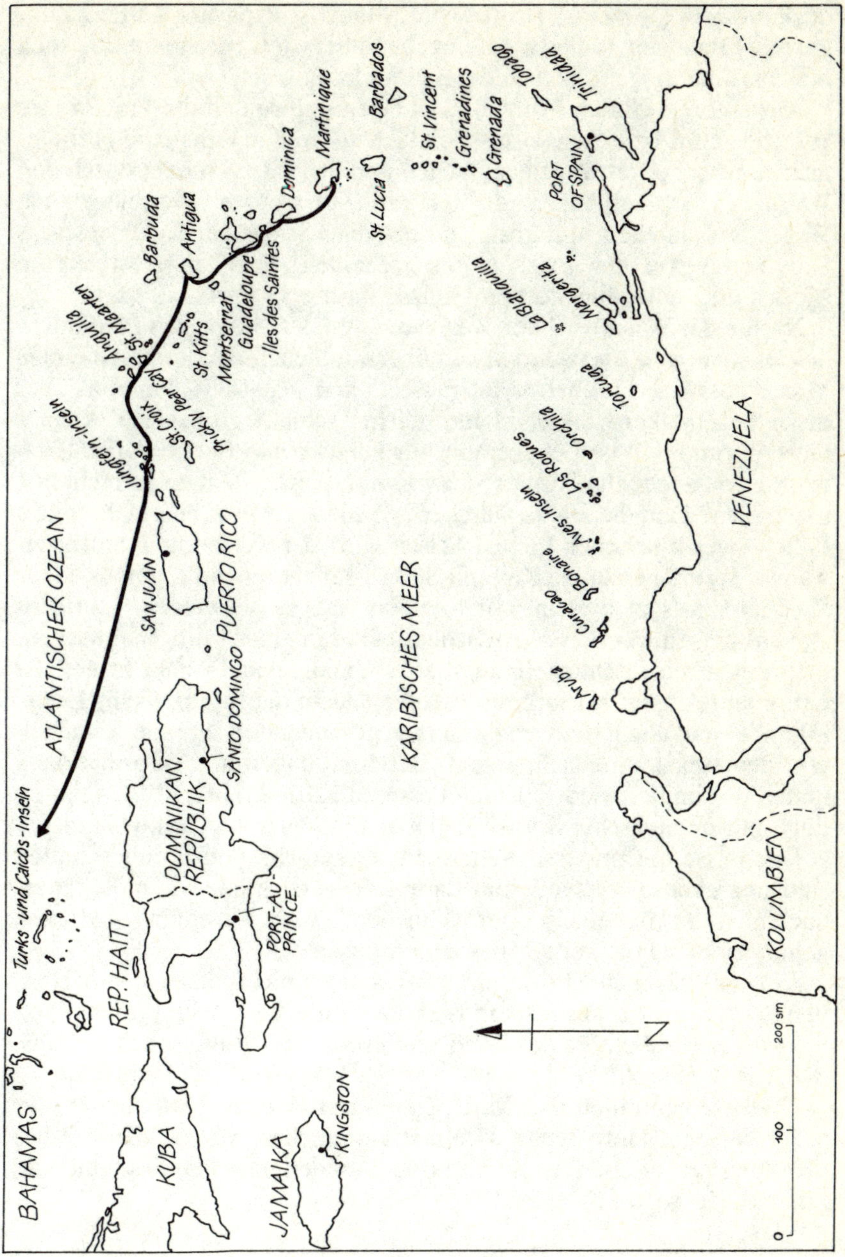
BAHAMAS
KUBA
JAMAIKA
KINGSTON
Turks- und Caicos-Inseln
REP. HAITI
PORT-AU-PRINCE
DOMINIKAN. REPUBLIK
SANTO DOMINGO
ATLANTISCHER OZEAN
SAN JUAN
PUERTO RICO
KARIBISCHES MEER
Jungfern-Inseln
St. Croix
Prickly Pear Cay
Anguilla
St. Maarten
St. Kitts
Montserrat
Barbuda
Antigua
Guadeloupe
Iles des Saintes
Dominica
Martinique
St. Lucia
Barbados
St. Vincent
Grenadines
Grenada
Tobago
Trinidad
PORT OF SPAIN
La Blanquilla
Margarita
Tortuga
Orchila
Los Roques
Aves-Inseln
Bonaire
Curacao
Aruba
VENEZUELA
KOLUMBIEN
N
0
100
200 sm

deckungsreise. Ananas, Brotfrüchte, Mangos, Papayas, Kaffee, Zukkerrohr, Bananen – alles wird eingehend betastet, beschnuppert, auch mal auseinandergepflückt und geschmeckt.

Am unteren Flußlauf rubbeln, schlagen und spülen die Frauen ihre Wäsche. Zum Trocknen wird sie einfach auf weiten Gras- und Farnteppichen ausgebreitet. Lustiges Lachen und Schwatzen schallt durch den Wald, der bergauf immer dichter wird. In kleinen Verschlägen am Wegesrand quieken und grunzen unzählige Schweine. Eine schwarze Sau, kaum von der Erde zu unterscheiden, liegt langgestreckt im Morast und stillt säugend den Hunger ihrer acht Ferkel.

Nach einer Weile wird der Weg zum schmalen, holprigen Pfad durch das Dickicht und überquert vor unüberwindlichen Hindernissen einige Male lieber das Flußbett. Mal rauscht, mal plätschert der Fluß über dicke Felsbrocken, bildet kleine Teiche, schleift großes und kleines Gestein rund und ist Lebensraum für Frösche und Fische. Kristallklares, reines, angenehm kühles Süßwasser ... „Könnte man da nicht erst mal baden? Und die Haare waschen?“ Süßwasser in uneingeschränkter Fülle – welch seltener Luxus! Schon wird der Teich zur Naturbadewanne. Wenn man lange Zeit mit Süßwasser sparen muß, gibt es nichts Schöneres, als in diesem wohltuenden Naß zu schwelgen. Übrigens stammt der Tip für dieses erfrischende Bad in einer wildromantischen, ursprünglichen Dschungellandschaft ebenfalls von Donald Street. Er hat in jahrelangen Karibikreisen unter Segeln die Inseln bis ins Detail erkundet und alle Erfahrungen in zwei gesammelten Werken festgehalten. Seine exakten Zeichnungen, Beschreibungen und Informationen helfen uns immer wieder. Einen besseren Karibikführer (bislang allerdings nur in englischer Sprache) gibt es für Segler zur Zeit wohl nicht.

Erlebnisse mit anderen Menschen, Gespräche und Freundschaften sind uns ebenso wertvoll, um darauf zu verzichten; wir möchten es auch nicht nur bei einem oberflächlichen: „Woher – wohin? – Morgen geht's leider schon weiter“ bewenden lassen.

„So geht das nicht! Ihr könnt morgen noch nicht fahren“, ruft Herb von SOUTHBOUND aus seinem Beiboot zu uns ins Cockpit. „Das Wetter wird miserabel. Zuviel Wind und grobe See. Bleibt noch bei uns, hier wird's gemütlicher.“

Und *wie* gemütlich das wird! Zumindest in dem Punkt behält der Wetterprophet Herb recht. Dreimal verschieben wir auf diese Weise die Abreise, erleben wunderschöne Stunden miteinander, und die Sonne lacht dazu ...

Antigua – Britische Historie und Einsamkeit

10. bis 16. März 1983: In der Hoffnung auf ein Wiedersehen schaffen wir den Absprung nach Antigua. „Shirley hights“ kommt in Sicht. Aber die Hafeneinfahrt bleibt unsichtbar. Erst beim zweiten Anlauf, dicht unter Land, finden wir den Einschlupf. Nahe der gelben Tonne in English Harbour fällt unser Anker, und schon kurze Zeit später poltert der Einklarierungsoffizier an Bord. Strenge Formalitäten, finstere Beamtenmienen – man gibt sich britisch reserviert. Erst am nächsten Tag werden uns die Pässe im Zollamt wieder ausgehändigt, aber erst, nachdem wir tief in die Tasche gegriffen haben. Der Immigration Officer murmelt sein Sprüchlein: „Zehn Dollar fürs Einklarieren, 20 Dollar für die Segelerlaubnis, zehn Dollar ‚An-Land-geh-Gebühr‘, zehn Dollar Hafen- bzw. Ankergebühr ... Das ist alles. Nein, nicht ganz. Wenn Sie länger als vier Tage bleiben, erhöht sich natürlich die Liegegebühr. Bezahlt wird im voraus.“

„Aber wir wissen noch gar nicht, wie lange wir bleiben. Und was wird aus dem zuviel gezahlten Geld, wenn wir eher absegeln?“ fragt Werner entrüstet.

„Kein Problem, Mister. Sie bekommen eine Quittung, ein Guthaben für den nächsten Aufenthalt. Alles okay?“ Der junge Beamte grinst förmlich.

„Und wenn ich nie wieder nach Antigua komme?“ Achselzucken. Obwohl der Skipper vor Wut kocht, gibt er sich freundlich. Was bleibt uns auch anderes übrig? Der Beamte hat unsere Pässe und die Aufenthaltserlaubnis und sitzt am längeren Hebel. Überheblichkeit und Geldschneiderei müssen auf Antigua hingenommen werden. Die Langfahrtsegler können nur hoffen, daß Plätze wie English Harbour mit ihrer teuren Gebührenordnung die Ausnahme bleiben. Der zunächst ungerechtfertigt erscheinende Obulus wird uns jedoch beim ersten Landgang verständlich – aber nur zum Teil: Viel Geld wird zur Erhaltung von Nelson's Dockyard aufgewandt. Der Wiederaufbau der historischen Dockanlagen, die im 18. Jahrhundert als uneinnehmbarer Stützpunkt und Schlupfwinkel der britischen Flotte galten, war und ist ein aufwendiges Projekt. Wer über seine Zwangsmitgliedschaft in der Gesellschaft der „Friends of English Harbour“ hinwegsieht und Interesse an der Historie mitbringt, für den wird der Besuch des einzigartigen Naturhafens ein lohnendes Erlebnis sein. Auf Schritt und Tritt wandert man auf den Spuren des großen Horatio Nelson, der hier das Kommando über das britische Geschwader der Leeward-Inseln führte. Bemerkenswert gut restaurierte Garnisonshäuschen versetzen in die Vergangenheit. Kanonenrohre ragen heute senkrecht als Poller aus dem Kai. Und in dem kleinen Museum, dem ehemaligen Kapitänswohnhaus, wird die Schlacht von Trafalgar ausführlich dokumentiert. Den glorreichen Sieg Nelsons rufen Bilder, Gegenstände und Zeitungsausschnitte der *Times* vom Januar 1806 in Erinnerung. Mit stolzem Nationalbewußtsein halten die Briten „ihre“ Geschichte (die Geschichte der Glanzzeit) hoch, wo eben es geht, auch heute noch. Obwohl auch die Schlacht bei Trafalgar oder die bei den Îles des Saintes blutige Gemetzel gewesen sind, ehrt man fast kultisch ihre Helden. Und da die Karibik Schauplatz zahlloser Machtkämpfe gewesen ist, stolpert man auf fast jeder Insel über britische, französische und spanische Kanonenkugeln.

Nach dem Zweiten Weltkrieg entdeckte man in England die Baupläne der erbärmlich verfallenen Anlagen von Nelson's Dockyard. Eine Bildfolge dokumentiert eindrucksvoll, daß keine Mühen gescheut wurden, um das historische Gesicht des Hafens wiederherzustellen.

Antigua ist seit 1967 ein autonomer Staat im Britischen Commonwealth, und English Harbour lebt wieder im Zeichen des Segels – man faßt Segeln als Sport, Segler als lukrative Einnahmequelle auf. Man hat den Spieß umgedreht: Einst wurden die Inseln unter Segeln erobert. Heute lockt der exotische Reiz und besiegt den Segler.

Gleich hinter der wiedererstandenen Eingangspforte zu Nelson's Dockyard sitzen in langer Reihe Obst-, Andenken-, Kitsch- und T-Shirt-Verkäufer. Viele Bewohner Antiguas gaben die Bewirtschaftung des Bodens auf, weil sie den Tourismus als bessere und bequemere Einnahmequelle entdeckten. Man stellt sich um, man stellt sich ein – auf die „Bedürfnisse“ und die Geldbeutel der Urlauber, insbesondere der Segler. Das Lieblingsmotiv auf den T-Shirts kündet bereits das größte, lukrativste Ereignis des Jahres an: Ende April findet die Antigua Racing Week statt, ein weltweit bekanntes und besuchtes Regatta-Spektakel. Auch die weniger Erfolgreichen hat man auf den T-Shirts nicht vergessen: *„Maybe I'm not perfect, but some parts of me are excellent ...“*

Doch English Harbour ist nicht Antigua. Wir wollen die ganze Insel kennenlernen. Hier existiert kein fester Fahrplan. Busse fahren erst los, wenn ausreichend Fahrgäste und Gepäck verstaut sind. Wir haben Glück und müssen nur eine halbe Stunde warten. „Weiße fahr'n nich' mit dem Bus. Sie nehmen ein Mietauto oder Taxi", versucht uns ein schwarzer Autoverleiher in Schlips und Kragen weiszumachen. Warum? Achselzucken. Die Erklärung bleibt aus.

Wir steigen in den Bus nach St. John – vier weiße Einzelfälle. Manche Schwarze mustern uns mit düsteren, skeptischen Blicken. Andere lächeln uns zu, freuen sich über die strohblonden Haare von Tim und Ben oder kichern und grinsen. Ein wenig Unsicherheit spürt man auf beiden Seiten: Wie bist du mir gesonnen? Bist du Freund oder Feind?

Im Linksverkehr zuckelt der Bus quer über die Insel: kleine Bananenplantagen und Kokospalmenhaine, brachliegende oder verlassene Zuckerrohrfelder, viele Rinder und Pferde, ärmliche Wellblech-Holz-Hütten, teilweise trockene, fast karstige Landstriche, flache Hügel, keine Dschungelvegetation mehr.

Wo jemand winkt, hält der Bus an; er quillt bald über. Neugierig wandern die Blicke der Kinder von einem Fahrgast zum anderen und durch die Scheiben über das Land. Aufgeregtes Zeigen, Staunen und Fragen. Ihre Unbefangenheit zaubert sogar in grimmige Gesichter ein verhaltenes Lächeln.

Endstation ist der Marktplatz von St. John, der Hauptstadt Antiguas. Zwei größere Straßen und ein paar Querstraßen bilden die „City". Eine Reihe Steinhäuser, meist alte Kolonialbauten, beherbergen Banken, Bekleidungs- und Souvenirläden. Dahinter liegen Holzhütten, arme und ärmste Wohnviertel. Auf dem Markt herrscht reges Treiben. Aber für uns wird das Obst und Gemüse fast unerschwinglich teuer. Vor mir kauft eine Schwarze ein Kilo Tomaten für einen EC-Dollar, doch von mir verlangt die Marktfrau einen Dollar pro Tomate, einen Dollar für eine Banane oder eine Mango: weiße Einheitspreise. Obwohl wir nicht nach Reichtümern aussehen – wir haben bewußt unsere zerschlissensten, verwaschensten Sachen angezogen –, lassen die Marktfrauen nicht mit sich handeln und schon gar nicht mit sich reden. Überall stoßen wir auf Reserviertheit und kalte Ablehnung. Bedrückend für uns.

Die Kreuzfahrtschiffe spucken hier zu viele Touristen aus, die den Markt als malerisches Sightseeing-Objekt betrachten, denen es beim Vierzehn-Tage-Urlaub nicht auf einen Dollar ankommt. Sie sind weiß, wir sind weiß, die Marktfrau sieht da keinen Unterschied. „Weiß" bedeutet Preisaufschlag. Sie will nur das Geld, den Touristen, den

Weißen verachtet sie ... Villeicht weil er ihre Armut malerisch findet und fotografiert; ihr runzeliges Gesicht, die alten Kleider, die zerfurchten, schmutzigen Hände.

Vom Postamt telefonieren wir mit Deutschland (4 Minuten für 40 EC = DM) und geben an Werners Bruder Rolf eine Nachricht durch: „Treffpunkt Fähranlager St. John, Virgin Islands am 1. April." Wenn alles klappt und Rolf das Datum nicht als Scherz betrachtet, wird er uns bis in die Bahamas als fünftes Crewmitglied begleiten.

Nach der Stippvisite in St. John segeln wir zunächst in die Falmouth Bay, dann an der Küste entlang nach Five Island Harbour. Einsame Sandstrände leuchten zwischen Palmen, können aber wegen ihrer Luvlage nicht angelaufen werden. Glasklares Wasser schimmert in allen Grün- und Blautönen. An Backbord steilt sich die Dünung auf, um in mächtigen Brechern über ein langgestrecktes Riff zu gischten. Wir segeln zwischen dem Riff und der Insel hindurch. Und dann laufen wir in die tiefe Bucht ein und sind allein. ATLANTA wiegt sich einsam in leichtem Schwell – und nur ein paar Seemeilen entfernt ankert eine ganze Armada von Seglern. Bisher versammelte sich auf jeder karibischen Insel alles an ein oder zwei Brennpunkten. Die übrigen Plätze trafen wir weitgehend leer an.

Mit dem neuen Rigg segelten wir bislang als „Inselhüpfer", überließen uns schnell dem karibischen Navigationsfaulfieber. Wir schauten nur selten auf den Kompaß, peilten meist die nächste Insel direkt an. Doch jetzt machen längere Distanzen eine Kompaßkontrolle unumgänglich. Seine Abweichungen würden uns sonst auf den Bermudas oder irgendwo ankommen lassen.

Am Vormittag des 16. März veranstalten wir deshalb eine astronomische Kompaßkontrolle. Dazu hat Werner auf einen Karton einen Vollkreis mit 360 Grad gezeichnet, in der Mitte eine Streichholzschachtel aufgeklebt und einen dünnen Peilstab hineingesteckt. Das Ganze, kunstvoll auf das Achterschiff geklebt – 0° schön in Mittschiffsrichtung –, ergibt eine gute Möglichkeit, die Sonnenpeilung anhand des Stabschattens zu nehmen.

Mit einer Spring auf der Ankerkette törnen wir das Schiff ganz sachte herum und nehmen jeweils alle 10 Grad Kompaß- und Sonnenpeilungen – und die Uhrzeit alle fünf Minuten. Das Azimut (Nautisches Jahrbuch, HO 249, bekannter Schiffsort) ergibt die „richtige" Sonnenrichtung. Somit ist die Abweichung zur Sonnenpeilung die Summe aus Mißweisung und Deviation. Schließlich errechnet der Skipper für die Deviation Werte zwischen −3° und −9°.

Saint Martin und Prickly Pear Cays

17. bis 22. März 83: Nach einem strammen Nachttörn bei gut sieben Windstärken, hoher See und Kreuzfahrern von achtern erreichen wir die Marigot Bay der französischen Überseeprovinz Saint Martin. Sie gehört zum Department Guadeloupe. Eine Laune des Augenblicks teilte 1648 die Insel auf kuriose Weise in das französische Saint Martin und das holländische Sint Marteen. Holländische und französische Deportierte organisierten einen gemeinsamen Aufstand gegen die Spanier und gewannen. Dann traten sie ihrerseits gegeneinander an – nicht mit Waffen, sondern in einem Wettkampf. Angeblich marschierten die „Truppen" von den gegenüberliegenden Enden der Insel los, um dort die Grenze zu ziehen, wo sie sich trafen. Danach müssen die Franzosen eine Idee schneller gewesen sein; denn der größere Teil der Insel gehört zu Frankreich. Obwohl die Holländer den Franzosen eine List vorwarfen, blieb die Grenze ohne Protest, ohne Schlagbäume und Wachen bestehen. Auch heute existiert sie nur auf dem Papier und ist nach wie vor ein Symbol des guten Einvernehmens.

Sofort entdecken die Jungs alte Bekannte im Ankerfeld – die GÄT-DOAR, sowie ihren kleinen Freund Florent aus Pasito Blanco. Wir bewundern die Ausdauer von Florents Familie, die es nur mit zäher Arbeit bis hierher geschafft hat. Jetzt liegt ihr Traumziel, die Bahamas, in greifbarer Nähe. Sie wollen auf unbestimmte Zeit dort leben, während die Crew der GÄT-DOAR große Eile an den Tag legt. Bei ihr ist die Entscheidung „einstimmig" (mit der Stimme des Skippers) für den Rücktörn über den Atlantik gefallen. Und nun bleibt keine Zeit mehr, einen Bummeltag einzulegen, ja nicht einmal mehr Zeit für einen gemütlichen Klönschnack. Die Mannschaft meutert, aber der Skipper behält schließlich immer Recht ... Schon am selben Abend laufen sie in Richtung Tortola aus. „Gute Fahrt!" winken wir hinterher und sind froh, uns anders entschieden zu haben.

Shopping heißt das Zauberwort in Philipsburg und Marigot. In beiden Teilen der Insel kann man zollfrei und für karibische Verhältnisse preiswert einkaufen. Philipsburg, die kleine holländische Hauptstadt, präsentiert sich als Konsumparadies erster Klasse. Am Ufer reihen sich bunte Häuschen, in denen sich jetzt Läden breitgemacht haben: Boutiquen, Juweliere, Duty-Free-Shops mit technischen Geräten, Zigaretten, Spirituosen. Dazwischen locken Restaurants mit indonesischer Küche oder Hot Dogs. Und alles ist auffallend holländisch sauber. Wir steigern den Umsatz, machen ein paar Besorgungen, karren Proviant an und suchen schnell wieder die Ruhe an Bord.

Kein Problem. Schon nach zehn Seemeilen sind wir weit genug vom Rummel entfernt. ATLANTA schlüpft gegen starke Strömung durch die schmale Einfahrt in die Prickly Pear Cays. Noch um ein paar Korallenköpfe herum, in einer fünf Meter breiten Rinne – und wir ankern mit nur einer anderen Yacht zwischen winzigen Inselchen und Riffen.

„Yippieh! Wir sind schon im Wasser!“ gurgeln Tim und Benni aus dem „kühlen“ Naß von 28°. Sie können gar nicht schnell genug in ihr Element springen. Tim schwimmt und taucht inzwischen wie ein Fisch, und Benni plantscht mit seinen Schwimmflügeln (die Luft ist fast raus) eifrig hinterher. Gemeinsam schnorcheln wir zum schneeweißen Sandstrand der „Robinsoninsel“. Sie ist tatsächlich menschenleer. Der Passat fächelt uns Kühlung zu. Wir laufen über den warmen weichen Sand und fühlen uns herrlich frei. Auf scharf gezacktem Gestein liegen Seefarne wie Herbstlaub. Wir sammeln auch Muscheln und Schnecken und beobachten einen erbitterten Kampf zweier Einsiedlerkrebse.

In der Dunkelheit wird der Strand vom Mondlicht angestrahlt. Dünung läßt ATLANTA sachte schaukeln, und ringsum hören wir die Brandung über die Riffe schmatzen.

Nachrichten aus Deutschland verkünden, daß dort der Frühling eingesetzt hat, mit typischem Aprilwetter: 10 Grad, Regen, Schauer, Sturmtief. Bei uns ist es im Augenblick 20.00 Uhr, 20 Grad warm und sternenklar. Phantastisch, nicht wahr?

36

38

36 Robinsonleben auf den Bahamas

37 Mayaguana – hier lockt ein gestrandeter Zweimaster zur Erkundungsfahrt auf das Riff

38 Trotz eindringlicher Warnungen ankern wir häufig allein und lassen uns beim Schnorcheln Schwimmhäute wachsen

39

40

39 Bahama-Sloop vor Georgetown/
Exuma

40-41 30. Family-Island-Regatta –
Crews im Fieber vor dem Start

42 Eine Junkanoo-Band verbreitet
Feststimmung an Land. Die
Regatta ist gleichzeitig großes
Familientreffen der Insulaner

43 Tim tanzt begeistert mit

44 Conch – sie gehören zu den täg-
lichen Speisen der Bahamer

45 Iguanas – einzige Bewohner von
Allan's Cay

46 Tim sägt ein Conch-Horn

42

43

4

47

49

48

47 Fort Lauderdale – Abschied von Atlanta

48-50 Disney World – im Reich der Phantasie klingt unsere Reise aus

Auf den Kleinen Antillen lerne ich ein zauberhaft vielfältiges Kleidungsstück kennen: den Pareo. Er begleitet mich an Stelle umfangreicher Garderobe durch die warmen Gefilde der Karibik und Bahamas. Mit ein paar Handgriffen knotet man das simple rechteckige Tuch zu einem Kleid oder Rock und ist schnell, bequem und gut angezogen.

DER REISE LETZTER TEIL

Von den Jungferninseln bis Florida

Bilderbuchsegeln – Conch-Experimente – Einkaufsbummel in Charlotte Amalie

23. März bis 5. April 83:
„Benni, kuck mal, heute wird das Segeln toll!“

„Warum! Ich will lieber hierbleiben. Schwimmen find ich toller.“

„Aber kuck doch aufs Wasser. Nur ganz klitzekleine Wellen und ganz wenig Wind . . .“

„Ach, es wird doch gleich dunkel, dann schlaf' ich sowieso.“

„Aber *ich* nich'! Papi hat's versprochen. Wenn wenig Wind is' darf ich Wache geh'n.“

„Und ich? Ich will auch!“

„Pah, du bist noch viel zu klein!“

„Stimmt gar nich', bäh!“

Jetzt greife ich in das Rededuell ein: „Wenn ihr wollt, könnt ihr heute beide eine Wache gehen. Tim mit Papi und Benjamin mit mir, okay?“

„Siehste! Ich darf auch!“ triumphierte der lütte Moses.

Bei Anbruch der Dunkelheit kauert sich Tim wie ein gestandener Seebär zu Werner ins Cockpit. Benni fallen die Augen zu. Ich soll ihn wecken, wenn seine Wache dran ist.

Strahlend sieht Tim zum Nachthimmel auf. Trotz vieler Fragen über Sterne, Mond, Raketen und Satelliten vergißt er den Rundblick nicht.

Gewissenhaft erfüllt er seine neue, verantwortungsvolle Aufgabe, bis ihn die Müdigkeit übermannt. Obwohl unsere „Leichtmatrosen“ erst vier und sechs Jahre alt sind, fordern sie immer mehr ihren aktiven Anteil am Bordleben. Überall wollen sie mithelfen, imitieren unser Verhalten, wollen als „groß“ gelten. Wir sind froh über diese Entwicklung und unterstützen sie natürlich. Doch Benjamin träumt tief und fest. Ich bringe es nicht übers Herz, ihn zur Wache aus der Koje zu purren. Er verschläft seine „Seemannspflicht“ – aber nicht ohne Protest. „Warum hast du mich nich' aufgewacht? Ich hab' die ganze Nacht gewartet!“ schimpft er am nächsten Morgen.

ATLANTA segelt in Schleichfahrt auf den Archipel der Jungferninsel zu, schlüpft in den Sir-Francis-Drake-Kanal und gleitet durch unerwartet ruhiges Wasser. Die hohe Atlantikdünung wird von der Inselkette aufgehalten. Ungefähr fünfzig Inseln bilden die Gruppe der Virgin Islands, die ein Gebiet von Binnenseen und Wasserstraßen umschließen. Das ist Bilderbuchsegeln auf glattem Wasser oder „sanftes Segeln“, wie es Werbeslogans, Schlagertexte und meist auch der Wetterbericht ankündigen. Dementsprechend viele Yachten kreuzen durch das Insellabyrinth. Charterbasen führen ein lukratives Geschäft; denn viele Urlauber suchen den Reiz der Karibik in Verbindung mit Bequemlichkeit. Hier findet man beides und kann fast ohne Seegang unter der Sonne des „amerikanischen Paradieses“ segeln, was sonst in der Karibik eine große Seltenheit ist. Schwimmen, schnorcheln und Einkaufen stehen hier ebenso hoch im Kurs. Wir nehmen zunächst von allem eine Kostprobe.

In der Gruppe der vierzig britischen Jungferninseln ankern wir meist in einsamen Buchten, da die Charteryachten spätestens am Nachmittag von der Sicherheit eines Hafenliegeplatzes angezogen werden. Draußen machen wir ausgiebige Schnorchelgänge, beobachten Pelikane beim Frühstück und schließen Bekanntschaft mit einer prachtvoll aussehenden und zudem gut eßbaren Muschel: der Queen Conch (Aussprache: Konk) – Strombus gigas. Stattliche Exemplare bis zu 25 Zentimeter Länge und fünf Pfund Gewicht (maximale „Fleischeinwaage“ 200 Gramm) wandern als Steak auf den Grill, als Zutat in die Paella oder als Fritiergut in einer Curryteig-Panade in die Pfanne. Für eine Mahlzeit holt Werner drei bis vier Conches aus dem Unterwassergarten, wo sie vornehmlich auf Sand und Seegras weiden. Doch schnell getaucht ist noch längst nicht schnell verdaut. So ohne weiteres wird man mit den stieläugigen, hartleibigen Gesellen nicht fertig. Man muß sie gut austüfteln und am besten von Einheimischen abgucken, die „Conchologie“.

Will man das Weichtier mit seinem fleischigen Schneckenkörper und dem muskulösen Fuß mit klauenartigem Hornbesatz von seinem schweren Muschelgehäuse trennen, so nehme man: einen Hammer, einen schmalen Meißel oder stabilen Schraubenzieher, ein spitzes, scharfes Messer und eventuell eine Kneifzange. Ist man nun ausreichend bewaffnet, kommt es nur auf einen gezielten Schlag und ein wenig Geschicklichkeit an.

Ich lege die Conch mit der Öffnung auf den Sand. Zwischen dem zweiten und dritten Zackenring setze ich den Schraubenzieher an und haue mit ein paar Hammerschlägen einen Schlitz in die Muschel. Dieses Loch ermöglicht den Zugang zur Sehne, die das Tier mit seiner Schale verbindet. Mein spitzes Küchenmesser tritt in Aktion, sucht vorsichtig die Verbindung, und ein Schnitt gegen das rosafarbene Muschelinnere trennt sie glatt durch. Sachte ziehe ich mit der Zange (später per Hand) an der hornigen Fußklaue. Das Tier kommt frei und rutscht heraus. Während des Säuberns benutze ich die Klaue weiter als Griff, weil das Fleisch mit einer klebrigen, gallertartigen Schicht überzogen ist. Der eßbare Teil wird von den Eingeweiden abgetrennt, die Stielaugen werden wie Kartoffelaugen herausgeschält. Zum schwierigen Schluß muß die harte Haut abgezogen werden. Dazu beträufle ich die klebrig glitschige Fleischhülle mit Zitronensaft, so kann sie nicht mehr aus der Hand rutschen. Manchmal gelingt es, die Haut nach zwei senkrechten Schnitten wie einen Handschuh abzustreifen. Doch ich bin noch kein geübter Conch-Filetierer und schäle sie meist wie eine Kartoffel.

Voilà! Das Schlimmste ist überstanden. Ein festes weißes Muskelstück kann jetzt zubereitet werden: als Steak, im Fleischwolf gemahlen oder geschnetzelt für Pfannengerichte. Um das Fleisch zart zu machen, muß es kräftig geklopft und eventuell mariniert werden. Es bleibt sonst zäh wie Leder. Klopfen sollte man so lange, bis das Steak die doppelte Größe erreicht hat.

Auf Mosquito Island befassen wir uns zum ersten Mal sehr ausgiebig mit der Queen Conch als Meeresbewohnerin und als Bereicherung der Bordküche. Dabei ziehen es die Kinder vor, ihre schwerfälligen Kriechbewegungen und das Kreisen der Stielaugenfühler zu beobachten. „Oh, hat die süße Augen – wie 'ne schwarze Perle mit goldnem Ring drumrum. Mutti, kann ich die mit an Bord nehmen? Mit der kann ich spielen, kuck!“ begeistert sich Benjamin und tippt mit einem Finger an die Fühler. Ruckartig verschwinden sie, die Conch zieht sich wie eine Schnecke in ihr Haus zurück. Beharrlich warten die Jungs auf das nächste Lebenszeichen. Und bald äugen ihre Achatpupillen wieder aus der Muschelöffnung hervor. Die Fußklaue streckt sich über den Rand, tastet nach unten in den Sand und dreht mit einem kraftvollen Schwung das Gehäuse um. Inzwischen schnappe ich mir die nächste, um sie als Steak für den Grill vorzubereiten; denn ein Frischfleischgericht gibt es im Augenblick recht selten. Ein Rindersteak ist in karibischen Gefilden schierer Luxus, wenn man überhaupt eines bekommt.

Wie schmeckt das Fleisch der Queen nun eigentlich? Nicht wie Fisch und nicht wie Fleisch. Ein wenig nach Muschelfleisch – Kammuschel, Venusmuschel – oder vielleicht eher nach Tintenfisch? Man muß es selbst probieren und dann entscheiden. Auf jeden Fall ist es fest wie Fleisch und eher süßlich als herb. Darum werden folgende Gerichte unsere Favoriten:

TWICE BATTERED CONCH (Zweimal geschlagene Conch)
für 4 Personen

Zutaten: 4 Conch, gesäubert und geklopft, bis es dünne Fleischfladen sind, ¼ Tasse Zitronensaft, 1 Spritzer Tabasko, ½ Tasse Mehl, 3 Eßl. Maismehl, ¼ Eßl. Curry, 1 Teelöffel Backpulver, ¼ Eßl. Zucker, ⅓ Eßl. Salz, 2 Eßl. Kokosraspeln, 1 Ei, leicht geschlagen, ungefähr ¼ Tasse kaltes Wasser.

Zubereitung: Das gut geklopfte Conchfleisch wird 30 Minuten in Zitronensaft und Tabasco mariniert. Marinade abgießen und das Fleisch in kleine Stücke schneiden. Mehl, Maismehl, Backpulver, Zucker, Salz, Curry und Kokosraspel werden vermischt. Das Ei und genug Wasser darunterrühren, so daß der Teig locker wird. Das geschnetzelte Conchfleisch mit dem Teig vermischen, bis es vollkommen überzogen ist. Mit zwei Teelöffeln kleine Teigkugeln formen und in heißem Fett fritieren.

Wenn man Gäste an Bord hat, ist dieser Snack ein Genuß zu einem Glas Wein oder Bier, auch mit „RED SAUCE: ½ Tasse Ketchup, ¼ Eßl. Salz, ⅛ Eßl. Pfeffer, 1 Eßl. Worcestershire, 1 Eßl. Zitronensaft, 1 Spritzer Tabasco.

CONCH FRITTERS (ein Hors d'œvre)

Zutaten: 2 große Conch, ½ Zwiebel, 1 Ei, ¾ Tasse Mehl, ½ Eßl. Thymian, ½ Eßl. Backpulver, ein paar Tropfen Tabasco, eventuell Gemüsereste.

Zubereitung: Gesäuberte Conch durch den Fleischwolf drehen. Ebenso die Zwiebel. Alle Zutaten mit Wasser vermengen, bis ein pfannkuchenartiger Teig entstanden ist. Eßlöffelweise den Teig in heißes Öl geben. Die braunen Fritters kann man pur essen oder ebenfalls in die Red Sauce dippen.

Wir entdeckten auch einige Conch-Kuriositäten, wie das „Conchorchester": Sägt man die Spitze des Muschelgehäuses ab (den ersten Zentimeter) und meißelt etwa einen Zentimeter der inneren „Säule" heraus, so wird man nach schweißtreibender Arbeit mit einem lautstarken Musikinstrument belohnt. Den Kopf nach hinten geneigt, bläst man mit gespitzten Lippen aus Leibeskräften in die Muschel hinein – wie in eine Trompete. Je größer die Muschel, um so tiefer wird der Ton sein.

Alljährlich findet solch ein Conch-Blaswettbewerb in Key West und auch in verschiedenen Orten auf den Bahamas statt. Obwohl es kaum zu glauben ist, wurden bereits ganze Melodien und sogar klassische Stücke auf der Conch geblasen. Auch Fischer geben sich untereinander heute noch Signale mit diesem speziellen Muschelhorn. Yachties benutzen das Conch-Horn ebenso gern als Verständigungsmittel. Sie blasen es zum Öffnen einer Brücke, im Nebel, zum Essenfassen oder um Freunde zum Klönschnack herbeizurufen.

Am Magenausgang der Conch sitzt ein gallertartiger „Proteinstab". Er setzt Enzyme frei, die bei der Pflanzenverdauung helfen. Eingeborene der Westindischen Inseln schlürfen dieses Proteinreservoir mit einem Augenzwinkern: „Das gibt Manneskraft!" Conchfleisch wird hier in der Tat – ob roh, gekocht oder gepökelt – als hochwirksames Aphrodisiakum angespriesen. Getrocknet ergibt es einen lange haltbaren Eiweißvorrat für Notzeiten.

Aus dem rosa schimmernden Inneren der Muschelschale werden hübsche Schmuckstücke geschliffen – rosa „Achate" der Bahamas. Im orangefarbenen, weichen Mantel der Conch entstehen manchmal außergewöhnlich prachtvolle Perlen. Bevor man ihn mit den Eingeweiden abschneidet, sollte man ihn deshalb gefühlvoll abtasten. Immerhin soll die Wahrscheinlichkeit eines Perlenfundes größer sein als sechs Richtige im Lotto.

Besuch an Bord und schillerndes Leben

Wir haben Proviant aus dem vollen geschöpft, und zwar im Pueblo-Supermarkt amerikanischen Stils: saftige Rindersteaks, Koteletts und Gehacktes zu zivilen Preisen für den Fleischhunger (nach wochenlanger Fleischenthaltsamkeit ein wahres Fest); Rumpunsch in allen Variationen, träumen und in unendliche Gespräche versinken können im nächtlichen Lichtermeer von Charlotte Amalie, dem *„American Paradise"*, wie es sogar die Nummernschilder der Autos verkünden. Ein karibisches Schlaraffenland – aber nur für den, der außer Linsen und Haferflocken auch ein wenig Geld in der Bordkasse hat; denn St. Thomas zählt zu den teuersten Plätzen im karibischen Raum. Wenn man einen US-Dollar gleich einer D-Mark setzt, kann man die Preise fast mit deutschen Verhältnissen vergleichen. Ein Liter Milch kostet eben nicht eine Mark, sondern einen US-Dollar. Da muß man eben ein wenig umdenken und die Kurse einfach aus dem Gedächtnis streichen, wenn man an der Kasse nicht jedesmal einen Schock bekommen will.

„18, 20 – nur nicht passen ..."

Es hat tatsächlich geklappt. Auf St. John, am Fähranleger, haben wir den dritten Mann für die abendliche Skatrunde gefunden. Wir peilen, winken, dann ein Jubelschrei, ein Hechtsprung zwischen die vordersten Ankerlieger, und ein triefender Wassermann schnaubt die Badeleiter hoch. Rolf, Werners Bruder, konnte den vage vereinbarten Treffpunkt trotz einiger Verständigungsschwierigkeiten und abenteuerlicher Flugverbindungen einhalten.

Nun werde ich eine Zeitlang zwischen vier Männern im Cockpit sitzen und als Bordfrau hoffentlich trotzdem keine schlechten Karten haben. Wir werden uns schon arrangieren ...

Bald ist ATLANTA mit Proviant für die nächsten Wochen zu fünft so vollgestopft, daß wir einen gefahrlosen Einkaufsbummel durch die verführerische Inselhauptstadt riskieren können. Die Bordkasse kann nicht mehr übermäßig strapaziert werden, weil alle Staumöglichkeiten und Kojen belegt sind. Ich gebe zu, daß ich sonst nur schwer dem einen oder anderen Reiseandenken widerstehen könnte. Gott sei Dank ist Werner kein intoleranter „Gustaf", der sich bestimmt gegen solch unnützen Schnickschnack wehren würde. Grundsätzlich akzeptiert er alles, solange es sich in staufreundlichen Dimensionen hält. Ich möchte Erlebtes und Gesehenes nicht nur in einer Schublade meines Gedächtnisses aufbewahren, sondern auch später noch anfassen können – begreifen im doppelten Wortsinn – als Beweis im Nachhinein, daß alles Realität war. Denn wie schnell verschwimmen sonst Eindrücke, Lebensereignisse! Auch Filme und Fotos empfinden wir als wichtige Andenken, um die „Schublade der Erinnerungen" nicht einrosten zu lassen. Schließlich gehört auch das Wachhalten der Vergangenheit zum Bewußtsein, zur Fülle des Lebens.

Geschenkläden präsentieren Kitsch, Kunst und Kuriositäten – karibische Spezialitäten. Stoffe, Strohhüte, Skulpturen, Schmuck, Porzellan, Kosmetik, Schnaps, T-Shirts und Uhren – alles in überquellender Fülle. Charlotte Amalie ist eine Hochburg des amerikanischen Tourismus'. Man kann sattwerden vom Sehen ... Hier reiht sich Shop an Shop, treppauf, treppab, entlang enger Gassen, in alten dänischen Lagerschuppen und Häuschen der Kolonialzeit. Verwinkelt schlängelt sich alles an drei Hügeln hinauf, überkreuzt und überquert von einem wüsten Stromleitungsgewirr. Palmen ragen aus dem Kopfsteinpflaster. Üppiges Grün, leuchtender Blütenzauber verdecken hier und da ganze Häuserfassaden. Rolf pirscht auf Fotomotive. Hier ein altes Spritzenhaus mit blankgeputzten Oldtimer-Feuerwehrautos, da ein herausstaffierter Schwarzer mit Frack und Zylinder, der als Werbegag vor einem Geschäft seine großen Augen rollt – und dann klammert sich erleichtert aufschluchzend der lütte Moses an Werners Hals. Er hat sich wieder einmal verlaufen, weil er im Labyrinth der Gassen umherkasperte. Versteckspiel ist toll! Doch wenn man plötzlich kein bekanntes Gesicht mehr findet, hört der Spaß auf.

Im Hafen liegt die DANMARK (das dänische Schulschiff) nach 21tägiger Antlantiküberquerung zur Besichtigung freigegeben, eine Dreimastbark läuft unter Segeln in die Bucht und auch die NORWAY, das größte Kreuzfahrtschiff der Welt, geht vor Anker. Und der Osterhase kommt an Bord. Eine amerikanische Crew verteilt bunte Ostereier und rudert singend von Schiff zu Schiff: immer wieder lohnende Motive für Rolfs Kamera.

Reges Leben und geschäftiges Treiben beherrschen die Szene – zu Wasser und zu Lande.

Sprung zu den Bahamas – Out Island Mayaguana

6. bis 15. April 83: *Ready for Take-off!* Seebeine müssen wachsen. Es soll in einem Schlag 600 Seemeilen weitergehen. Bei Rolf und den Kindern müssen sich die Gleichgewichtsorgane erst wieder anpassen. Sogar Benni fühlt sich heute „heiß im Bauch“. Doch die Anfangsschwierigkeiten werden schneller überwunden, als von mir befürchtet. Das erste Abendessen schmeckt bereits der ganzen Crew. Nur die Bilge bleibt „seekrank“. Sie spuckt so viel Wasser, daß zweimal am Tag gelenzt werden muß.

Uns begleitet typisches Karibiksegelwetter: Tagsüber weht der Passat mit vier bis fünf Windstärken. Heiß brennt die Aprilsonne, so daß es ohne Sonnensegel nicht mehr auszuhalten wäre. Nachts wechselt frischer Wind mit Schauerböen und Flaute. Doch alles in allem haben wir diesmal einen außergewöhnlich ruhigen Törn. Die vergrößerte Crew spielt sich gut aufeinander ein, und die Bordroutine läuft. Die Kinder haben ihr anfängliches Imponiergehabe gegenüber Rolf abgelegt und einige Unstimmigkeiten untereinander schnell ausgekämpft. Friedlich spielen sie, malen, basteln Schiffe und genießen es, daß immer jemand Zeit für sie hat.

Morgens krabbelt Benni in meine Koje und kippt neben dem Kopfkissen seine Muschelsammlung aus. „Mutti, bist du schon wach? Wir haben Hunger, und ich muß dir was ganz Tolles zeigen!“ Mein kleiner „Bordwecker“ rasselt in seinem Muschelhaufen.

„Aber ich bin noch müde . . .“ gähne ich langgezogen.

Verständnislos fragt Benjamin: „Hast du in der Nacht nich’ geschlafen?“

„Doch, aber nicht gut. Es war wieder so laut. Bei dem Krach kann ich nicht so leicht einschlafen.“

„Aber, Mutti!“ berät mich mein Sohn. „Wenn du nichts hören willst, mußt du doch nur die Augen ganz fest zumachen. Ich kann dann immer prima schlafen. Kuck, so!“ Überzeugt von seinem heißen Tip, kneift er die Lider zusammen.

Mit halbem, später vor dem Wind macht ATLANTA gute Fahrt. Nach fünf Tagen mit Etmalen um 120 Seemeilen steht der Landfall bevor. Bald sind die Nachtwolken verflogen, und der Himmel zeigt sich wieder in strahlendem Blau. Jetzt muß sich erweisen, ob die selbstaufgestellte Deviationstabelle exakt genug ist. Der Skipper schickt leicht nervöse Blicke voraus. Nichts zu sehen. Na ja, Mayaguana ist flach. Also Sextant raus. Morgenbeobachtung. Auswertung. „Verflixt, wir stehen nach Koppelort zehn Meilen vor der Insel. Eigentlich müßten wir sie . . .“

„Land in Sicht!“ jubelt Rolf im selben Augenblick von oben, und die kribbelige Spannung löst sich. Wir stehen tatsächlich nur zehn Meilen vor der Insel und sehen am Horizont lediglich einen hauchdünnen Strich über dem Wasser. Darüber hängt eine Wolkenschicht.

Zwei Stunden später laufen wir vorsichtig in die Riffeinfahrt von Abraham Bay. Atemberaubend schillern die Farbschattierungen des Wassers. Alle bisher gesehenen Wasserflächen werden von dieser transparenten Schönheit weit übertroffen. Intensiv glitzert das Farbspiel in der Sonne . . . zwischen Tiefblau, Türkis und Grüngelb bis Weiß . . . blendet uns für Sekunden und . . . Rumms! ATLANTA streift eine Klamotte und schiebt den Kiel sacht in den Sand.

Aufregung. Deftiges Fluchen. Aber wir haben Glück. Eine kleine Welle hebt ATLANTA im nächsten Moment an, und die Maschine drückt sie mit voller Kraft in tieferes Wasser. Und nun? Die Karte zeigt eine klare Einfahrt bis hinter das Riff. Aber wir können diese Schneise vor lauter Korallenköpfen nicht sehen. Zum Teufel! Gar nicht so einfach, die „Augapfelnavigation“, wenn die Wasserfärbung nicht nur flächenweise Veränderungen zeigt, sondern obendrein mit zusätzlichen Tupfern gespickt ist.

Einsam ankert eine Yacht hinter dem Riff, eine andere liegt als Wrack oben drauf. Kurzentschlossen springt Rolf ins Wasser, schnorchelt voraus und lotst uns sicher durch das Labyrinth der Korallenbukkel. Fest gräbt sich die Pflugschar bei 2,20 Meter Wassertiefe in einen Sandfleck. Geschafft! Aber was ist das? Die Ladekontrolleuchte brennt. Defekt an der Lichtmaschine? Muß das ausgerechnet jetzt sein? Gerade in den Bahama-Gewässern sind wir auf einen intakten Motor angewiesen. Warum muß eine Freude so oft einen Dämpfer aufgesetzt bekommen? Ob andere Skipper auch so viel Theater mit ihren Schiffen haben? Wir reden uns ein, daß es schon nicht so tragisch sein wird, und lassen uns treiben in der leichten Gezeitenströmung, lassen uns hinreißen vom übermächtigen Reiz der Unterwasserwelt. Zum ersten Mal zieht uns eine Landschaft unter Wasser stärker an als die Insel. Sie zeigt sich faszinierend farben- und formenreich, während die Landvegetation eher niedrig und subtropisch wächst.

Mayaguana ist ein typisches „out island", liegt ein wenig im Abseits und ist sogar den Bahamern von New Providence kaum bekannt. Obwohl schon ein kleiner Inselhüpferflughafen vorhanden ist, leben die 220 Seelen hier am Rande der Zivilisation. Das Dorf Abraham besteht aus pastellfarbig gestrichenen Holzhütten. Seine Bewohner lieben Hellblau, Türkis, Rosa oder Pink. Ein überdachter Versammlungsplatz für die Männer und eine Räucherhütte – gleichzeitig Tratschtreffpunkt der Frauen – stehen im Zentrum. Aber es gibt auch schon einige Steinbauten: Kirche, Schule und Post. Man versucht, weitgehend autonom zu sein, lebt vom Fisch- und Conchfang und zieht in kleinen Gärten Obst und Gemüse. Welch mühseliges Unterfangen! Die Erde staubt hoch in Wind und glühender Hitze, sie ist pulvertrocken und korallengesteinig. Was sie hergibt, reicht nicht aus. Darum läuft ein Versorgungsfrachter regelmäßig die Insel an. Aber regelmäßig heißt noch lange nicht fahrplanmäßig. Diesmal ist er schon seit drei Wochen überfällig, und es entstehen die ersten Engpässe. Brot kann nur noch einmal pro Woche gebacken werden, weil das Mehl zur Neige geht. Und Bishop Saunders, der Gemeindebischof, schaukelt in einem alten Autositz auf seiner Veranda und träumt von einem Generator für seine Kirche. Man sieht ihm sein priesterliches Amt nicht an, denn er trägt ein schmutziges Arbeitshemd und ausgefranste Jeans ... Wenn das Schiff nur bald käme! Dann könnte er den Gottesdienst endlich auf seiner elektrischen Gitarre begleiten ...

Für Elektrizität sorgen Generatoren, die sich aber nur wenige Familien leisten können. Alle übrigen benutzen noch Petroleum und Kerzenlicht. Man lebt abgeschieden und einfach, doch wie es scheint zufrieden.

Segler sind noch eine Rarität. Entsprechend neugierig, freundlich, aber zurückhaltend werden wir beim ersten Landgang von den Schwarzen beäugt. „Captain Brown ist euer Mann. Der kann alles. Der bringt jede Maschine in Ordnung!" Mit dieser Auskunft schickt man uns zum angesehensten Mann des Dorfes, der neben dem Seelenhirten wohl eine respektable Persönlichkeit darstellt. Doch nach der Beschreibung eigener Reparaturversuche muß der Captain passen. „Nee, so'ne Lichtmaschine krieg' ich nich' hin. Aber ich kann eine aus'm Auto besorgen. Kommt in paar Wochen mit'm Flugzeug aus Nassau." Pause. Reaktionserwartende Blicke. Kopfschütteln. „Oder ihr bringt die Batterie her. Dann lade ich die auf. Dann kommt ihr 'n Stück weiter. In George Town gibt's bestimmt 'n ‚alternator'."

Aber selbst dieses Hilfeangebot will auf Mayaguana Weile haben.

Als Werner die Batterie nach zwei Tagen wieder einbaut, ist sie fast leer. Der Ärger würgt im Magen. „Er hat doch gesagt ..." Nun ja, immer mit der Ruhe! Auch wenn die bahamisch bedächtige Lebensweise nicht so recht in eine deutsche Haut passen will. Auf dem „out island" geht eben alles einen Schritt langsamer – Fuß für Fuß –, bloß keine Eile. Einfach gesagt, nur fehlt mir im Augenblick manchmal die nötige innere Gelassenheit. Anspannung – Entspannung, Gereiztheit – Gelöstheit ... Ich stehe wie unter Wechselstrom. Auch mein „Regulator" scheint defekt zu sein. Veränderliches Wetter, pausenlos Arbeit (vom täglichen Brotbacken und Muschelsäubern bis zum endlosen Auf- und Umräumen) und die Enge im Schiff nagen an meinem Nervenkostüm.

Eine Winddrehung auf SO bis SSO rollt Schwell über die Riffkante, macht den Ankerplatz unruhig und die weiten Wege per Beiboot zum Land oder zum Riff recht schwierig. Trotzdem lassen sich Werner und Rolf nicht davon abhalten, die Riffaußenkante zu beschnorcheln und das Wrack zu erkunden. Bei gut sechs Windstärken riggen sie das Bananaboot auf und rauschen mit Backstagsbrise und Kurs auf das Wrack davon. Das blauweiße Segel wird schnell zum winzigen Punkt. „Männer! Abenteuerdrang nichts weiter als prickelnde Neugier. Wo bleibt die Vernunft? Der Rückweg wird für sie bestimmt zur Kraftprobe, denn Wind und Strom stehen gegenan. Muß das bei diesem Wetter sein?" Unruhig lege ich das Fernglas zur Seite. ATLANTA bockt an ihrem Anker störrisch über die Wellenbuckel. Es pfeift in der Takelage. Ich fühle mich angebunden, ohne Reaktionsmöglichkeit Wind und Wetter ausgeliefert. Am liebsten würde ich sofort weitersegeln, einen ruhigen Ankerplatz anlaufen.

Mit letzter Puste klettert Rolf über die Reling. Werner rumpelt ihm ins Cockpit nach. Damit ist die „Wrackexpedition" nach vier Stunden völlig durchnäßt, erschöpft, aber glücklich und selbstzufrieden wieder an Bord.

„Das war 'ne Sache! Ganz schön knackig ..." meinen die Brüder einhellig. Bei einem wiederbelebenden Sherry erzählen sie von ihrem „heißen Törn": „Das kannst du dir nicht vorstellen! PÜTZCHEN ist abgerauscht wie eine Rennziege. War ganz schön viel Wind für die kleine Banane. Na ja, wohl dann 'n bißchen zuviel! Auf halber Strecke riß der Ruderbeschlag mit allen vier Schrauben aus dem Holz. Mit Segeln war also nichts mehr. Aber PÜTZCHEN lief ja von alleine weiter, wir ließen uns vor dem Wind treiben, kein Problem. Und dann Riemen raus und über das breite Korallenfeld tasten. Bei Ebbe ist es ganz schön flach da draußen! Zwanzig Meter vor dem Wrack ging's nicht mehr weiter. Wir mußten zu Fuß über die Korallen balancieren und konnten kaum sehen, wohin wir die Füße setzten. Dauernd rauschten Brecher über die Korallenfelder, weißer Schaum verschluckte ihre bizarren Verästelungen. Manche Korallenäste brachen schon beim Drauftreten zusammen. Scharfe Kanten haben die!" Werners Beine zeugen mit etlichen Schnittwunden davon. „Aber wir haben es bis zum Wrack geschafft. Das sieht aus der Nähe ganz schön traurig aus. Die Ketsch liegt mit 45° Schlagseite nach Backbord ziemlich wackelig auf dem Riff: ein vielleicht zwölf Tonnen schwerer Schrotthaufen. Nur das Rigg ist noch in ausgezeichnetem Zustand. Es war mächtig kribbelig, den Kahn zu entern. Die Kajüte stand halb voll Wasser, man konnte sich nur auf allen Vieren darin bewegen. Das Schiff ist völlig ausgeschlachtet. Bis auf ein vergammeltes UKW-Telefon und eine leere deutsche Magenbitterschachtel ist alles rausgerissen. Sogar der Schiffsname fehlt. Ob das wohl eine deutsche Ketsch war? Ab und zu rüttelte eine Welle den Kahn. Komisches Gefühl, wenn man in diffusem Licht steht, Schiffsmoder riecht und einen Ruck spürt. Aber für uns wurde es Zeit zum Aufbruch. Rolf schraubte noch schnell eine Holzlampe und einen Block ab, und der Skip dachte an ATLANTAs neuen Mast. Aber die Winsch, die er dafür so gern abmontiert hätte, war vollkommen festgefressen. Und dann der Rücktörn! Der war Knochenarbeit. Voll gegenan. Dauernd kam Gischt und Wasser über. Ganz schön naß und kalt! Wir mußten rudern, um den Außenborder zu unterstützen ... Und andauernd lenzen, eineinhalb Stunden lang! Trotzdem war's einfach Spitze! Und jetzt haben wir 'nen Mordshunger!"

Männer sind wie Kinder, fasziniert vom Risiko und vom Ausloten ihrer Grenzen, denke ich und bin heilfroh, daß sie wieder an Bord sind und mit Heißhunger meine Pfannkuchen schmausen.

Noch ein Landgang: Gemüseeinkauf in einem kleinen dunklen Vorratsschuppen. Nur ein Lichtstrahl fällt durch den Spalt eines Fensterladens auf Kübel und Fässer, die auf der nackten Erde stehen. Getrocknetes Conchfleisch baumelt in Girlanden kreuz und quer unter einem Holzschindeldach. Im Zwielicht huscht ein Cucarachaclan am Zuckerfaß vorbei. Bevor das Gemüse an Bord kommt, wird jedes Blatt, jede Tomate einzeln untersucht. Bloß keine neue Krabbelzucht! Jetzt, da die Martinique-Generation endlich erfolgreich ausgerottet ist ...

Fischer zeigen, wie ein Conch-Steak mit wenigen Handgriffen vorbereitet wird. Mit scharfer Klinge schneiden sie zum Schluß ein schachbrettartiges Muster in das Fleisch, damit die Marinade besser einziehen kann und die Conch kauweich wird.

Bishop Saunders ist gerade auf Fischfang. Schade. Wir hinterlassen ihm eine Nachricht, ein paar Abschiedsworte und einen Sack mit Kleidung und Spielzeug für seine Gemeinde. Hier können sie alles gebrauchen.

Auf unserem Rückweg scheinen Tausende kleinster Muscheln bei jedem Schritt über den Strand in Bewegung zu geraten, in Scharen über Steine und Sand zu flüchten: Einsiedlerkrebse. Ein herrliches Spiel für unsere Kinder. Sie lassen „die Muscheln" zum Wettrennen starten.

Zum „Sundowner" der Blauen Stunde finden sich regelmäßig einige Räuber in ATLANTAs Nähe ein: riesige Stachelrochen, Barrakudas, auch mal ein Hai und andere große Fische. Mit einem ‚angriffslustigen' „Ka-i-li!" hechtet Rolf vom Achterdeck ins Wasser und lauert mit der Kamera auf das majestätische Flügelschwingen der Rochen oder das scheinbar reglose Schwimmen der blausilbrigen, transparenten Barrakudas. Als ich ihn eines Abends begleite, stupst er mich an und deutet auf ein meterlanges, zähnefletschendes Exemplar im Hinterhalt. So nah war mir bislang kein Barrakuda gekommen. In starrer Haltung klappt er sein Maul immer auf und zu und schwimmt nur dann näher, wenn man ihm den Rücken zudreht. Naiv halte ich ihn im ersten Augenblick nur für einen gewöhnlichen Kochtopffisch, schwimme zur Badeleiter und hole die Angel raus. Vielleicht gibt's gleich frischen Fisch . . . Da taucht Rolf auf: „Mädchen, hast du Nerven! Hast du nicht geseh'n, wie angriffslustig der sein Gebiß gefletscht hat? Das waren rasierklingenscharfe Spitzen!"

„Ein Barrakuda war das?" Meine Unbefangenheit gerät ins Wanken. Barrakudas haben schließlich einen weltweiten Ruf als hinterhältige, aggressive Räuber. Beim nächsten Mal werde ich solch einen Burschen wenigstens gut im Auge behalten.

„Nur“ 160 Seemeilen bis Great Exuma

Unruhige Nacht in der Lagune, bedeckter Himmel am Morgen. Es zieht uns alle weiter. Der starke Schwell würde uns sowieso an Bord festhalten. Und wer weiß, was sich da zusammenbraut? Der Anblick des Wracks läßt uns das freie Wasser suchen. Aber das zu finden, wird zum Glücksspiel. Der Südwind bringt undurchsichtiges, diesiges Wetter. Das Barometer fällt. Wie ein Jojo schwingt ATLANTA auf und ab. Die Tiefen zu loten wäre sinnlos. Rolf steht auf dem Vorschiff und lotst den Skipper mit Hand- und Rufzeichen um die Korallenköpfe oder – wenn es sein muß – auch nur mit einer Handbreit Wasser unterm Kiel darüber. „Zwei Strich Steuerbord! So durchhalten! Zu langsam! Das Schiff beißt sich fest! Maschine volle Kraft voraus!“

ATLANTA sackt im Wellental um Haaresbreite bis auf einen Korallenstock durch. Wir warten mit anhaltendem Atem förmlich auf das durchdringende Knirschen – Stahl auf Stein ... Aber ATLANTA rutscht mit Brassfahrt und Bravour vom marmorierten Hellgrün über braun gesprenkeltes Dunkelgrün ins beruhigende Tiefblau. Ich fühle Freiheit unter den Füßen und große Vorfreude auf die 160 Kilometer lange, vielversprechende Inselkette der Exuma Cays, mit ihren vielen geschützten Buchten, wo sich auch die Kinder unbeschwert in ruhigem Wasser bewegen können.

Sonntag, 17., bis Montag, 18. April: Zwei Tage auf See – zwei Tage voller Gegensätze!

Grau in Grau taucht der Sonntag aus der Morgendämmerung. Schon in der Nacht bewahrheitete sich die Vorhersage des Barometers. Aus grell zuckendem Wetterleuchten am Horizont pfiff eine kalte Schauerfront über uns hinweg. In grober See stampfte ATLANTA zunächst mit mühsamen drei Knoten hoch am Wind fast wie ein U-Boot durch die Wellen. Dann löste bleierne Flaute den nächtlichen Spuk ab. Aber es blieb empfindlich kalt. Während der Wachen hielt man es ohne Thermojacken nicht aus – und das in den Bahamas um diese Jahreszeit! Zu viele Segelmanöver stahlen uns den kostbaren Schlaf. Aber nicht allen ... Tim und Benni ließen sich wie immer durch nichts stören, die Glücklichen. Ich grübelte nach einem Patentrezept für mich, um auf See auch so entspannt schlummern zu können: Ohrstöpsel? Nicht an

Bord. Tabletten? Kommt nicht in Frage. Autogenes Training? Das müßte ich lernen. Das könnte helfen. Auch Dr. Lindemann hatte seine Atlantiküberquerung im Faltboot durch Selbsthypnose schadlos überstanden. Aber wie lernen?

Grau in Grau taucht der Sonntag müde aus der Morgendämmerung. Doch der Tanz läßt nicht lange auf sich warten. Neue Schauer und Böen gießen Süß- und Salzwasserduschen kreuz und quer über das Schiff und nehmen zwei Duchtbretter vom Beiboot mit, die an die Reling gelascht waren.

„Scheußliche Beutelei! Wie ruhig und kuschelig wäre jetzt mein Bett zu Hause“, brumme ich verärgert.

„Und trocken!“ Rolf schreckt aus der Hundekoje hoch. Ein Schuß Wasser, das durch den Niedergang kam, hat sein Gesicht getroffen und ihn zu früh geweckt. Seine Wache war noch nicht dran.

Da fällt mir ein Satz ein, den ich als Mahnung über dem Ruderstand der DANMARK gelesen habe: *„My God, thy sea ist so great and my boat is so small“* – O Gott, die See ist so groß, und mein Schiff ist so klein. Von Zeit zu Zeit wird man schonungslos daran erinnert.

Am Montag steht nur noch das Groß als Stützsegel gegen die Schlingerbewegungen bei völliger Flaute. Flapp – hinüber - flapp – herüber. Geduldig warten wir auf Wind; denn die Startreserve der Batterie für den Motor ist ungewiß. Sie muß so weit wie möglich geschont werden, weil wir sie zum Anlaufen von George Town unbedingt brauchen.

Bei Sonnenuntergang spiegelt sich ATLANTA in allen Rot-Gelb-Schattierungen auf einer bewegungslosen, glatten, dunklen See. Wir haben uns zum Sundowner im Cockpit versammelt und beobachten gebannt, fast andächtig, das großartige Naturschauspiel. Mundharmonikaklänge rieseln leise in die klare Abendluft. Es ist so friedlich.

Dienstag, 19. April 83: Leises Rauschen an Backbord verstärkt sich in den ersten Morgenstunden. Brandung? Gegen 6.15 Uhr bringt es die Dämmerung an den Tag. Die Küste von Long Island liegt nur etwa zwei Seemeilen entfernt. Starker Strom muß uns darauf versetzt haben. Im Lauf des Tages erweist die Insel ihrem Namen alle Ehre: Sie streckt sich und streckt sich ... Bei leichtem Westwind schleicht ATLANTA erst im letzten Büchsenlicht an der Nordspitze vorbei, ehe er fast ganz einschläft. Ein Knoten Fahrt, keine See- und Windgeräusche. Es könnte eine schlafreiche Nacht werden – wenn ATLANTA nicht einen neuen Kniff gefunden hätte, die Mannschaft wachzuhalten. Der Mast quietscht und knarrt bei jeder Bewegung in hohen und höchsten Tönen, die sich durch jeden Nerv bohren. Es dauert jedoch die halbe

Nacht, bevor er eindeutig als Geräuschquelle entlarvt ist. Werner spannt Vor- und Achterstag nach und siehe da, es hilft. Köstliche Stille. Zwei Stunden bleiben noch bis zu meiner Wache, zwei Stunden entspannender Ruhe. Jetzt brauche ich keine Einschlafhilfe mehr. In wenigen Sekunden bin ich im Land der Träume.

Mittwoch, 20. April 83: Um 11.00 Uhr kommt Great Exuma in Sicht, und schlagartig geht jedes Fünkchen Reizbarkeit außenbords. Motor an – die Batterie schafft es noch! Mit Vollgas tuckert ATLANTA auf das Ziel los. Auch die Kinder freuen sich auf den Ankerplatz. Es wird ihnen guttun, sich wieder richtig austoben zu können, sie saßen sich in den letzten Tagen oft zu nahe auf der Pelle. Besonders Tim zeigte in zunehmendem Maß das Bedürfnis, für sich allein zu sein. Dabei kommt Benni ihm häufig ins Gehege. Er versteht nicht, daß Tim in einer Ecke allein spielen möchte.

Auf der Kurslinie der Bahama Chart tastet sich ATLANTA ins smaragdgrüne „Binnenwasser“ zwischen Great Exuma und einer vor der Inselhauptstadt Georgetown verlaufenden langgestreckten Inselreihe. Auf dem Wasser herrscht so lebhaftes Treiben wie in einem aufgewühlten Ameisenhaufen. Ein ganzes Feld von Bahama-Sloops kreuzt unseren Kurs. Vor George Town liegen eine Menge Yachten. Wir schlüpfen im Gewühl bis in die Nähe eines Stegs und finden eine passende Lücke. Sofort paddeln die Kinder um die „Little Red One“ (Spitzname für ATLANTA, da sie in der Karibik bereits zu den kleinsten Schiffen gehört) und wir Großen springen mit langen Seufzern hinterher. Zwischen vielen stattlichen, meist amerikanischen Yachten wirkt ATLANTA wie ein winziger Daysailer. Fast alle haben sie bunt über die Toppen geflaggt und posaunen zum Sonnenuntergang mit Conchhörnern von Schiff zu Schiff. Kräftige Bläser locken aus ihren präparierten Muscheln hohe und tiefe Töne hervor. Es klingt wie der Auftakt zum Wettstreit um eine Meisterschaft ... Sollte uns der Zufall gerade rechtzeitig zur alljährlich stattfindenden Regatta der Bahamian Sloops, dem größten Segelereignis der Bahamas, hergeführt haben.

Als wir im Cockpit frühstücken, fällt draußen plötzlich ein Schuß – ein Startschuß für eine Regatta? Messer, Tassen und Brot fallen uns aus den Händen. Wie aufgescheuchte Hühner sprinten wir alle aufs Vorschiff. Tatsächlich! In wilder Hast werden erst nach dem Knall auf einer Reihe bahamischer Boote übergroße Segel gesetzt. Neun, zehn, elf, zwölf Mann turnen mit akrobatischer Geschicklichkeit auf jedem Boot. Leichter Wind füllt das erste überdimensionale Großsegel und legt das Boot am Wind sachte aufs Ohr. Doch sofort schwingen sich vier Leute auf einen Reitbalken, der jeweils nach Luv hin ausgeschoben werden kann – eine Art Trapez für bis zu sechs Segler. Sie trimmen das Boot so, daß es nur mit leichter Krängung durch das Wasser gleitet. Bei der ersten Wende muß sich die ganze Crew flachlegen und aufpassen, daß vom Großsegel keiner über Bord gewischt wird. Es schleift über Deck und hängt vor dem Wind manchmal sogar mit seinem Bauch im Wasser.

Ferngläser schwenken zur nächsten Boje. Begeisterte Ankerlieger jubeln ihren Favoriten zu. Regattafieber breitet sich aus. Von Land tönt Volksfeststimmung. Nichts wie hin! Ob unsere Banane ihre Fracht auch ohne die fortgewaschenen Duchtbretter trocken an Land bringt? An ihrer Stelle spreizen Schrubberstock und Holzlatte Bug und Heck auseinander. Werner und Rolf kauern über den Riemen auf der übriggebliebenen Mittelducht, die Jungs achtern, ich vorne. Los geht's! Aber das Provisorium hält und straft mein Mißtrauen Lügen. Wenn auch hier und da ein paar Nieten der Duchtbeschläge korrodieren und abplatzen, die Riemen häufig aus den offenen Dollen rutschen oder beim Härtetest („Mal sehn, wie Pützchen bei sechs Windstärken segelt...“) die Ruderhalterung ausreißt – unser PÜTZCHEN ist einfach nicht kleinzukriegen. Irgendwie läßt es sich immer wieder zusammenflicken.

Reggae-Musik, typische Junkanoo-Blech- und Trillerpfeifen-Rhythmen lassen das Leben auf den Straßen pulsieren. Groß und klein singt, tanzt und lacht. Wir wippen an einer Reihe von Imbiß-, Bier- und Süßigkeitenbuden vorbei. Halt! Da vorne gibt es den obligaten T-Shirt-Stand, er ist genau wie die allgegenwärtige Coca-Cola-Reklame nicht zu übersehen. Flaggenfetischisten suchen oft vergeblich nach dem Hoheitszeichen einer Insel, um die Saling damit zu schmücken, aber T-Shirt-Freaks kommen fast überall wesentlich billiger auf ihre Kosten und tragen sogar einen praktischen Nutzen davon. Phantasievolle Motive kennzeichnen einen Ort, eine Insel, ein Land – hier auch das einmalige Ereignis: *30th Family Island Regatta*.

Es starten drei Bootsklassen, je nach Größe; die Zulassungsbedingungen erlauben nur Boote in typischer Bahama-Bauweise, nach dem Vorbild alter Fischer- und Arbeitsboote. Rumpf und Mast müssen aus Holz, das Deck darf neuerdings aus Kunststoff gebaut sein. Kein Bugspriet, keine andere Spiere, keine Winschen, keine Instrumente (Wind- oder Geschwindigkeitsanzeiger), keine gekrümmten Masten sind gestattet. Nur mit Kompaß, Baumwollsegel, Muskelkraft, Beweglichkeit und gut trainierter Seemannschaft geht es an den Start. In

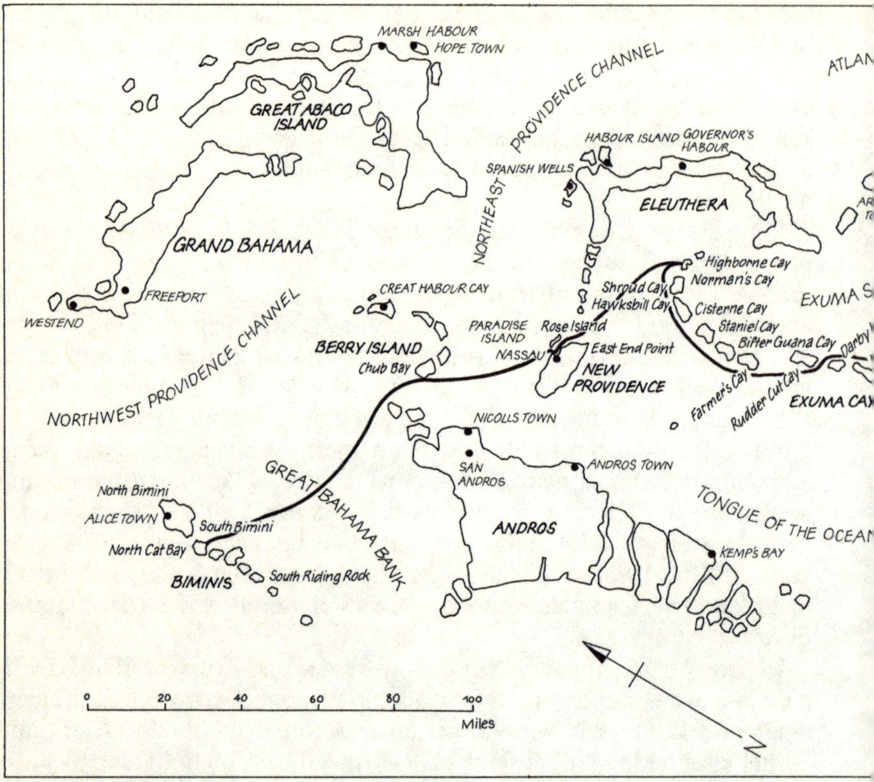
MARSH HABOUR
HOPE TOWN
ATLAN
NORTHEAST PROVIDENCE CHANNEL
GREAT ABACO ISLAND
HABOUR ISLAND
GOVERNOR'S HABOUR
SPANISH WELLS
ELEUTHERA
GRAND BAHAMA
Highborne Cay
Norman's Cay
Shroud Cay
Hawksbill Cay
Cisterne Cay
Staniel Cay
Bitter Guana Cay
Darby
EXUMA S
CREAT HABOUR CAY
FREEPORT
WESTEND
NORTHWEST PROVIDENCE CHANNEL
PARADISE ISLAND
Rose Island
BERRY ISLAND
NASSAU
East End Point
Chub Bay
NEW PROVIDENCE
Farmer's Cay
Rudder Cut Cay
EXUMA CA
NICOLLS TOWN
SAN ANDROS
ANDROS TOWN
GREAT BAHAMA BANK
TONGUE OF THE OCEAN
North Bimini
ALICE TOWN
South Bimini
North Cat Bay
ANDROS
KEMP'S BAY
South Riding Rock
BIMINIS
0
20
40
60
80
100
Miles
N

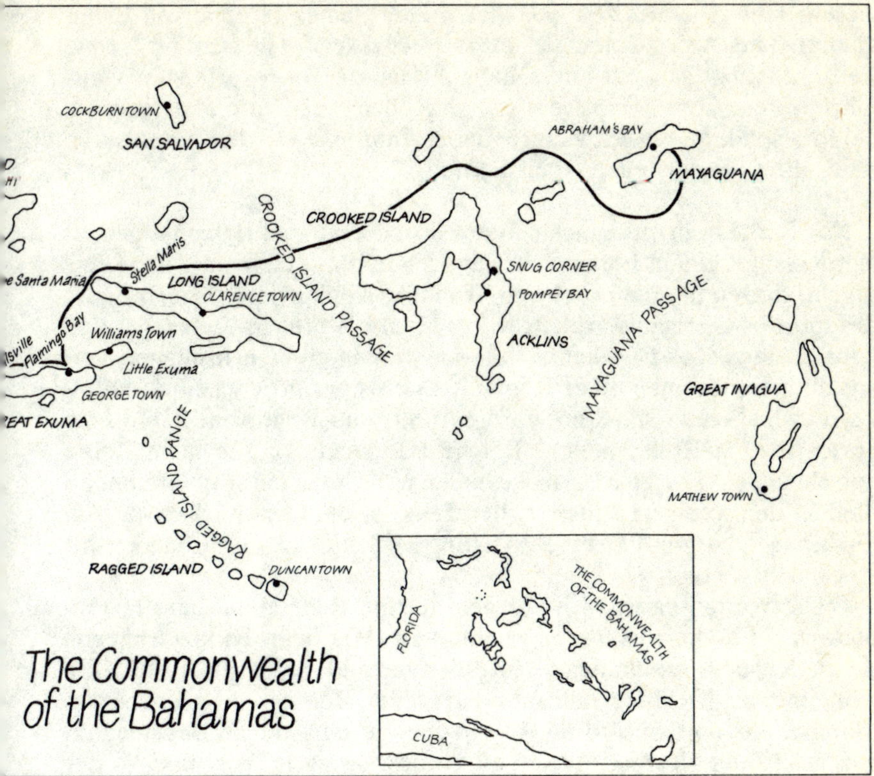

The Commonwealth of the Bahamas

diesem Jahr 1983 also zum 30. Mal. Einer kleinen Gruppe von Bahamanern und Amerikanern ist es zu verdanken, daß sich 1954 etwa siebzig Sloops, Schoner und Dingis in George Town zur ersten Wettfahrt trafen. Ihre Initiative rief schließlich nicht nur eine Regatta hervor, sondern erweckte auch neues Interesse an den guten alten besegelten Fischer- und Arbeitsbooten.

Nur Boote in ursprünglicher Bauweise, die auf den Bahamas gebaut worden sind, einem Bahamaner gehören und mit einheimischer Crew segeln, dürfen um die begehrten Trophäen konkurrieren. Noch findet das sportliche Ereignis so statt, wie es die Initiatoren ins Leben gerufen haben: ein großes Familientreffen der weitverstreuten Insulaner, veranstaltet im Rahmen einer Regatta. Doch steht inzwischen das Konkurrenzdenken so stark im Vordergrund, daß Ruhm und Geld eine entscheidende Rolle spielen. Reiche Bahamaner lassen neue Boote ausschließlich für Regattazwecke bauen und Crews dafür trainieren. So bleiben den wenigen echten Arbeitsbooten, die tatsächlich noch zum Fischfang oder zur Frachtbeförderung auslaufen, kaum Chancen für einen Pokalsieg.

Die Favoriten haben sich vor dem letzten Rennen auf dem Hafenplatz von Elisabeth Harbour versammelt. Wie beim Football hängen sie in Knäueln zusammen – rote, grüne und weiße „Gangs". Ihre einheimische Kleidung paßt zur Farbe der Boote ... Ist das schon Mannschaftssport im Profilook? Hitzige, gestikgeladene Besprechungen gehen dem letzten Startschuß voraus. Je nach Wind und Wetter bestimmt der Skipper, wie viele Sandsäcke und Crewmitglieder er zum Bootstrimm braucht. Eigentlich gilt die Sloop SILENT PARTNER nach zwei bereits gewonnenen Rennen schon als Sieger. Aber das Blatt wendet sich entgegen allen Erwartungen. Große Aufregung an Land. Was ist passiert? SILENT PARTNER wird in den Hafen geschleppt. Mit hängenden Köpfen gehen die „Roten" von Bord. Für sie ist die Regatta verloren. Sofort laufen wilde Gerüchte um. Die einen behaupten, der Mast wäre angeknackst, die anderen wissen es besser: Die haben einen Mann über Bord gehen lassen! Und das ist schließlich verboten! Jetzt sind sie disqualifiziert worden. Sandsäcke dürfen auf dem Zielschenkel vor dem Wind über Bord geworfen werden, die Crew allerdings muß vollzählig bleiben. Die „Roten" selber schweigen. Der Sieg gehört den „Weißen": eine Trophäe und 1000 Dollar.

Wir werden von einer Junkanoo-Band und einer tanzenden Menschenmenge mitgezogen. Das Straßenfest siegt über die Regatta. Tim verschwindet powackelnd zwischen schwarzen Kindern im Sonntagsstaat, taucht nach einer Weile wieder auf und tanzt verzückt weiter bis zum Paradeplatz. Dort versammelt sich alles zu einer Feierstunde mit dem Premier und anderen Ministern der Bahamas. Auf einer Tribüne nehmen die Ehrengäste Platz und swingen verhalten zur Musik der mit lässiger Exaktheit paradierenden Garde. Exotisch ihre Uniformen: Weiße Tropenhelme mit Messingpickeln und weiße, steif gestärkte Jacken strahlen über schwarzen Hosen. Leuchtend rote Streifen und Schärpen setzen Signale. Die Trommler tragen noch eine Besonderheit zur Schau: Schürzen aus Leopardenfell mit Tierköpfen auf der Brust. Ein Hauch afrikanischer Vergangenheit (die Inseln waren im 17./18. Jahrhundert großer Umschlagplatz des Sklavenhandels), mit Stolz präsentiert, zeugt vom starken Selbstbewußtsein der Bahamaner.

Und die Musik soll Weltoffenheit dokumentieren. Gekonnt mixt die Kapelle einen Cocktail aus Nationalhymne, Inselrhythmen, Samba, Blues und Wiener Walzer ... Alles für den Aufbau eines guten Image der Bahamas, schließlich sind Presse, Funk und Fernsehen anwesend. So nutzt auch der Premier Lynden O. Pindling seinen Auftritt, um die junge Unabhängigkeit der Inseln (seit 1973) zu betonen, indem er ihre Einmaligkeit und Schönheit herausstellt. Gekonnt lächelt er in die Kameras. Ein wenig dick aufgetragen, propagandistisch klingt uns seine Rede in den Ohren. Aber der jubelnde Applaus deutet darauf hin, daß der Minister hier ins Schwarze getroffen hat. Bei jeder Gelegenheit versucht die Regierung Zusammengehörigkeitsgefühl zu vermitteln und eine Identität aufzubauen; bei der über 1200 Kilometer weit verstreuten Inselbevölkerung sicher kein leichtes Bestreben. Da sind auch die Medien voll im Einsatz, wenn es darum geht, alle Bahamaner auf Gemeinschaft einzustimmen. Sogar Schlagertexte hämmern über den Äther Zusammengehörigkeitsgefühle ein: „*Independent Bahamas, Bahamas, Bahamas* ..." Jetzt leben wir in Unabhängigkeit zusammen, Brüder und Schwestern. Laßt uns gemeinsam frei sein. Nur wenn wir zusammenhalten, sind wir stark genug, um frei zu sein ..." Es könnten Gospelsongs von Menschen sein, die ihre Freiheit gefunden haben und sie bewahren wollen – gläubig, selbstbewußt, offenherzig, nationalstolz.

Mit Witz und Charme werden auch die Fremden musikalisch angesprochen. So versucht ein Song, dem Touristen zu suggerieren: „*Once is not enough* ... Wenn du die Bahamas besuchst, ist einmal nicht genug ... Schon Christopher Kolumbus ist der Schönheit unserer Inseln verfallen. Aber macht es nicht wie er, der es sich immer nur vorgenommen hatte, wiederzukommen. Bevor er starb, hat er zu mir gesagt: ‚Nun schick ich nur noch meinen Geist zu euch.' Aber, Leute, ein Geist kann doch den Sand nicht unter den Füßen fühlen, und wir können ihn auch nicht sehen. Darum kommt lieber zurück, wenn wir alle noch leben ... *Once is not enough* ..."

Zapfenstreich. Bei Sonnenuntergang wird feierlich die Flagge eingeholt. Schwarz, Gold und Aquamarine symbolisieren den Commonwealth der Bahamas: das Land, das Wasser und die Menschen, in einem Zeichen vereint. Die Nationalhymne verklingt. Der Regattatrubel plätschert für dieses Jahr seinem Ende zu.

Der Rummel ist vorüber, und die meisten Yachten segeln weiter. Es kehrt Ruhe ein. George Town fällt in eine Art Dornröschenschlaf.

Exumas – Nur, wer sich Schwimmhäute wachsen läßt, erlebt den Zauber der Bahamas

7. bis 20. Mai 83: „Ihr segelt nicht weiter?" bekommen wir von anderen Crews zu hören. „Hier ist doch nichts mehr los ... Und die Inseln – eine wie die andere. Nichts Besonderes. Mangroven, Kasuarinas (Eisenholzstämme), winzige Hügel, Sand, Erde."

„Habt ihr euch schon mal unter Wasser umgesehen?" fragen wir zurück.

„Nö, wir schnorcheln nicht und tauchen schon gar nicht. Keine Ambitionen. So long." Sie ziehen weiter im Siebenmeilen-Eiltempo nord- oder südwärts. Wir aber zuckeln gemächlich die 160 Kilometer lange Inselkette der Exuma Cays hinauf und erleben Tag für Tag neue, reizvolle Unterwasserlandschaften. Endlose Flachs, farben- und formenreiche Korallengärten, steil abfallende Riffkanten, dunkle Tiefen prägen ihr Gesicht. Die Schnorchelgänge dehnen sich aus und lassen uns bald allen Ärger mit kleinen und großen Bordalltagsproblemen vergessen.

Da gibt es die hundertmal vergeblich auseinander- und zusammengebaute Lichtmaschine ... Ein Segler, der sich selbst „Sachkenntnis" zusprach, brachte es nach angeblich fachmännischer Fummelei fertig, daß sich sämtliche Batterien binnen kurzer Zeit *ent*luden. Nun geht es bis Nassau mit an Land geladener Starterbatterie weiter. – Und dann sorgt ständig die Bilge für Überraschungen: mal bleibt sie tagelang trocken, dann läuft wieder innerhalb von drei, vier Stunden Wasser bis unter die Bodenbretter. Rätselhaft. Vielleicht spukt's. – Da streikt in penetranter Regelmäßigkeit der Außenborder des Beiboots. – Da reißt mal eine Schubladenschiene aus dem Holz oder es hüpft mir die Fußpumpe vom Waschbecken entgegen . . . Werner ergänzt die „Schwarze Liste" noch und liest mir vor, was während unserer Reise alles schon zur Reparatur anstand. Haarsträubend! Als er bei Punkt 49 ankommt, platzt Benjamin heraus: „Und wie haben sich die Leute dann gerettet?"

„Was soll's? Inzwischen leben wir mit den Malaisen wie mit dem Wechsel der Gezeiten. Ebbe und Flut bestimmen immer mehr unseren Tagesrhythmus. Denn bei Ebbe fallen riesige Flachgebiete und Riffkanten trocken und werden für uns zu unerschöpflichen natürlichen Schatztruhen. Im Sammlerrausch spaziert die Crew über ausgedehnte Sandbänke, immer mit Pützen und Keschern bewaffnet. Benjamin entwickelt eine ausgeprägte Spürnase für leere Baby-Conchgehäuse, und Tim gräbt als Sand-Dollar-Spezialist die leicht zerbrechlichen Kalkgehäuse einer Seeigelart aus dem butterweichen Sand. Auf den zerfressenen, ausgehöhlten Riffkanten sind unzählige Kleinlebewesen zu beobachten, die in winzigen Badewannen zwischen dem Korallengestein auf die Flut warten: Fische, Krebse, Schnecken usw.

„Verflixt, die Flut kommt ja schon!" Wir fahren aus unserem gebeugten Suchgang hoch. Das Wasser drückt immer stärker gegen die Beine. Jetzt aber nichts wie los! Vor lauter Sammeleifer und Entdekkungsdrang haben wir nicht mehr an die Tide gedacht. Strandbeute und Kinder schnell rein ins Dingi, denn schon überspült der Flutstrom die ersten Flachgebiete. Für ein Beiboot mit ausreichend starkem Außenborder wäre es natürlich kein Problem, zum Schiff zurückzufahren, aber im PÜTZCHEN wird es zur Schinderei. Am Boot liegt das wirklich nicht. Längst hat es der Skipper aus Strandgutholz und einem alten Motorschottbrett fast in seinen perfekten Urzustand zurechtgezimmert. Sogar der Außenborder hängt in neuer Motorhalterung einsatzbereit am Heck, was allerdings nicht unbedingt bedeutet, daß er auch funktioniert. Ein paar hundert Meter, und das der Flut entgegenschmatzende Tuckern verstummt. Nicht Neues, eigentlich auch nichts Ungewöhnliches – aber zu *früh*! Wie immer im unpassendsten Moment! Zum Segeln reicht der schwache Püster nicht aus, schnell treiben wir weiter, noch weiter vom Ankerplatz weg ins *bajo mar*, das flache Wasser. Aus dieser spanischen Bezeichnung für flaches Wasser entstand der heutige Name der Bahamas.

Jetzt heißt es, in die Hände gespuckt und ran an die Riemen! Eine Seemeile gegen die Strömung rudern. „Gleich" – platsch – „kann" – platsch – „ich" – platsch – „nicht" – platsch – „mehr!" ächze ich zum schnellen Rudertakt. Meine Arme werden lang und länger. Aber unser Zweier mit Steuermann und Anheizer zeigt der Flut die Zähne.

„Ein Schlag mehr nach Steuerbord! Du schaffst es, Mutti! Du hast doch auch Mukkies (Muskeln)!" feuern mich die Jungs an.

Das sind mir die Richtigen, denke ich und ziehe mit großer Anstrengung den Riemen durchs Wasser. Ich rudere mir die Seele aus dem Leib, und meine Männer seh'n das als sportlichen Wettkampf. Räuberbande ...

Mit der Ebb-Beute und Schwielen an den Händen schleppe ich mich gerade in ATLANTAs Cockpit, als ich draußen fassungslos ein allzu bekanntes Geräusch höre: Drrr-put – put-put ... Triumphierend reckt Tim den Kopf über die Reling: „Hörste? Der Put-Put läuft wieder! Wir fahr'n noch'n bißchen zum Schnorcheln."

Von Tag zu Tag werden die Exuma Cays mehr zum Paradies für die Kinder. Sie können beide schwimmen. Tim geht mit dem Beiboot um wie sonst ein Kind seines Alters vielleicht mit einem Fahrrad. Ob beim Rudern, Motoren oder am liebsten beim Segeln – er beherrscht jeden Handgriff, als hätte er nie etwas anderes gemacht, als wäre er mit diesen Fähigkeiten geboren worden. So gehen unsere Knirpse auch häufig alleine auf Entdeckungstour, Tim an der Pinne und Benni als Ausguck vor dem Mast. „Da, Tim! Halt! Ich schmeiß hier den Anker raus. Da sind ganz viele Fische!" kreischt Ben energisch, und sein Bruder holt fügsam das Segel ein. Im selben Augenblick plumpst der kleine Draggen ins Wasser, und die Jungs hängen mit ihren Köpfen im *look bucket*, dem Schau- oder Sucheimer. Der durchsichtige Boden der hölzernen Pütz ermöglicht ihnen vom Beiboot aus einen glasklaren Blick ins Wasser. Den Conch-Fischern dient ein solcher Eimer auch heute noch als Arbeitsgerät. Von ihren Dingis aus können sie die Muscheln auf dem Grund sehen, greifen sie mit einem sieben Meter langen Angelhakenstock, dem *conch hook*, und holen sie aus dem Wasser.

Unentwegt segelt Pützchen zwischen ATLANTA und herrlichen Inselbuchten hin und her. Mit hundert neuen Eindrücken und Ideen kommt die kleine Crew meist sehr aufgeregt an Bord zurück. „Oah, da flitzte so'n spinniges Krabbelviech über 'ne Helmit (eine Muschel) drüber. Und am Strand war'n gaaanz viele Krabben! Die ha'm richtig Wettlauf gemacht – immer wenn ich rankam." Oder: „Komm mal ganz schnell mit. Wir ha'm ein tolles Spiel erfindet!" Der lütte Moses zupft strahlend an meinem Arm. Am Strand staunen Werner und ich über die Spielschöpfung. Tim wirft einen Stein weit von sich weg und Benni versucht, ein leeres Conchgehäuse bis an den Stein heranzuwerfen. Ah, fast getroffen! In hohem Bogen fliegt die nächste Muschel – titsch – und trifft die erste. „Conchboccia" wird zum neuen Familienvergnügen, zum Strandspiel der Bahamas.

Stocking Island, Fowl Cay, Elisabeth Island. Bei Galliot Cay schlüpft ATLANTA zur Stillwasserzeit durch den engen Durchlaß der Inselkette, den die Tidenströme in Verbindung mit Seegang und Wind zuweilen unpassierbar machen, was besonders kleineren Booten schon oft zum Verhängnis wurde. Innen, auf der geschützten Flachwasserseite, gleiten wir dann durch schillerndes Türkis in respektvollem Abstand vorbei an breitflächigen, gelbgrünen Sandbankwolken. Jede Einzelheit auf dem Meeresboden kann man an windarmen Tagen erkennen.

Great Guana Cay. Immer noch segeln und ankern wir mutterseelenalleine, ohne daß sich irgendwelche Schauergeschichten bewahrheiten. Niemand belästigt uns, kein Gewehrlauf vertreibt uns von einer Insel. Keine dubiosen Gestalten oder Schiffe weit und breit. Wir genießen tagelange Einsamkeit, bevor wir bei Staniel Cay auf eine Reihe anderer Yachten treffen, die hier von einer Attraktion angezogen werden: James Bond läßt grüßen und lockt auch uns in den höhlenartigen Unterwassergarten von einmaliger Schönheit. „Thunderball" wird die Grotte jetzt nach dem gleichnamigen Film genannt, der an diesem Ort gedreht wurde. Der einzige Reiz des Höhlengewölbes holte Sean Connery später noch zu Aufnahmen für einen weiteren Film zurück: „Never Say Never Again . . . Sag niemals nie".

Gespannt fahren wir eine Stunde vor Stillwasser zum etwa zehn Meter emporragenden, zerklüfteten Felsen. Von weitem tarnt er sich in Unscheinbarkeit. An einer seichten Stelle wird das Beiboot verankert. Tausende kleiner, fingerhutartiger Quallen treiben in schwarzgallertigen Scharen vor dem Höhleneingang. Noch gibt ihn das Wasser nicht frei. Während die Kinder die Quallen zunächst sehr skeptisch beobachten, tauchen Werner und ich durch das Gewimmel in die Grotte hinein. Das Erlebnis, der Anblick, wirkt stärker, imposanter, als ich es mir vorgestellt habe. Überwältigend. Über mir wölbt sich eine bizarr zerfurchte Felskuppel. Durch drei kreisförmige Öffnungen fällt Tageslicht wie durch eine Linse auf die Wasseroberfläche und läßt sie transparent schimmern. Das wirkt, als würde die farbenreiche Welt unter Wasser mit Scheinwerfern ausgeleuchtet. Vielfältigste Korallengebilde bieten einer gigantischen Masse verschiedener Fische Lebensraum und vermutlich auch Schutz vor räuberischen Artgenossen. Weder Haie noch Barrakudas sollen hier bislang gesichtet worden sein. Bunte Fischströme fließen an mir vorbei, Schwärme stehen unter mir und überall.

Werner taucht in ein Lichtloch unter Wasser und verschwindet. Unsicher suche ich nach ihm, denn so ganz allein ist es mir plötzlich nicht mehr geheuer. Schnell schwimme ich durch den Grotteneingang, den die Ebbe inzwischen freigelegt hat. Blitzartig spritzt die Masse Fische aufgescheucht auseinander. Natürlich ist mein Unbehagen ungerechtfertigt, aber es braucht seine Zeit und kostet anfangs ein wenig Überwindung, sich in einem so ungewohnten Lebensraum frei zu bewegen.

„Huhu, Mutti! Kuck mal! Ich reite auf Papis Rücken in die Höhle!“ Tim winkt mir zu.

„Wie bist du denn hierher gekommen?“ näsele ich durch die Schnorchelmaske.

„Psst! Geheimnis von 007 ... Durch einen Unterwasserausgang! Aber nicht weitersagen“, lacht Werner über das harmlose Versteckspiel.

Tim und Ben reiten zunächst abwechselnd auf Werners Rücken in die Höhle, bis sie einstimmig feststellen: „*Die* Quallen beißen uns nicht.“ Und danach übt die Grotte eine fast magische Anziehungskraft auf sie aus. Immer wieder schwimmen wir alle hinein und können uns nicht sattsehen am Zauber dieser Welt. Allmählich bewege ich mich ruhig und gelöst mit den Schwärmen großer und kleiner Korallenfische, liege schwerelos im Wasser. Zweieinhalb Stunden halten wir uns fast nur im nassen, 28 Grad warmen Element auf. Und beim Aufwärmen im Beiboot macht der *look bucket* die Runde, weil es auch außerhalb der „Thunderball Grotto“ interessante Flora und Fauna zu sehen gibt.

Staunen über Staunen. „Da! Ein Gelbauge – ein Zitronenfisch – eine Zackenkrone – ein Schmetterlingsfisch – ein Zebrafisch – ein blauer Bumerang ...“ Die Kinder taufen verschiedene poppig bunte Fische auf ihre Weise, ganz nach den treffenden Bildern ihrer Phantasie. Wie könnte man sonst als Laie diese Vielfalt benennen, bei der selbst innerhalb einer Art die Individuen je nach Alter, Geschlecht oder Jahreszeit ihr Aussehen ändern? Oder wieder andere ihre Farbe nur bei Gefahr oder zur besseren Tarnung wechseln? Regenbogenfarben zeichnen phantastische Muster aus Pünktchen, Streifen, Kreisen, Rauten oder Flecken: ein wahres Paradies für Modeschöpfer, die nach Anregungen suchen.

Eben war noch Stillwasser. Jetzt kentert der Strom. Auf die Minute genau saugt die Flut das Wasser in die Höhle, um es nach dem Wechsel der Gezeiten wieder auszuspucken. Für uns wird es Zeit zum Aufbruch; denn jetzt drückt die Flut mit Macht in den Durchlaß zwischen den kleinen Felseninseln. In der Grotte kochen gefährliche Wasserwirbel.

„*Inside*“ segelt ATLANTA mal in steilem, kurzem Seegang oder motort an Flautentagen über spiegelglatte Flächen ein paar Meilen weiter nordwestwärts: Kemp Cay, Pipe Cay, Hawksbill Cay. Weite Einsamkeit. Nur eine Bahama-Slup kreuzt einmal unseren Kurs. Fischer winken herüber. Schnorcheln, Muschelsammeln geht uns über alles. Aber wir versuchen auch mehrmals, das Dickicht auf den Inseln zu durchqueren oder, einem Creek durch Mangrovensümpfe folgend, die Luvseite am Atlantik zu erreichen. Meist bleiben diese Unternehmungen allerdings im Versuchsstadium stecken, weil kurzstämmige, widerstandsfähige Fächerpalmen und Dornengewächse uns wie eine lebende Festung den Weg versperren.

Als letzten Ankerplatz auf den Exuma Cays erreichen wir am 19. Mai Allan's Cay, einen Archipel aus drei kleinen und mehreren kleinsten Inseln und Riffen, die zum Meer hin nur wenig Schutz versprechen – eigentlich nur einen Schönwetterankerplatz, wie überwiegend in den Bahamagewässern. Der Anker fällt, doch ATLANTA weiß nicht, wie sie eintörnen soll. Ein Kuriosum zieht sie hin und her. Bisher wechselte sie ihre Lage immer nur in Tidenrichtung – hinüber, herüber. Jetzt kämpfen plötzlich drei Kräfte gegeneinander und lassen uns eine ganze Weile Karussell fahren: Wind, Gezeitenstrom und eine durch die Anordnung der Inseln verursachte Gegenströmung. Ja, da käme sogar ein Fachmann perfekter „Ankertechnik“ ins Grübeln. Zwei Anker, vom Bug aus in fast gegensätzlicher Richtung angebracht, lösen das Problem. Außerdem hilft Rasmus ein wenig nach. Der Wind frischt leicht auf und macht der Rundfahrt endgültig den Garaus.

„Sieh mal, wir haben Zuschauer“, deute ich zum nahegelegenen

Strand. Iguanas, die einzigen Bewohner von Allan's Cay und die letzten Urtiere, haben sich auf einem kleinen Sandfleck versammelt und äugen neugierig in unsere Richtung. „Das sind ja richtige Urviecher! Sehen aus wie Dinosaurier – nur kleiner“, staunt Werner und fängt gleich an, das Beiboot zu klarieren.

„Sind die auch ganz lieb, oder gucken die böse? Was soll ich machen, wenn einer ins Luk reinkommt? Können die schwimmen?“ Aufgeregt fragt mir Benni Löcher in den Bauch. Tim sitzt ganz still mit dem Fernglas auf dem Vorschiff und beobachtet die seltenen Tiere. Es sind Leguane, pflanzenfressende Reptilien, die bis zu einem Meter lang werden. Die Färbung und Zeichnung ihres Schuppenkleides verschmilzt mit den dunklen, wild zerklüfteten Felskanten der Inseln, eine perfekte Tarnung. Nur der Kopf ist typisch „bahamisch“, ihn schmükken perlenartige, rosafarbene Schuppen. Wir wollen sie näher kennenlernen und rudern an Land. Vollkommen zahm wackeln sie an uns heran. Zehn, zwanzig und noch mehr Iguanas rascheln aus allen Büschen. Es knackt und knispelt, und bald umringen uns mehrere Familien wie zu einer Begrüßung. Langsam gehen wir ein paar Schritte weiter. Sie folgen uns. Wir staunen über das urweltliche Aussehen dieser Reptilien, während sie uns mit ihren kleinen, knopfartigen Augen mustern. Benjamin hält es nicht lange in dieser Wartestellung. Überzeugt meint er: „Die haben aber alle liebe Augen. Die blinkern so witzig. Ich hab' Brot mitgenommen. Vielleicht haben die Liganas Hunger?“ Und – schwupp – fliegt eine Krume in den Sand. Und – schnapp – verschwindet sie im Schlund des schnellsten Vertreters. „Joih, hat der ein Rasetempo!“ raunt Tim.

Pfeilgeschwind stürzen sich nun alle auf die Brotstückchen. Es scheint ihnen zu schmecken. Aus dem holprig wackelnden Gang mit hinterherschleifendem Schwanz wird ein sportlicher Sprint. „Komm doch näher“, lockt Benni mit einem Leckerbissen. Aber die Iguanas halten einen Sicherheitsabstand. „Ich will ihn doch mal streicheln“, meint Benni verständnislos. „Warum flitzt der vor mir weg?“ – „Vielleicht haben sie schon schlechte Erfahrungen mit Menschen gemacht.“ – „Mutti, das kann sein! Papi, kuck dir das mal an! Da haben Leute einen Müllhaufen hingeschmissen! Die haben bestimmt die Iguanas erschreckt!“ entrüstet sich Tim.

Unter einem Busch liegen tatsächlich leere Flaschen, Dosen, Scherben und Plastiktüten: nicht nur ein schändliches Bild, sondern auch eine Gefahr für die Tiere. Fressen sie nichtsahnend irgendwelche Reste, gehen sie unter Umständen daran zugrunde. Überall verstreute

Plastikfetzen deuten darauf hin, daß die Iguanas den Haufen gründlich auseinandergepflückt haben. So werden Bequemlichkeit und Gleichgültigkeit zum Gift für die Umwelt – und für den Ruf der Yachties. Wie kann man nach den letzten heilen Flecken der Natur suchen, sie selbst in gesundem Zustand genießen und sie dann acht(ungs)los verlassen? Schizophrenes Verhalten! Es kann doch nur dazu führen, daß die Natur nicht *für*, sondern *vor* den Menschen geschützt werden muß. Das Anlaufen der Galapagos-Inseln ist beispielsweise nur noch sehr bedingt möglich. Wird es zwangsläufig auch bald „Menschenaussperrungen" auf den Bahamas, in der Karibik oder in der Südsee geben müssen? Eindringlich mahnt die bahamische Regierung: Halte Exuma sauber – sei kein Dreckspatz!

Auf Schritt und Tritt folgen uns die Iguanas und schleifen ihre Spuren in den Sand. Stumm, neugierig, aber scheu.

Wir haben sie *noch* in großer Zahl lebendig und in Freiheit gesehen. Hoffentlich werden sie in einigen Jahren nicht nur irgendwo im Zoo als exotische Reptilien zu besichtigen sein!

So schön die vergangenen Tage auch waren, so fürchterlich gestaltet sich die letzte Nacht zwischen den „Iguana-Inseln". Pfeifender Wind gellt in unseren wohligen Schlaf. ATLANTA zerrt am Geschirr, Seegang fängt an, über die schützenden Riffe zu rollen. Zu allem Überfluß schwappt plötzlich wieder Wasser unter den Bodenbrettern. Fast eine Woche lang hat die Bilge nicht einen Tropfen geleckt und nun – um Mitternacht – läuft sie gleich über. „Komm, lenzen!" knurrt Werner grantig. „Morgen geht's weiter! Bevor das Schiff absäuft, sollten wir die Zivilisation erreicht haben."

„Psst, nicht so laut!" wispere ich zwischen den Lenzschlägen. „Vielleicht hat unser ‚Mädchen' so was wie'n transzendentes Feeling. Seit wir uns vorgenommen haben, sie in den Staaten zu verkaufen, spielt sie verrückt . . ."

Werner sieht mich so ungläubig von der Seite an, als stünde der leibhaftige Klabautermann vor ihm.

„Na ja, ich mein' ja nur . . . Mensch, um diese Uhrzeit und bei diesem ewigen Rätselspiel kommt man eben auf spinnerte Gedanken!"

New Providence und Rose Island – Ein „stiller“ Sturm – Mit Ei ködert man den Fisch – Einmal ist nicht genug

21. Mai bis 4. Juni 1983: Der Törn von Allen's Cay nach New Providence führt uns erstmalig über ein weit ausgedehntes Flachwassergebiet. Auf meist 2,50 Meter Wassertiefe überquert ATLANTA gerade mit einer Handbreit Wasser unterm Kiel die Yellow Bank. Nur ein paar Korallenköpfe liegen auf ihrem Kurs. Bei ruhiger 15-Knoten-Brise sind sie problemlos auszumachen und zu umsegeln. 30 glatte Meilen später laufen wir in den Kanal zwischen Providence und Paradise Island ein, den ein elegant geschwungener Brückenbogen überspannt. Paradise Bridge nennen ihn die Amerikaner in den Reiseprospekten, doch für die bahamischen Fischer und Marktfrauen, die unterhalb der Brücke tagtäglich ihren Handel treiben, bleibt es die Potters Cay Bridge – ein Arbeitsplatz und nicht der „Weg ins Paradies“.

Auf der einen Seite genießt der Gast eine Art Exteritorialität in amerikanischen Hotels und prunkvollen Anwesen unter Seinesgleichen: Er spielt Golf oder reitet, vergnügt sich beim Fallschirmfliegen oder im Spielkasino, jedenfalls in einer hochhaushotelklotzbepflasterten Traumstrandvergnügungskulisse. Aber die andere Seite gefällt uns erheblich besser, auch wenn sie nicht zum „Paradies“ gehört. Hier finden wir am Rande der Bahama-Hauptstadt Nassau einen vergleichsweise stillen Ankerplatz. Keine Tidenströmung fährt mit ATLANTA Karussell wie im Kanal zwischen Providence und Paradise Island mit knapp drei Knoten. Keine Touristen mit Speedbooten rasen hautnah um uns herum. Keine Wasserflugzeuge rasieren uns die Marmelade vom Frühstücksbrot.

In Bahama-Slups landen viele Fischer ihren Fang an: Snapper, Grouper (sehr wohlschmeckender Fisch) und bündelweise Conch. Dicke Marktfrauen sortieren ein reichhaltiges Obst- und Gemüseangebot, Kinder spielen zwischen den Ständen. Hunde streunen am Ufer entlang. Spirituosen- und Tabakgeschäfte werben mit Duty-free-Waren. Straßenkreuzer hupen ... Das bunte Hafengewimmel liegt in erreichbarer Nähe, aber wir genießen die Ruhe vor Anker.

Auf der Suche nach einer endgültigen Lösung für unser Lichtmaschinenproblem begegnen uns in Nassau große Gegensätze: Sightseeing-Eindrücke und Alltagsszenen. Doch weder der berühmte Strohmarkt am Rawson Square noch die pastellfarbenen Häuser und Regierungsgebäude im typisch viktorianischen Stil, das Seafloor-Aquarium oder die reich blühende Vegetation (von Bougainvillea bis zu gigantischen Königspalmen) können den Skipper so begeistern wie – Mr. Sawyers. In dem chaotischen Durcheinander seiner Garage hantiert dieses Original von Mechaniker an zehn Autos gleichzeitig, gibt verschiedenen Leuten Arbeitsanweisungen, rennt geschäftig zum Telefon, schiebt eine durchgekaute Zigarre mit den Zähnen von einem Mundwinkel in den anderen und redet ohne Punkt und Komma.

„Schlimm, schlimm! Alles muß man selber machen. Hier habt ihr 'nen Regulator. Hab' die Lichtmaschine durchgecheckt. Die is' okay. Zufällig hab' ich auf meinem Boot auch so'n Ding. Hab' einfach meinen Regulator ausgebaut“, nuschelt der ölverschmierte Tankstellenchef an seiner dicken Brasil vorbei. „Wollt ihr das Ding nun haben?“

Was für eine Frage. Und Mr. Sawyers hat nicht geunkt. Ohne großen Aufwand hat er ATLANTAs elektrische Welt wieder in Ordnung gebracht. Jetzt sind wir wieder uneingeschränkt bewegungsfrei. Und sofort blättert Werner die Bahamakarten durch. „Wie wär's mit Rose Island?“ schlägt er vor. „Meine wundgelaufenen Füße brauchen Erholung. Zwar gibt's hier noch ne Menge zu sehen, aber Mr. Sawyers war sowieso das Beste.“ Die Crew ist einstimmig einverstanden. Die Menschenmassen, der Trubel und die 33 Grad stickige, stehende Luft treiben uns weiter.

Nur sechs Meilen von Nassau entfernt atmen wir auf. Wind fächelt uns erfrischend um die Nase. Vor Rose Island finden wir Einsamkeit, herrliche Riffe und wild wuchernde Unterwasserlandschaft. Bis zum „Frierpunkt“ liegen wir im Wasser und können uns nicht sattsehen am Leben in der faszinierenden Natur. Mit nichts und niemandem möchte ich in diesen Augenblicken tauschen. Kein Wunder, daß man kaum spürt, wie sich die Luft verändert. Drückende Schwüle wälzt sich heran. Am Horizont quellen Gewittertürme auf. Gegen Abend regt sich kein Lüftchen mehr. Wetterbericht und Barometer halten wohl heute zusammen. Zum dritten Mal an diesem Tag spielt der bahamische Radiosender einen neuen Ohrwurm: *„Quiet storm ist coming down“* ... Ein stiller Sturm zieht heran? Gehört das mit zur Wettervorhersage?

Seewärts liegen nur Riffe. Nach dem herrlich unbeschwerten Ankern an den Leeküsten der Karibikinseln muß man sich auf den Bahamas erheblich umstellen. Gewitter künden nie exakt ihre Zugrichtung an und schlagen oft genug unberechenbare Haken.

Rings blitzt es wie in einer Hexenküche. Grell durchzackt leuchtet der Himmel auf. Bleierne Stille. Müde verholen wir uns in die Kojen und ignorieren, was sich da zusammenbraut. Gewitterfronten sind schließlich nichts Neues und können vorbeiziehen, ohne uns zu berühren.

So plötzlich wie ein Paukenschlag zerreißt ein Donner krachend die Stille. Sehr plastisch sollen wir nun erleben, wie sich ein *„quiet storm"* entlädt. Schon nach dem ersten Donner brüllt er uns wütend mit acht Windstärken an, übergangslos. Schonungslos. ATLANTA wippt unruhig auf und nieder. Seegang baut sich auf und rollt schmatzend heran. Aber woher? Ein tagheller Blitz gibt die Antwort: „Schöne Bescherung! Wir liegen auf Legerwall!" schreit Werner und klettert ins Dingi.

Unheimlich schnell rückt der Strand von Rose Island heran. Jeder Blitz läßt ihn zum Greifen nah aufleuchten. Jetzt reißt das Getöse von Wind, Seegang, Blitz und Donner auch die Kinder aus dem Schlaf. Tim zittert am ganzen Körper, er hat Angst vor dem Unwetter. Benni legt den Arm um ihn, kuschelt sich eng an seinen Bruder und tröstet: „Ach, Timmi! Ich hab' keine Angst. Ich bin mutig! Ich erschreck' mich immer nur so!"

Mit dem Beiboot holt Werner den landwärts ausgebrachten Anker ein. Wenn es noch schlimmer käme, könnten wir so wenigstens ankerauf gehen und hoffentlich durch die richtige Riffschneise ins freie Wasser schlüpfen.

Auch mir kriecht Angst in den Nacken.

Klar bei Anker! Klar bei Maschine! So kauern Werner und ich eine halbe Stunde lang abwartend im Cockpit. Der Sturm tobt und wütet. Heulend packt eine Bö einen Zipfel des Sonnensegels und reißt es auseinander, um es im nächsten Augenblick schlaff gegen die Baumstütze flappen zu lassen. Atemlose Stille. Übergangslos. Aber noch ist der Spuk nicht vorbei. Der Sturm holt nur Luft, um das Spielchen zu wiederholen. Was ist das bloß für ein Leben? Immer wieder wird der Freude und Freiheit an Bord ein gehöriger Dämpfer aufgesetzt. Alles ist so unstet wie häufig der Wind. Ein Leben voller Wechselbäder. Und trotzdem hält es uns fest ... Ernst-Jürgen Koch fand die treffendste Umschreibung für solch ein Dasein: „Hundeleben in Herrlichkeit." Besser kann man es nicht in Worte fassen.

6. bis 12. Juni 83: Tim und Benni finden auf dem Weg nach Chub Cay und den Berry Islands eine neue Lieblingsbeschäftigung: Auseinandernehmen und Untersuchen von Spielsachen während des Segelns. Mir gefällt das zwar ganz und gar nicht, aber die beiden sind vollkommen in ihre spannenden Experimente vertieft. So fallen ihnen auch zwei kleine Walkie-talkies zum Opfer, die Tim bislang gut versteckt hatte. Ernsthaft zerpflücken sie die als „Schiffsmechaniker" in alle Einzelteile. Es wird geschraubt, begutachtet und getestet. Nach einer Weile legt Benjamin alle Teilchen in das Kunststoffgehäuse, knallt den Deckel drauf wie bei einem Suppentopf, schüttelt das Ganze energisch durch und meint: „Mutti, kuck mal, gleich geht's wieder!"

Verärgert will ich später die traurigen Überreste in den Müll werfen. Doch Tim ertappt mich dabei und fährt mich entrüstet an: „Du kannst doch nicht einfach unsere Arbeitsgeräte wegschmeißen! Die brauchen wir noch zum Testen des Säurestandes. Sonst geh'n die Batterien kaputt!"

Immer mehr drückt sich aus, wie die Kinder jeden Handgriff an Bord aufnehmen und ihm eine Bedeutung zuordnen. Wo sie nicht mitmischen können, ahmen sie eine Tätigkeit nach. Und dazu brauchen sie selbstverständlich *ihr* Werkzeug!

Erfolgreiches Angeln scheint bisher nur anderen Seglern beschert zu sein. Für uns bleibt diese Kunst eher ein Buch mit sieben Siegeln. Entweder vertörnt sich die Angelschnur mit der Logleine zu einer entsetzlichen Wuhling, oder die Fische beißen den Köder samt Haken einfach ab, um auf Nimmerwiedersehen zu verschwinden.

Aber dann: Kaum fällt vor Chub Cay der Anker, stellt sich ein haiähnlicher Fisch ein. Das etwa 80 Zentimeter lange Exemplar könnte ein Fall für den Kochtopf sein. Ich lauere an der Reling und krame die Angel hervor. Skeptisch verfolgt Werner mein Tun, während die Kinder mich eifrig unterstützen. Petri heil! Der Köder zischt ins Wasser. „Mutti, das schmeckt dem Nonty", tauft Tim den unbekannten Burschen. Mit dem Bestimmungsbuch konnten wir ihn nicht identifizieren, also heißt er „Nonty".

„Verflixt! Jetzt geht das schon wieder los! Der Kerl hat gleich alles abgebissen, Conchfleisch samt Bleigewicht, Haken und Feder ..." Ungläubig halte ich die nackte Angelschnur hoch, als der Skipper den Kopf aus dem Niedergang streckt. Seine Miene verrät Belustigung, aber: „Nein, so schnell gebe ich nicht auf. Noch einen Versuch." Aus dem einen werden mehrere, denn unser Nonty hat schnell dazugelernt.

Mit geschickter Vorsicht knabbert er alle genießbaren Köder vom Haken. Von anderen läßt er sich überhaupt nicht erst foppen. Sturer Kerl!

Zwei Tage später wissen wir, daß Nonty ein *shark soccer* sein soll. Amerikanische Yachties beschreiben ihn als Parasiten, der sich mit einer Saugplatte auf dem Rücken an Haien festhält und sich von Beuteresten ernährt. Eßbar soll er angeblich sein.

Ungenießbare Stonefische haben ebenfalls Geschmack an unseren Ködern gefunden, und Nonty hat Gesellschaft bekommen. Gemeinsam mit dem Neuling Jonas macht er sich über Küchenabfälle her. Und dabei passiert's: Gierig schnappt Jonas nach einem Stück hartgekochten Ei. „Er hat angebissen! Komm schnell!“ schallt der Ruf von draußen, als ich nichtsahnend – innerlich bin ich gerade dabei, das Kapital Angeln abzuschließen – die Bratkartoffeln für das Abendessen zubereite. Ich überschlage mich fast, flitze ins Cockpit. „Wo? Wie habt ihr denn das geschafft?“ bestaune ich den stattlichen Fang.

„Mit Ei, mit Ei!“ Aufgeregt plappern die Jungs durcheinander. „Papi, wenn du *den* totmachst, bist du aber ein Bösewicht! So'n toller Karibikfisch! Könn' wir den überhaupt essen?“

„Na, ihr seid vielleicht lustig! Seit Tagen versucht ihr, den Burschen zu angeln, und wenn ich ihn am Haken hab', wird diskutiert, ob er überhaupt gegessen werden soll!“ Der Skipper versteht die Welt nicht mehr.

Schließlich landet Jonas doch in der Pantry. Seine Elefantenhaut kann ich nur mühsam abziehen, und eigentlich vergeht mir schon beim Filetieren der Appetit. „Wie der wohl schmeckt? Ob er auch wirklich nicht giftig ist?“ Ich denke beim Probieren an Ciguatera und finde das Fischfleisch ziemlich trocken und ledrig. „Sollten wir nicht ...? Aber ich komme nicht dazu, den Satz zu beenden, denn: „... besser die Bratkartoffeln mit Corned-beef anreichern?“ nimmt Werner mir den Gedanken aus dem Mund.

Gekochtes Ei mag ja ein guter Köder sein, aber mich hat es vom Angelfieber geheilt. Endgültig? Vorerst bleiben wir jedenfalls wieder bei Conchfleisch und Dose und ernähren uns redlich.

12. bis 20. Juni 83: In den nächsten Tagen werden wir von den Bahamas Abschied nehmen müssen. Die Zeit scheint plötzlich wieder schneller zu laufen, wieder fühlbar zu werden.

Noch einmal schippert ATLANTA am Rand des Blauwassers (mit Tiefen um 500 Meter) entlang, um dann einen Haken zu schlagen: von

Chub Cay 76 Seemeilen weit über grünes Flachwasser nach Gun Cay südlich von Bimini. Nur im Schatten des Sonnendachs halten wir es jetzt im Cockpit aus. Die Hitze flimmert auf dem Wasser, und die Eilande Rum Cay und Bushes erscheinen wie eine Fata Morgana an der Kimm. Backbord voraus tauchen auf eine Kabellänge Entfernung Wale auf, schimmern bräunlich, in Schiffsgröße. Gemächlich tauchen sie an die Oberfläche. Doch bevor wir die Stelle erreicht haben, sind sie verschwunden. Schade, finden jedenfalls die Jungs.

North-West-Channel-Leuchtturm: Hier beginnt die Grand Bahama Bank, ein Flachwassergebiet mit Tiefen zwischen zwei und fünf Metern.

Noch einmal segeln wir in eine pechschwarze Nacht hinein.

Noch einmal breitet sich ein funkelndes Sternenzelt über dem Wachgänger aus.

Noch einmal müssen wir gegen die Müdigkeit ankämpfen.

Wir sehen den Schein des Feuers Mackie Shoal (einer Untiefe mit etwa 1 m Wassertiefe) als reflektierten Schimmer über die Wolken huschen. Um dem Flach nicht zu nahe zu kommen, laufen wir zwei Stunden lang in Richtung SW. Dort steht ein heller, undefinierbarer Lichtschein. Später löst er sich in einzelne Lichtpunkte auf, ohne seine Position zu verändern: Ocean Cay – es gibt sie also tatsächlich, diese Insel, die noch keine ist. Amerikaner lassen hier mit gigantischem Aufwand eine künstliche Insel im Meer aufschütten, zu welchem Zweck, weiß niemand ganz genau. 700 Inseln vor der Haustür scheinen ihnen nicht zu reichen.

Noch einmal lernen wir vor Gun Cay die Skipper und Crews anderer Yachten kennen, klönen, bekommen tausend Tips für den geplanten Schiffsverkauf. Jeder weiß es besser, jeder weiß noch mehr. Ich muß unwillkürlich an all unsere „Lichtmaschinenspezialisten" denken. Wir werden wohl selbst den richtigen Weg finden müssen.

Wir verschieben den Abschied. Sogar die Kinder feilschen um jeden Tag. Sie genießen die glückliche Unbeschwertheit und wollen diesen harmonischen Zustand nicht aufgeben. Obwohl ATLANTA uns mit ihren täglichen Reparaturwünschen und speziellen Macken in Atem hält, empfinden Werner und ich ebenso. Zunächst wird beschlossen, die Arbeiten am Schiff weitgehend bis Fort Lauderdale zu vertagen. Dann genehmigen wir uns guten Gewissens noch ein paar richtige Urlaubstage mit Sonne, Sand und Meer. Ausgiebig können wir noch einmal unserer großen Leidenschaft frönen: Muschelsammeln. Ein winziges Sandeiland bei South Cat Cay (künstlich entstanden durch

Ausbaggern einer Fahrrinne) weckt den Schatzsuchertrieb. Die ganze Insel scheint nur aus Muscheln zu bestehen.

„Schaut mal, was ich gefunden habe! – Oh, ist *die* nicht wunderschön?“ Kammuscheln, Stachelschnecken, Tritonshörner, Starshells, Wurmschnecken und ... und ... und ... Wie im Rausch schnorcheln wir über den Sandgrund und sehen nur Muscheln.

„Hoppla, den hab' ich ja fast übersehen!“ Ein kapitaler Barrakuda steht plötzlich vor meiner Taucherbrille und fletscht die Zähne. „Ist ja schon gut“, beruhige ich mich eher selbst und ziehe mich langsam im Krebsgang zurück. „Was sucht der überhaupt hier, auf höchstens 1,50 Meter Wassertiefe?“ Ich staune nicht schlecht, als er plötzlich von einem ganzen Schwarm – etwa 10 Exemplare aller Größen – Verstärkung bekommt. Sobald man den Barrakudas den Rücken zuwendet, schwimmen sie näher heran. Drehe ich mich wieder um und sehe sie an, verharren sie in Wartestellung. Ein eigenartiges Spielchen. Sind sie nun eher ungefährlich-neugierig oder angriffslustig-feige? Da die Meinungen und Beobachtungen dazu sehr gegensätzlicher Natur sind, behalte ich die Bande gut im Auge und beeile mich nun doch, an den Strand zu kommen.

Noch einmal schwelgen wir in fritierter Conch, unserer Bahamaspezialität. Es wird hoffentlich nicht das letzte Mal sein, denn einmal Bahamas ist nicht genug. Am Sonntag, dem 19. Juni 83, zählen wir den 365. Tag unserer Reise. Nun kommt schon das Ende in Sicht ... Wir müssen uns einen kräftigen Ruck geben, um aufzubrechen, die Inselwelt der Bahamas hinter uns zu lassen, diese unvergleichliche Unterwasserwelt. Doch schließlich erleichtern uns ATLANTAs Macken und das zunehmend gewittrige Schauerwetter den Abschied.

Während des nieseligen Törns quer über den Golfstrom sinnieren wir über die Eindrücke der vergangenen Wochen.

„Eine Seefahrt, die ist lustig, eine Seefahrt die *macht* schön“, summt Benni eher lustlos sein Lieblingslied, unterbricht sich und meint: „Nee, *das* sing' ich nich' mehr! Ich bin ja traurig! Warum können wir nich' einfach auf den Strandinseln bleiben? Das war sooo schön ... Immer müssen wir gleich weitersegeln!“

„Was meinst du?“ frage ich Werner. „Sehen wir die Bahamas noch einmal wieder?“

„Irgendwann, mit einem anderen Schiff, auf einer anderen Reise.“ Der Skipper träumt vor sich hin. „Vielleicht.“

Sein „Vielleicht“ klingt eher nach „ja“, denn: *„Once ist not enough!“*

Fort Lauderdale – Wie finden wir die Stecknadel im Heuhaufen?

21. Juni bis 2. August 83: „Hier ist was los! Rund um die Uhr Musik, Tanz, Sport und Geselligkeit. Animation so viel Sie wollen und Shopping, wo immer es Ihnen gefällt. Sonne und Meer sind mit Fort Lauderdale verwachsen. Boote in allen Größen und Formen haben Fort Lauderdale als Heimathafen. Klar, daß der Platz ein großer Anziehungspunkt für Boots- und Wassersportfreunde ist ..." So werben Reiseveranstalter für eine Stadt, die wir beim Anlaufen kaum ausmachen können. Eine endlose Wolkenkratzer-Skyline prägt die Küstenlinie. Es gibt keine prägnanten Landmarken, weder einen schönen Leuchtturm, noch eine Kirche oder ein emporragendes Gebäude. Nur uniforme Hotelklötze lassen die Augen flimmern, als die ersten Sonnenstrahlen durchbrechen. Da! Vier Schornsteine! Sie helfen uns, die Einfahrt zum Industriehafen Port Everglades zu finden.

Eine Hubbrücke öffnet sich, und ATLANTA tuckert in den Intra Coastal Waterway, gleich in die erste Marina, die uns empfohlen wurde – Pier 66. Wohin auch sonst? Eine Marina neben der anderen verhindert freies Ankern. So kosten wir zunächst drei Tage den Luxus aus, den wir wochenlang entbehrt haben: Süßwasser in unbegrenzter Menge. Zum Duschen, im Swimmingpool, in der Waschmaschine ... Haut und Haare prickeln und glänzen entspannt.

Boote, Boote überall, wohin man sehen kann, wohin man laufen kann. Fort Lauderdale fließt in Kanälen auseinander, die systematisch angelegt sind: New River, South Fork Middle River, Middle River – von jedem Fluß gehen Kanäle ab: Etwa 15 Kilometer weit erstreckt sich in breitem Streifen an der Küste entlang „Floridas Venedig". Und überall liegen Boote, in Marinas oder längs des Ufers an Privatstegen. Hier sind wir in einer Metropole des amerikanischen Wassersports. Darum hoffen wir auch auf eine reelle Chance für den geplanten Schiffsverkauf.

„Benni, denk' dran! Nich dem Mann verraten, daß Papi die ATLANTA verkaufen will!" warnt Tim seinen Bruder, als die Crew bei Einwanderungsbehörde und Zoll einklariert. Es soll zwar kein Geheimnis bleiben und auch nicht ohne den endgültigen Segen der Bürokraten geschehen, aber alles zu seiner Zeit. Sonst wird man nämlich schon beim bloßen Äußern der Verkaufsabsicht mit dem Einfuhrzoll belastet. Falls man sein Schiff dann vielleicht doch nicht verkauft, besteht kaum Aussicht, das Geld zurückzubekommen.

Freundlich und ohne großen Papierkrieg erteilt man uns also die Erlaubnis, in amerikanischen Gewässern zu kreuzen. So weit, so gut. Jetzt haben wir erst einmal die Möglichkeit, uns mit den Verkaufschancen und den bürokratischen Vorschriften vertraut zu machen. Aber wie? Ein erster Marathonlauf durch Fort Lauderdale bringt nur wenige Informationen, aber viele Blasen an den Füßen. Du meine Güte! Auf dem Stadtplan liegt alles so dicht beieinander und dann . . .? In durchsichtigen Schleiern glüht die Hitze über dem Apshalt. Ade, du glückliche Barfußzeit! Mehrmals ernten wir mitleidig-erstaunte Blicke von Autofahrern, denn Fußgänger scheinen hier ausgestorben zu sein. Demzufolge sind auch Gehwege eine schmale Rarität. Man fährt Auto – oder man ist *crazy*, verrückt.

Wir können eine Verkaufsanzeige für ATLANTA in die beiden Lokalzeitungen setzen, auch Anschläge an Schwarzen Brettern in Marine-Shops und Supermärkten sollen Erfolg versprechen. Am wärmsten allerdings wird uns die Kontaktaufnahme zu Yachtmaklern empfohlen. Jede dieser Möglichkeiten nehmen wir ab sofort mit vollem Einsatz wahr, von den tausend Kosmetikarbeiten am Schiff ganz zu schweigen. Außerdem beginnt eine große Packaktion, denn per Seefracht soll unser persönliches Hab und Gut nach Deutschland verschifft werden. Arbeit und Schwitzen rund um die Uhr, *das* verbindet uns mit Fort Lauderdale. Die Reiseprospekte bleiben vorerst zugeklappt. Entschlossen animieren wir uns zur Weiterarbeit unter Saunabedingungen. Auf den Bahamas wollten wir den amerikanischen Seglern kaum glauben, als sie übereinstimmend immer wieder meinten: „Fort Lauderdale ist im Sommer unerträglich heiß, schwül und ohne Wind. Das haltet ihr auf dem Schiff nicht aus. Nehmt euch besser gleich ein Apartment . . .“ Jetzt spüren wir, daß dieser gute Rat seine Berechtigung hatte. Tagsüber läuft uns das Wasser aus allen Poren, und nachts können wir nur mühsam die dicke Luft atmen, die in der Kajüte stehenbleibt. Obwohl wir nackt auf den Bettüchern liegen, fühlen wir unangenehm die eigene Körperwärme auf den Druckflächen. Man möchte schweben können oder im Freien schlafen, wenn dort nur nicht die blutrünstigen Moskitos lauern würden! Die einzige Erleichterung bringt das erfrischende Bad im Swimmingpool und das halbstündliche Abspritzen mit kühlem Wasser aus dem Schlauch, momentan auch das einzige Vergnügen für die Kinder.

„Hey, hallo! *You crazy guys!* Das gibt's doch nicht! Werner! Gaby! Timmi! Benni! *Here we are!* Wir haben Post für euch!"

Verblüfft drehen wir uns nach dem aufgeregten Geschrei um. Es kommt von der SOUTHBOUND mit unseren kanadisch-deutsch-schweizerischen Freunden aus Guadeloupe. Kaum zu glauben, daß sich noch einmal unsere Wege kreuzen. Große Wiedersehensfreude! Und Post haben sie tatsächlich. „Wo und wie habt ihr die bloß aufgegabelt?" frage ich Brigitte. „Ganz einfach. Beim Zoll auf Martinique. Der Beamte hat einen Moment nicht aufgepaßt. Ich hatte gerade Briefe und Päckchen für ATLANTA gesehen, in einem riesigen Schrank. Die hab' ich schnell gepackt und verschwinden lassen. Sonst hättet ihr sie doch nie bekommen."

„Aber ihr habt doch nicht wegen unserer Post euern Kurs geändert? Ihr wolltet doch noch weiter – Panama, Südsee –, was ist daraus geworden?"

„Ach, meinen Girls reicht erst mal ein Jahr Karibik", erzählt Herb. „Die Kinder haben Heimweh nach Kanada, nach ihren Freunden. Sie suchen Halt, kein Vagabundieren. Wir finden schon eine Lösung für uns alle ..." Doch sein Südseetraumblick ist verräterisch.

Klönschnacks bei Kaffee und Kuchen, Rumpunsch und ungewöhnliche Snacks wie roher Blumenkohl, gedippt in Käsesoße oder Sonnenblumenkerne mit Rosinen unterbrechen wohltuend unsere endlos scheinende Schinderei. Die Kinder blühen beim Spielen mit Kathleen und D'Arcey auf, während sich die Erwachsenen regelrecht festquatschen: über die Lebensbedingungen in Kanada, die Separatistenbewegung in Quebec, über Deutschlands Vergangenheit, Judenverfolgung, Konzentrationslager, Politik und deutscher Alltag heute ...

„Ich kann mich einfach nicht schuldig fühlen für etwas, das ich nicht einmal erlebt habe, woran ich nicht beteiligt war. Ich sehe nicht ein, warum ich mit der Last der Geschichte leben soll, obwohl ich nicht persönlich dafür verantwortlich bin. Sonst müßte doch heute jeder Mensch seinem Nächsten gegenüber Schuldkomplexe haben. Verbrechen sind für meine Begriffe sowieso nie ‚wiedergutzumachen' ..." sagt Werner zu dem alten und neuen Thema, mit dem wir häufig während unserer Reise konfrontiert wurden.

Herb nickt. „Du hast vollkommen recht. Dreimal haben sie meinen Vater ins KZ geschleppt, da hast du noch gar nicht gelebt. Für dich und für mich sollte die Vergangenheit begraben sein. Trotzdem, wenn man Geschichte kennt, darüber spricht, macht man vielleicht nicht dieselben Fehler wieder – aber nur vielleicht."

„Und weil jeder aus seinen Fehlern lernt, geben *wir* einen guten Job auf, nehmen wir die Kinder aus der Schule um zu segeln, ohne zu wissen, ob so ein Leben richtig oder falsch ist“, lenkt Brigitte das Gespräch geschickt in eine andere Richtung. Ernsthafte Diskussionen, feuchtfröhliche Plaudereien, lustige Spiele, herzliche Freundschaft verschönern die Tage. Schweren Herzens gehen wir auseinander, hoffen auf ein Wiedersehen.

Millionärsvillen auf prachtvollen Grundstücken, gepflegter englischer Rasen, hohe Palmen, tropische Gärten, von scharfen Hunden bewacht: ATLANTA schleicht durch Kanäle an Privatstegen vorbei, um vorübergehend einen günstigeren Liegeplatz zu suchen. Aber hier finden wir ihn bestimmt nicht! Hier herrscht Luxus in jeder Form: Superklasserasseautos, Oldtimer als Sammlung in einer gläsernen Garage, Oldie-Dampfer nach Präsidentenart, die größten Motoryachten von Hatteras und so weiter.

„Nein, hier sind wir fehl am Platze. Versuchen wir es auf der anderen Seite des Intra Coastal“, stellt Werner beeindruckt, aber ein wenig betreten fest. „Wie soll man zwischen so viel Reichtum einen Durchschnittsmenschen finden, der sich ausgerechnet für unsere ATLANTA interessiert?“

„Da, schau mal! *Das* wär' ein herrlicher Platz, dort direkt vor dem Pool. Ich entdecke eine Lücke am Ufer der 15th Street, vor einer Reihe von Apartmenthäusern. Auch die Gegend erscheint uns hier angemessener, die Größe der Schiffe und Häuser . . .

„Nein, da könnt ihr ganz bestimmt nicht liegen bleiben. Der Platz gehört dem Direktor der Marina“, meldet sich eine freundlich klingende Stimme. Sie gehört Al, einem kanadischen Amerikaner, der gerade seine Nase in den Regen hinausstreckt. „Aber geht ruhig an meiner Yacht längsseits“, gestattet er großzügig. „Wenn einer was sagt – ihr seid Freunde von mir, okay? Freunde aus Deutschland. Das ist die einzige Chance, daß ihr hierbleiben könnt. Denn normalerweise darf man in keiner Marina der Stadt an Bord leben.“

Es scheint, als hätten wir in einer nicht eben erquicklichen Situation ein Glückslos gezogen. Diese Art des Liegens, nämlich privat, erweist sich für Fort Lauderdale als die einzig erträgliche und empfehlenswerte. Denn große öffentliche Marinas sind zu teuer, und der einzig erlaubte Ankerplatz vor einer Brücke ist eine Zumutung. Tidenströme, reger Schiffsverkehr, rücksichtslose Speedbootfahrer schaukeln das Ankerfeld dort durcheinander, und Autolärm oder Signale von der Hubbrücke, umständliche Proviant- und Wasserbeschaffung machen das Bordleben vollends ungemütlich – und zur Kasse gebeten wird man obendrein.

Schnell finden wir jetzt Kontakte zu Amerikanern, die uns auch beim Schiffsverkauf mit Rat und Tat zur Seite stehen. Oft versetzt uns ihre Gastfreundschaft in Erstaunen.

„Hey, ATLANTA! Ich hab' 'nen Ventilator für euch." Rusty wedelt damit von der Pier herüber. „Ihr kommt ja sonst um in dieser stickigen Luft."

Rusty wohnt in einem der Apartments. Er ist geschieden, lebt allein und versucht sich gerade in der Büromöbelbranche. Seine Frau verwirtschaftete ein kleines Vermögen, eine Fabrik und einen florierenden Blumenhandel. Rusty erzählt von ihrem Jet-set-Leben und seiner blinden Verliebtheit, von einem Leben voll amerikanischer „Verrücktheiten". Davon blieb ihm nur sein vierjähriger Sohn Nicolas, mit dem er die Wochenenden verbringt.

„Fühlt euch in meiner Wohnung wie zu Hause. Sie ist voll klimatisiert und angenehm kühl. Ich schließe nicht ab, dann könnt ihr kommen und gehen, wann ihr wollt. Fernseher, Waschmaschine, Trockner, Kühlschrank, Dusche – benutzt, was ihr braucht." Rustys Einladung erweist sich nicht nur als höflich dahingesprochene Floskel, wie man sie hier recht häufig hört. Sein Angebot ist ernst gemeint. Zwischen uns entwickelt sich eine freundschaftliche Beziehung. Wir erfahren viel über das normale Alltagsleben in Florida, treffen uns zum Grill oder Fernsehen. Nach Feierabend führt Rustys erster Weg direkt von der Wohnungstür zur Mattscheibe. Sie muß einfach flimmern, auch wenn er im Bad, im Swimmingpool oder in der Küche ist. Dabei kommt er kaum dazu, die wöchentlichen Fernsehprogramme zu studieren, denn bei 35 Sendern erreichen sie Taschenbuchstärke. Jeder Kanal hat seine Spezialitäten: Disneyfilme, Spielfilme, Krimis, Technik und Naturwissenschaft, Video-Clips usw. Mit dreißig Dollar pro Monat kann man alle Kabelprogramme ohne Werbung empfangen: Heimkino rund um die Uhr. Wer sich das nicht leisten kann, muß zwar nicht ohne Fernsehen darben, wird aber pausenlos mit Werbung bombardiert, sogar während der Nachrichten.

Andere amerikanische Alltäglichkeiten:

Beim Kennenlernen stellt man sich (in Florida) nur mit Vornamen vor. Der Nachname wird nicht genannt. Er spielt nur bei offiziellen Anlässen eine Rolle.

Autos tragen ihre Kennzeichen nur am Heck. Der Platz vorn bleibt jedem zur eigenen Gestaltung überlassen. Vom Namen des Fahrzeughalters bis hin zu dummen Sprüchen und kreativen Verrücktheiten ist alles erlaubt. Die Alkoholgrenze liegt bei zwei Promille. Geschwindigkeitsbegrenzung: 55 Meilen pro Stunde, also knapp 90 km/h.

Tageszeitungen zieht man aus Automaten, die in fast jeder Straße stehen. Offensichtlich scheint das kein Verlustgeschäft zu sein, obwohl die Stapel nach Einwurf einer 25-Cent-Münze offen daliegen. Die Sonntagsausgabe ist so dick wie in Deutschland der Tageszeitungsumfang einer ganzen Woche.

In *Supermärkten* werden Rabattmarken ausgegeben, die allerdings nur für bestimmte Sonderangebote gelten. Diese Waren kauft man dann nur in Verbindung mit den „stamps" oder „coupons". Es gibt sogar spezielle Sammelkästen, in denen man per Register die Coupons der verschiedenen Geschäfte sortiert. Auch aus Zeitungsinseraten kann man Coupons ausschneiden: eine Wissenschaft für sich oder eine Beschäftigungstherapie für Hausfrauen? Erst an der Kasse wird die Umsatzsteuer berechnet. Alle Waren sind grundsätzlich ohne Steueranteil ausgezeichnet.

Zigarren mit Papierhülle und Aromastoffen erfreuen sich großer Beliebtheit. Der eine steht auf Pfefferminz, der nächste raucht lieber Zitrone, Himbeer oder Whisky . . .

Öffentliche Schulen haben in Florida einen schlechten Ruf. Darum schicken die meisten Eltern ihre Kinder lieber in eine der zahlreichen Privatschulen, wofür sie bis zu 4000 Dollar jährlich zahlen müssen. Hit der Spielwarengeschäfte ist Kriegsspielzeug in allen Variationen.

Eßkultur: Man lebt kalorienbewußt und ißt nach Möglichkeit nur mit der Gabel. Das Messer erscheint häufig zu umständlich. McDonald's und Gefolge stehen weiterhin hoch im Kurs. So geht's schnell und ohne viel Aufwand . . .

Der neue Eigner – Ausklang im Reich der Phantasie – Beim Linsen-Dasein hört der Spaß auf

Unsere Seefracht ist zusammengestellt: In 18 Kartons soll nach Deutschland geschickt werden, wovon wir uns nicht trennen können, und alle unsere Schätze, die mit wertvollen Erinnerungen und Erfahrungen verknüpft sind. Im Sealand-Dock wartet unsere kleine Habe auf das Schiff nach Bremerhaven.

Auch unser Abreisetermin steht fest. Die Flugtickets lauten auf den 3. August, obwohl ATLANTAs Schicksal noch nicht entschieden ist ... Wie finden wir jetzt innerhalb der nächsten fünf Wochen einen Liebhaber für sie? Eigentlich erscheint uns das Vorhaben nicht sehr erfolgversprechend. Doch wir haben Glück. Dank Rustys Telefon erreichen uns nach einem Inserat in der örtlichen Presse immerhin sieben Interessenten für das Schiff. Ein weiterer, der ATLANTA schon seit unserer Ankunft in der Privatmarina beäugt und von allen Seiten umschleicht, bekundet ebenfalls seine Absicht zu einem Probeschlag. Von den Yachtmaklern hingegen hören und sehen wir nicht viel. Sie erklären, daß es in den USA nur eine sehr eng begrenzte Käuferschicht für Stahlschiffe gebe. Außerdem sei es besser, auf die Verkaufssaison im Winter zu warten. Während der unerträglichen heißen Sommermonate sei das Geschäft auf dem Bootsmarkt ohnehin recht flau. Auch die schlechte Wirtschaftslage in den Staaten gibt man uns zu bedenken. Normalverdiener, die als Käufer für unser Schiff in Frage kämen, müßten den Dollar zweimal umdrehen, bevor sie ihn ausgeben.

Doch wir lassen uns von so viel Pessimismus nicht beirren, putzen ATLANTA weiter heraus und kümmern uns nebenbei um die Planung einiger Ausflüge; denn die Reise soll auf keinen Fall mit Arbeit und Frustration enden.

Jack steigt mit seiner Freundin Sue an Bord und läßt sich auf den Golfstrom hinausschippern. Sie inspiziert die Kajüte: „Oh, wie hübsch! So wohnlich, so gemütlich, überall Holz!“ Jack aber schaut sich um, ohne viel zu sagen. Er beobachtet genau, schweigt und erzählt schließlich von seinem Traum, längere Zeit in den Bahamas segeln zu wollen. Werner erklärt alle Handgriffe. Segel werden gesetzt und geborgen.

Die Vorführung erreicht ihren Höhepunkt, als Goofy die Arbeit des Steuermanns übernimmt. Aus Jacks Zurückhaltung und Mißtrauen gegen die Künste der Selbststeueranlage wird unvermittelt euphorische Begeisterung: „Unglaublich! Es funktioniert! Sie steuert sich selbst. Werner, der Kauf ist perfekt. Für alles andere, was sonst noch wichtig ist, hab' ich ein Auge. Nebenamtlich bin ich nämlich Schiffsgutachter. Wenn ich sie sandstrahlen lasse, ist sie tipptopp. Alles okay?"

Mit Handschlag wird der Handel besiegelt. Bis zur endgültigen Schlüsselübergabe strapazieren allerdings Laufereien, Telefonate und der Papierkrieg unsere Nerven. Da Jack einen Teil der Kaufsumme fremdfinanzieren will, sieht der Gang der Dinge folgendermaßen aus:

1. Vertragsabschluß
   a) Probetörn
   b) Unterzeichnung des Kaufvertrags durch Käufer und Verkäufer
   c) Notarielle Abzeichnung des Vertrages durch einen Polizisten mit besonderer Befugnis
   d) Anzahlung des Käufers
2. Voraussetzungen für die Bewilligung des Bankkredits und für den offiziellen Verkauf
   a) ATLANTA muß eine Import-Registriernummer und einen „Titel" bekommen; sie muß in den USA registriert werden.
   b) Ein Gutachter schätzt den Schiffswert und beurteilt den Zustand.
   c) Die Verzollung muß erfolgen. Sie richtet sich nach dem Schiffswert. Bis zu 16000 US-Dollar beträgt der Zoll 1,8% des geschätzten Schiffswertes bzw. des Verkaufspreises.
   Diese Prozeduren beschleunigt ein *Customs Broker*. Es handelt sich hierbei um einen Mann, dessen Dienstleistung darin besteht, alle Behördengänge rasch zu erledigen. Ohne ihn hätte unser Papierkrieg mit Zoll und Schiffsregister etwa zwei Monate gedauert.
3. Noch mehr Papierkram
   a) eine *Bill of Sale* muß erstellt werden, das offizielle Kaufdokument, in dem die Namen von Käufer und Verkäufer sowie der Kaufpreis aufgeführt werden. Auch dies wird notariell beglaubigt.
   b) Kreditformalitäten bei der Bank
   c) Endgültige Eintragung in das amerikanische Schiffsregister – Abgabe des Rechtslagennachweises

Fünf Wochen vergehen von den ersten Bemühungen bis zum Verkauf unseres Schiffes. Das ist angesichts der damaligen wirtschaftlichen Verhältnisse in den USA und der anderen ungünstigen Bedingungen sicher eine extrem kurze Zeit. Drei Dinge haben uns dazu verholfen: energisches Engagement, vernünftige, nicht überspannte Preisvorstellungen und – ein großes Quentchen Glück.

Am 22. Juli 1983 wechselt ATLANTA ihren Besitzer und ihre Staatsbürgerschaft. Laß deinen neuen Eigentümer sicher zur See fahren und erfülle auch ihm seinen Traum! Mit gemischten Gefühlen packen wir unsere letzten Sachen. Inzwischen verbinden uns viele schöne Stunden, aber auch viel Arbeit und verzweifelte Flüche mit diesem Schiff. ATLANTA ist sicher keine optimale Fahrtenyacht, und trotzdem haben wir mit ihr einen Traum in die Wirklichkeit geholt. Sie segelte uns durch ein lehrreiches, sinnerfülltes Kapitel unseres Lebens, dessen Inhalt von engem Familienleben, einem großen Maß an Freiheit und hautnahem Naturerleben bestimmt war.

„Bevor ihr nach Deutschland fliegt, *müßt* ihr euch Disney World ansehen! Die Kinder werden es lieben – und ihr auch, wenn ihr euch von der Phantasie treiben laßt." Rusty schwärmt mit glänzenden Augen von der Zauberwelt, wackelt plötzlich im Entengang durch die Wohnung und singt mit Niclas zusammen das Lied der Mickymaus. „Vergeßt die Wirklichkeit! Gebt euch den Illusionen hin! Dann schenkt ihr euch einen großartigen Abschied von Florida. Disney gehört einfach dazu wie das Salz in der Suppe."

Gesagt, getan. Per Pauschalreise geht es für drei tolle Tage ins Reich der Phantasie und Attraktionen. Auto, Hotel und Eintrittskarten werden als Paket in einer Reiseagentur gebucht, im Sommer die einzige Chance, in Orlandos Umgebung eine Unterkunft zu bekommen. Hier ballt sich nämlich eine Fülle von Attraktionen, die sich gegenseitig zu übertreffen versuchen und mit ihrem Show-Perfektionismus die amerikanische Mentalität ansprechen: Circus World, Sea World, Djungle Parks, Westernstadt und Krokodilfarm bieten Spiel, Imagination, Abenteuer und Faszination in Hülle und Fülle.

Mit Klima-Anlage und Komfort rollt uns ein Chevrolet in aller Frühe zweihundert Meilen weit über die gebührenpflichtige Autobahn durch Mischwälder, Palmenhaine und Mangroven. Seine erlaubten 90 Kilometer pro Stunde fährt der Wagen fast wie von selbst. Kaum Verkehr, keine Überholer, keine Lichthupe, kein Streß – wir müssen nur aufpassen, daß der Fahrer nicht einschläft.

Eine Allee riesiger Reklameschilder und unzähliger Hamburger-,

Doughnuts-, Hähnchen- und Steakrestaurants begrüßt uns schon einige Meilen vor dem Ziel. Jetzt hält es die Kinder kaum noch auf dem Sitz. „Da, Papi! Wir sind endlich da!“

Vor den Eingängen warten schon die Menschenmengen. Wir besteigen erwartungsvoll einen Fährdampfer, der uns über einen kleinen See bringt, vorbei am „Polynesian Village Resort Hotel“, wo den etwas Betuchteren Südseeatmosphäre vorgegaukelt wird.

„Da, kuck da! Micky und Goofy winken uns! Oah! Die machen Kunststücke auf Wasserskiern. Hallo, Micky! Boa, stark!“ Der gelungene Willkommensgruß verwandelt bei den Kindern den letzten Rest der Müdigkeit in brennende Neugier. Jetzt leuchtet uns in der Morgensonne das Magische Königreich mit Cinderellas Schloß entgegen, einer originellen Nachbildung von Schloß Neuschwanstein in Perlgrau, Himmelblau und Gold. Hinein ins Vergnügen! Vorbei an der Eisenbahnstation der Walt Disney World Railroad gelangen wir zur Hauptstraße. Dort finden wir uns in einer idyllischen Stadtumgebung wieder, inmitten von Häusern im Stil des vorigen Jahrhunderts, eher französisch als amerikanisch: mit Erkern und Türmchen, Winkeln und Verschnörkelungen. Caféhaus, Bank, Bäcker, Friseur, Spielsalon – alles ist klein, verspielt, niedlich, überschaubar und gemütlich. Leise Caféhausmusik rieselt durch Straße und Seitengäßchen. Eine Pferdebahn zottelt neben einem Oldtimer her. Kutscher und Chauffeur tragen historische Uniformen. Wir empfinden die Main Street wie eine Zeitmaschine, sie schleust uns vom Alltag in eine Traumwelt ...

Vor dem Märchenschloß laufen Wege strahlenförmig auseinander, in „Länder“, die Kindern aller Altersgruppen Spaß, Verwunderung und Unterhaltung bieten sollen.

Im „Phantasie-Land“ erleben wir Märchengestalten aus den Walt-Disney-Filmen und eine spritzige Revue aller Comic-Figuren: Micky, Daisy, Donald Duck, Goofy, die Schweinchen, Tick, Trick und Track...

Mit Käpt'n Nemo geht's in einem U-Boot auf spannende Taucherfahrt durch die Tiefsee. Ein Riesenkrake umschlingt das Boot, es knackt in den Verbänden. Werden wir nun hilflos zerquetscht? Die Kinder krallen sich ängstlich an uns fest, denn die Szene wirkt so täuschend echt wie alles, was es hier unter Wasser zu sehen gibt: das versunkene Atlantis, Schiffswracks, Tiefseefische, Haie, Rochen, Schildkröten – alles „lebendige“ Attrappen. Und da ist die Gefahr auch bereits vorüber. Käpt'n Nemo rettet das Boot aus der gefährlichen Umklammerung. Das taghelle Land hat uns wieder.

Szenenwechsel ins „Land der Zukunft“: Futuristisch muten die klotzig-runden, weißen Bauwerke an, wie fliegende Untertassen. Vor dem Weltraumberg wandert eine Menschenschlange in endlosen Zickzacklinien zum Eingang des Palastes. Nach der Menge der geduldig Wartenden zu urteilen, muß hier wohl eine ganz besondere Attraktion locken. Also reihen wir uns nichtsahnend ein und rücken Stück für Stück auf. Aus der Sonnenhitze winden sich endlose Gänge ins kühle Innere bis hinauf in die Spitze. Man „schwebt“ im Weltall und zieht unwillkürlich den Kopf ein, weil Meteoriten vorbeisausen. Wiederholt warnen Schilder, daß man nur weitergehen darf, wenn man vollkommen gesund ist. Warum diese Ankündigungen? Wir können uns keinen Reim darauf machen. Lichtpunkte schießen durch die Dunkelheit, Schreie hallen kreischend aus dem Nichts. Die Spannung wächst. Worauf haben wir uns hier eingelassen? Eine halbe Stunde lang warten wir, ohne zu wissen, worauf. Dann stehen wir endlich vor der Startrampe. Freundlich wie in der ganzen Disney-Welt, hilft uns das Bedienungspersonal beim Einsteigen in die Achterbahn: „Achten Sie auf jeden Schritt. Sind Sie alle gesund? Okay. Schnallen Sie sich an. Dann geht's gleich los!“

Tim klemmt zwischen meinen Beinen auf dem Vordersitz, Benni in derselben Stellung bei Werner. Langsam passieren wir einen Lichttunnel, um dann mit Anlauf in die Tiefe zu stürzen. Hilfe! Habe ich mich eben noch über die unerklärlichen Schreie gewundert? Der heiße Ritt durch schaurige Dunkelheit läßt bei den Kindern panische Angst ausbrechen. Höhen, Kurven, ein Hin- und Hergeschleudertwerden, ein senkrechter Fall ins schwarze Nichts, alles in halsbrecherischer Geschwindigkeit. Muskeln, Sehnen und Knochen, haltet aus. Der Horrortrip endet mit schlotternden Knien, verheulten Gesichtern und blassen Nasen. Wir Rabeneltern! Alle vier torkeln wir zu den Ruhebänken und sind uns einig: „Einmal Weltraumberg und nie wieder!“ Um solch ein Schreckvergnügen faszinierend zu finden, fehlt uns die richtige Mentalität.

Lautlos gleitet die Gondelbahn zurück ins Land der Phantasie, wo sich die aufgewühlten Gemüter bei Peter Pan und im Reich der tausend singenden und tanzenden Puppen beruhigen.

Aufregung und vergnüglicher Spaß kennzeichnen die einmalige Erlebnisfülle in Disneys Traumwelt. Ob Westernshow mit Can-Can und blauen Bohnen, ob Dschungelexpedition mit angreifenden Flußpferden, zischenden Schlangen im unterirdischen Flußlauf und Eingeborenen, die Schrumpfköpfe zum Kauf anbieten, ob „Grenzland“ mit Fahrten in der alten Goldminenbahn – „duckt euch, der Stollen stürzt ein!“

– ob simulierte Weltraumfahrt oder Geisterfest im verwunschenen Schloß – alle Attraktionen haben eines gemeinsam: schöpferische Phantasie und Perfektion in technischen und gestalterischen Details.

Und für das körperliche Wohlbefinden sorgen zahlreiche familien- und preisfreundliche Imbißrestaurants.

Die Illusion erreicht ihren Höhepunkt im „Abenteuer-Land". Schon von weitem hört man das Donnern der Kanonen. Wir nähern uns einem Piratennest in der Karibik. Fackeln weisen den schummrigen Weg durchs mittelalterliche Kellergewölbe. Mal stolpert man fast über eine Schatzkiste, mal liegen Kanonen und Kugeln in Nischen. Ein Gitterfenster gewährt den Blick in eine Gefängniszelle. Zwei spinnwebüberzogene Skelette sitzen darin am Tisch und spielen Schach. Nun ist man richtig eingestimmt. Mit Herzklopfen, feuchten Händen, aber auch eisern entschlossen und mutig steigen die Jungs mit uns in das Boot. Auf einem unterirdischen Fluß schwimmt es, wie von Geisterhand gesteuert, großen Abenteuern entgegen. Von fern erklingt das Gegröle von Seeräubern. Es geht durch eine Tropfsteinhöhle. Da, an Backbord! Am Strand wollten ein paar traurige Gestalten einen Schatz vergraben. Aber was hat sich da abgespielt? Ein Skelett liegt im Sand, neben ihm die Kiste. Ein anderes Gerippe lehnt am Baum, mit einem Säbel zwischen den Rippen. Weit aufgerissen ist der Mund im Todesschrei. Einzige sich bewegende Figuren der Szene sind eine Krabbe am Ufer und ein Albatros, der auf dem Schädel des stehenden Toten hockt und schreit, als sei die Seele des Verblichenen in ihn gefahren.

An Steuerbord erscheint aus gespenstischer Dunkelheit ein Schiffswrack, schräg auf einem Riff liegend. Der tote Steuermann klammert sich ans Ruder. Blitz und Donner untermalen die schaurige Szene. Ein hagerer Seeräuberkopf lacht schallend vom Deckengewölbe herab, wobei sich seine Gesichtsmuskeln und Augen lebensecht bewegen. Hoppla! Der Fluß hat plötzlich starkes Gefälle. In rauschender Fahrt schießt unser Boot hinunter in einen Tunnel, der sich zu einer riesigen Grotte öffnet. Und schon geraten wir mitten in ein Gefecht. Zur Rechten speit eine Festung mit Zitadelle und Kanonen unter Getöse und Feuer Kugeln. Zur Linken liegt ein Rahsegler mit trutzig mittschiffs stehendem Piratenkapitän, der lauthals seine Kommandos schmettert: „Gebt Feuer!" Überall spritzt das Wasser blitzend auf. Kanonenkugeln sausen über die Köpfe, daß wir uns unwillkürlich ducken. Für ein paar Augenblicke verläßt Benjamin der Mut. Das alles soll nur Schauspiel mit beweglichen Puppen, Kulissen und Lichteffekten sein? Ihn verwirrt die verblüffende Echtheit. Doch bevor die Situation zu brenzlig wird, findet unser Boot einen sicheren Weg aus der Schlacht.

Auf dem Marktplatz einer Stadt bietet ein Händler hübsche Frauen zum Kauf an. Die Schönste, in rotem Samt gekleidet, rafft ihre Röcke und zeigt kapriziös die langen Beine. Eine andere dagegen weint bittere Tränen in ein großes Taschentuch. Betrunkene liegen am Ufer. Singende Seeleute sitzen auf einer Brücke über uns, lassen ihre behaarten Beine baumeln und schießen um sich. „Da ha'm wir aber Glück gehabt", meint Benni erleichtert. „Der hat nur die Lampe kaputtgeschoßt, uns hat er nich' getroffen!"

Endlich, nachdem wir auch die Fahrt durch einen brennenden Stadtteil überstanden haben, zeigen uns die Piraten ihre wertvollste Eroberung: die Schatzkammer. Überall schimmert und blinkt Gold, Silber, Perlen, Geschmeide. Die Wachen sitzen dabei, an Stühle gefesselt. Übermütig schießt ein Räuber ein Weinfaß an, aus dem es jetzt sprudelt. Die anderen wälzen sich angetrunken auf den Schätzen.

Walt Disney hat all diese Piratenszenen noch selbst skizziert. Und es ist unglaublich, wie lebensecht alles zur Schau gestellt wird. Wenn man den nüchternen Verstand ausschaltet, beginnt man sich zu fragen: „Ist das nun Wirklichkeit oder sinnbetörende Imagination?"

Perfektion, optimale Ausnutzung neuester Techniken, Experimentierfreudigkeit – sie haben diese Phantasiewelt geschaffen und bewegen sie tagein, tagaus. Es gibt hier keinen Stillstand. Unermüdlich werden Neuigkeiten entwickelt und neue Pforten geöffnet.

Disney World wurde mit Herz, Phantasie und Liebe aufgebaut und geschaffen, um den Besucher wieder unbeschwert ein Kind werden zu lassen, in einer bunten Wunderwelt. Sie ist die größte Attraktion in Floridas Show-Zirkus, begeistert jung und alt, und man trennt sich von ihr nur schweren Herzens. Mit dem stärksten Ausdruck amerikanischer Begeisterung seufzt Tim: „Das was *great*!" Und schläft völlig erschöpft auf dem Rücksitz des Autos ein.

Immer wieder – auch in Fort Lauderdale – treffen wir Segler, die sich stolz „Aussteiger" nennen. Doch wie schnell fällt ihr Kartenhaus der alternativen Lebensform zusammen, wenn man einen bestimmten wunden Punkt behutsam antippt: „Wie finanziert ihr langfristig diese vermeintlich freie Lebensweise?"

„Wir fischen, jagen und führen ein bescheidenes Auskommen",

lauten die idealistischen Antworten. Haben diese Menschen das Nonplusultra gefunden, oder ist ihr Glück, ihre Existenz, eher fragwürdig?

Da liegt zum Beispiel ein junges deutsches Seglerpaar in Fort Lauderdale vor Anker und ernährt sich nur noch von seinen letzten Linsenvorräten. Die Euphorie einer abenteuerlichen Weltumseglung endete hier in lähmender Mittellosigkeit. Sie sind so knapp bei Kasse, daß dringend notwendige Reparaturen am Schiff nicht möglich sind. Ohne Arbeit zwischendurch geht es eben doch nicht. Ein mäßig bezahlter Job, den man längst nicht mehr überall bekommt, bringt sie vielleicht weiter, bis zum nächsten Ankerplatz. Und dann? Ich bezweifle, daß solche Weltenbummler wirklich etwas von der Welt sehen – außer ihren Bordwänden und dem näheren Umfeld einiger Buchten. Vielleicht gibt das ihrer Reise, ihrem Leben einen ganz persönlichen Sinn... Hier scheiden sich eben die Geister. Uns würde ein Leben von der Hand in den Mund nicht liegen, schon gar nicht bei der Verantwortung für Kinder. Darum sind wir glücklich, mit unserer Reise einen gesunden Kompromiß gefunden zu haben. Die Zeit war zwar begrenzt, aber der Sparstrumpf ließ es zu, ihr einen bunten, erlebnis- und erfahrungsreichen Inhalt zu geben.

So kutschieren wir auch noch in der letzten Woche, die uns in Florida bleibt, mit einem Mietauto zum Reservat der Seminolen-Indianer. Am Rande der Everglades bewohnen sie ihre letzten Dörfer und führen ein sehr naturverbundenes, einfaches Leben. Welch frappierender Unterschied zur nahen Zivilisation! Sie lassen sich in ihrer Abgeschiedenheit von der Glimmerwelt der „Goldküste" nicht stören. Ein paar Männer mit pechschwarzen, zusammengebundenen langen Haaren und leicht gelblicher Gesichtsfarbe treiben in scharfem Galopp eine Rinderherde in einem Corral zusammen. Ihre Blicke streifen uns ernst, abschätzend, zurückhaltend. Ohne Worte. Sie wollen ihre Ruhe. Träge fließt das braune Wasser im Kanal neben der Straße dahin. Hier im Landesinnern ist es schier unerträglich heiß. Die Luft brennt beim Einatmen förmlich in der Nase. Kein Wunder, daß sich die Tiere in schattige Schlupfwinkel zurückziehen. Nur ab und zu linsen ein paar Alligatoren müde mit den Augen aus dem modrigen Wasser.

Auch in den Everglades übertrifft die Zahl der Moskitos und Stechfliegen um ein Millionenfaches die der größeren Tiere. Nur ein paar Fischreiher, Geier und Sumpfvogelarten können wir in den endlos erscheinenden Mangroven- und Graslandsümpfen beobachten.

So long and good bye! „Zum International Airport rechts ab!“ lotse ich Werner auf unserer letzten Autofahrt. Das Straßengewühl in Miami gibt uns einen Vorgeschmack auf den Verkehr im Ruhrgebiet. Dann sitzen wir im Flughafenrestaurant und warten auf die Düsenmaschine, die uns in knapp acht Stunden über eine Distanz fliegen wird, auf der ATLANTA gut ein Jahr unterwegs war. Ich betäube meine Beklommenheit mit einem „Martini“ (hier ein Wasserglas voll Wodka – pur! – und zu meinem Erstaunen kein Wermouth), und Werner klopft beim Anbordgehen an den Rumpf der Chartermaschine: „Ich wäre zwar lieber gesegelt, da hat man wenigstens ‚festen‘ Boden unter den Füßen, aber schneller bist du schon. Bring uns heil nach Hause, okay?“

Die Stewardeß schaut leicht irritiert drein, lächelt dann aber verständnisvoll. Freundlich wendet sie ihre Aufmerksamkeit den Jungs zu, die das Ende unserer Reise wie selbstverständlich hinnehmen. Nein, nicht ganz. Tim trauert „seinem“ Boot nach; er weint: „Warum können wir Pützchen nicht mitnehmen? Jetzt hab’ ich gar nichts mehr zum Segeln ...“

Nachwirkungen

Lange hat es nicht gedauert bis zur nächsten Bootstaufe. Glücklich schippern die Kinder jetzt mit ihrem JOLLY ROGER auf einem Baggersee in der Nähe unseres neuen Zuhauses. Ohne Segelei wird das Leben also auch im Binnenland nicht weitergehen. Ein Optimist ist zwar ein recht bescheidener Neuanfang, aber immerhin einer mit Segel ...

Nach dem herzlichen Empfang in Lippstadt begann für uns eine stürmische Phase des Einlebens in einer neuen Umgebung. Schule, Kindergarten, Arbeit, neue Wohnung ... Wie mit einem Blitzschlag kam alles auf einmal. Nun sind wir „resozialisiert“. Aufgeschlossene Menschen haben uns sehr dabei geholfen, insbesondere die Gemeinschaft des hiesigen Marine-Vereins. Hier triumphiert ohnehin der maritime Gedanke über die sprichwörtliche Sturheit der Westfalen. Mit zähneknirschender Seglergelassenheit nahmen sie sogar Tims überraschenden Sieg bei der Vereinsregatta aller Klassen hin.

Die Kinder haben sich eigentlich in jeder Beziehung sehr schnell zurechtgefunden. Nachwirkungen zeigen sich bei ihnen nur am Rande:

in einer sehr engen Familienbeziehung oder hier und da durch ein Aufflackern nicht verarbeiteter Reiseerlebnisse. Bei einem Gewitter während des letzten Segelurlaubs in Jugoslawien jammerte Benjamin plötzlich in panischer Angst: „Papi, Papi, gleich bricht wieder der Mast!“ Seine Beziehung zum Segeln scheint im Augenblick aus dem Nacherleben kritischer Situationen zu bestehen. Unvermittelt spricht er erst jetzt aus, was er während des Törns „einfach weggesteckt“ hat.

Aber auch positive Erinnerungen bleiben den Jungs, nach denen sie sich manchmal zurücksehnen: „Wir hatten immer soooviel Zeit zusammen und sooviel Sonne . . . Und wir konnten jeden Tag machen, was wir wollten . . .“

Man fragt uns häufig, ob sich unsere Lebenseinstellung durch diese Segelreise verändert hat, ob man so einfach aus- und wieder einsteigen kann und ob wir es noch einmal machen würden. Die Antworten möchte ich auf einen kurzen Nenner bringen: Ein Jahr ist *lang genug*, um einen Traum zu verwirklichen, um eine andere Lebensweise kennenzulernen und auch zu beurteilen. Aber ein Jahr ist ebenfalls *kurz genug*, um sich danach wieder relativ problemlos in unserer Gesellschaft zurechtzufinden und ihr auch positive Seiten abzugewinnen. Es war kein Aussteigerversuch, aber auch kein Urlaub. Es war eine wohltuende und an Erfahrungen reiche Unterbrechung des normalen Alltagstrotts, ein Intermezzo unter Segeln, dessen Nachgeschmack nicht von der Zunge gehen will: das Fernweh.

Eine chinesische Weisheit charakterisiert diesen Zustand sehr treffend: „Das Schlimmste für den Menschen ist es, seinen Traum verwirklicht zu haben – und ihn nicht verwirklicht zu haben.

NORD-AMERIKA
ATLANTISCHER
Bahama-Inseln
Mastbruch
Kl. Antillen
SÜD-AMERIKA